国家新闻出版广电总局规划发展司　著

课题承办单位：北京电影学院现代创意媒体学院
牛兴侦　执笔

中国网络漫画出版发展报告

DEVELOPMENT REPORT ON

CHINA'S
ONLINE COMICS
PUBLISHING

社会科学文献出版社
SOCIAL SCIENCES ACADEMIC PRESS (CHINA)

目　录

图表目录

图目录

表目录

前　言

　　漫画作为动漫行业的重要组成部分，是动漫产业发展的基础。近年来，我国漫画产业正从传统媒体向网络媒体加速迁移，数字漫画产品的互联网化已成为不可逆转的趋势。在高新技术的支撑下，漫画产品的传播介质和呈现方式发生了变化，传统的报刊、图书、光盘介质 + 物理运输被现今的数字格式 + 网络传输 + 多种终端呈现所取代。从物理形态到数字产品形态，漫画内容产品的边际生产成本大大降低，原本的生产复制（印刷）、仓储、物流运输等业务流程实现了数字化，数字漫画内容产品可通过互联网进行流量传输，其边际复制和传播成本渐趋于零。数字漫画内容产品和网络媒体传播技术的有机融合，大大激活了潜在的市场需求，推动了网络漫画的发展。

　　漫画已成为国内数字阅读网站的重要板块。腾讯、新浪微博、网易云阅读、小米多看阅读、当当读书等网络巨头相继开启了在线漫画阅读，中国移动、中国联通、中国电信等运营商纷纷成立了手机动漫基地，此外还产生了有妖气、漫客栈、i 尚漫等在线漫画网站，以及快看漫画、追追漫画、布卡漫画、有妖气漫画、新浪微漫画、魔漫相机、脸萌等手机软件。网络漫画的迅速发展，既给传统漫画出版企业带来了前所未有的挑战，又为中国漫画借助于高新技术发展壮大提供了历史性机遇，如何推动"漫画＋互联网"更好地融合发展成为当前不容回避的现实课题。

近年来，随着智能手机的快速普及和移动网络基础建设的日趋完善，我国手机网民在规模快速增长的同时也对手机在线娱乐提出了更加多样化、精品化的要求。手机娱乐因其随身随时、私人化的特点在网民日常生活中扮演着越来越重要的角色，其巨大的潜在商业价值促使大量掌握高新技术的年轻创业者涌入移动互联网行业，加上传统巨头资本注入，共同推动了手机娱乐类应用的快速发展。当前娱乐类应用已经同互联网广告、电子商务类应用共同成为移动互联网产业收入的三大核心支柱。网络漫画作为手机在线娱乐的一种产品形态，也因其图像可视化赢得了众多手机网民的喜爱。不同于传统漫画的大众属性，网民对于以手机作为阅读终端的网络漫画提出了个性化、分众化的要求。同时，手机媒介也对漫画的表现手段和表达语言提出了新的要求，推动了条漫（条形下拉漫画）和声漫（有声漫画）等新形态的发展。如何抓住移动互联网时代的网络漫画发展机遇，实现中国漫画行业在全球格局中的崛起和弯道超车，成为中国动漫人面临的重要课题。

在当前以互联网为纽带的产业跨界融合、技术革命引领行业融合、新的市场需求推动产业跨界的共同作用下，文化娱乐产业也从过去的分业经营转向混业经营，巨头企业纷纷在文学、漫画、动画、游戏、影视、实业等领域开展多元化经营，进行多业务、多品种、多方式的交叉经营和服务。特别是近年来，手机游戏通过移植小说、漫画、动画等 IP（Intellectual Property，知识产权），成功地将大量读者与观众转化成手游玩家；而电影等重量级产品形态也需要小说、漫画等优质内容 IP 的支撑。在这方面，美国漫威（Marvel）的成功为中国漫画提供了学习榜样，中国网络漫画也涌现出诸如《滚蛋吧！肿瘤君》《十万个冷笑话》《尸兄》等漫画作品动画化、游戏化、电影化的案例。腾讯互娱在国内率先提出泛娱乐化战略，即在游戏基础上将漫画、动画、文学、影视等业务平台打通，构建起"同一明星 IP、多种文化创意产品体验"的整体娱乐产业生态。泛娱乐是互联网产业成熟化的大势所趋，经济与技术实力丰厚的巨头企业可以通过这一方式优化自身资源配置，最大限度地发挥其 IP 资源优势，但这也给经济实力不足以购买优秀 IP 资源的中小型企业施加了很大压力，迫使其更加重视自主创新。不同于传统漫画按次付费的盈利模式，网络漫画以免费模式为主，以会员制按时长付费为补充，以广告模式和产业链经营为延伸，这一复杂的盈利模式显然是传统漫画出版企业和中小型企业难以短期构建的。如何在互联网盛行的赢家通吃法则下，构建新型的良性漫画行业生态体系显然是全行业需要共同面对的重大长远课题。

以有效市场需求作为推动我国漫画产业发展的基本战略，就必然要求格外关注漫画消费群体，深入了解和掌握目标群体的消费需求和消费特征，丰富漫画产品类型和种类，以适配的漫画产品和服务来满足他们多方面、多层次、多样化的精神文化需求。加强对漫画消费群体的研究，通过对用户消费习惯的分析，掌握他们在不同消费环境中的消费影响因素，从而确定漫画内容产品开发、制作、传播和营销等一系列活动的针对策略。特别是在网络时代，以大数据分析的理念和方法，全面洞察消费行为，提供个性化、分众化的漫画产品和服务，创造更多的漫画消费机会。借助于大数据分析系统，构建网络漫画用户数据体系，实现与消费者和客户的更好连接，利用粉丝经济效应深化用户经营，从而提高 IP 内容的传播能力、影响力和变现能力，这是当前我国网络漫画塑造商业模式和提高运营能力的必然选择。

有鉴于此，国家新闻出版广电总局规划发展司委托北京电影学院现代创意媒体学院开展了网络漫画出版产业研究。该学院在对数据进行深入分析的基础上完成了《中国网络漫画出版发展报告》的撰写，希望以此来把握现状、总结规律、发现问题、研判趋势、提出对策。本次调查研究报告基于传媒经济学的研究框架，深入地了解网络漫画的生产（内容创作生产）、流通（产品发行传播）和消费（商品购买打赏）等环节，以网络漫画出版平台作为切入点，详细分析研究了平台、用户、作品和作者等之间的相互关系。为准确把握网络漫画出版行业的状况，本次调查研究基于大数据分析的理念和方法，建立了网络漫画平台影响力、网络漫画作品影响力、网络漫画用户属性、网络漫画作者属性、App 用户活跃度、App 用户属性等若干研究指标。本次调查研究历时近一年，历经数据最后访问挖掘、数据整理清洗、数据统计分析、图表可视化、案例调查研究、报告撰写修订等步骤，力求实现在定量研究基础上的定性研究。希望本报告对网络漫画出版行业乃至中国动漫产业的从业者有所裨益、有所启迪。

第一章

网络漫画概述

一 网络漫画的源流和发展脉络

漫画（Comics）是一种二维视觉静态图画艺术，构图（如颜色、线条运用）一般比美术绘画（如油画、水彩画）精简，可以加上文字（如对白、旁述、象声词）构成内容的一部分。漫画由静态图画构成，可以完整地叙事，能表达一个完整的故事或概念，有别于单纯的风景画、人物画和插图等（见表1-1）。

表1-1 漫画与其他媒体形式的比较

媒体形式	视觉信息的表现	听觉信息的表现	画面的连续性
漫画	用绘画来提示	用文字或象声词表达声音	时间依每个画格流动
绘画	用绘画来提示	无	静态
绘本	用绘画来提示加上文章说明	用文字、象声词甚至文章表达声音	静态，插画的形式

媒体形式	视觉信息的表现	听觉信息的表现	画面的连续性
小说	文章说明（有的会有插画）	用文字、文章表达声音，不采用象声图形	无（或有静态插画）
广播剧	没有画面，用声音说明	用声音和配乐直接提示	无
视频	用影像画面直接提示	用声音和配乐直接提示	动态，实时流动

资料来源：维基百科（https：//zh. wikipedia. org/wiki/）。

漫画是以绘画为手段，用来反映各种事物和信息以及人的思想、理念和情感等内容的文化艺术产品。漫画的创作以手绘和电脑绘画为主，主要通过报纸、杂志、图书等印刷品和网络媒体进行传播。漫画属于"一种内容、多种表现形式"的出版物，对动画产业、游戏产业、符号形象产业以及版权相关产业有很强的牵引作用。从产业运营的角度来看，漫画是文化创意产业的基础和源头，以版权为纽带进行延伸可以形成巨大的产业集群。

"漫画"一词在我国由来已久，但过去主要是指与新闻时事结合得非常密切的讽刺漫画。虽然讽刺漫画如今在社会上仍然占有一定地位，但是现代人更加倾向于称呼它们为"传统漫画"了。随着时代的进步和发展，漫画的内涵、形式和名称变得越来越丰富多样，现代意义上的漫画包括单幅漫画、四格漫画、多格漫画、连环漫画，甚至插画、绘本和卡通形式的造型绘画。漫画作为一种二维静态画面，非常适合在期刊等纸质出版物传播媒介中应用。

在科技的推动下，漫画的传播载体正在日趋丰富，网络漫画备受青睐。漫画已不再局限于报纸、杂志、图书等传统媒体，而是与时俱进地延伸到综合应用声、像、文、图等信息符号的互联网等新媒体。网络漫画凭借自身覆盖范围广、传播能力强和技术产品优的特点，呈现出蓬勃的发展态势。

（一）漫画网站初期的野蛮生长

以互联网为代表的新媒体，继承了原有媒体的特性，将文字、图画、图像、声音等多种载体有机结合，以图文并茂、声形辉映的信息刺激方式同时作用于受众的视觉和听觉神经。新媒体的出现，为漫画产业插上了腾飞的翅膀，使漫画传播如虎添翼。尽管互联网对于技术的要求非常高，但作为一种媒体，无论是现在还是将来，互联网都离不开"内容为王"的法则。

漫画网站是网络漫画作品的传播途径之一，其中包含独立的漫画垂直网站和大众网站的动漫频道（或栏目）。独立的漫画垂直网站最早约发端于2000年，于2003～2004年迎来了第一次发展高潮，这与当时动漫产业在中国的兴起、互联网经济第二波热潮的到来息息相关。当时漫画网站的内容、风格大同小异，主要集中在动漫行业新闻资讯、在线观看漫画、漫画下载三个方面。

艾瑞网发布的《2006年中国网络动漫研究报告》显示，我国漫画网站多由个人或社团主办，经费普遍匮乏，资源投入有限，在技术应用和内容表现形式上有欠缺，这与内容加工、技术制作、信息服务、宣传推广等方面专业化程度不高有关。漫画网站存在内容严重同质化、原创内容少、交互性差、技术落后等诸多问题。调查显示，以在线浏览和下载漫画作品为主要内容的漫画网站，在中文动漫网站人气100强中占一半以上。另有近30%的漫画网站以论坛为主，其中也有相当多的漫画作品内容。大部分漫画网站充斥着国外（特别是日本）的漫画作品资源，而且基本上没有取得授权。由于版权管理的疏漏，盗版漫画作品一度横行网络，互联网替换漫画书刊成为盗版漫画流传的主要阵地。

经过多年的积累和磨砺，一些起步较早的漫画网站已经初具规模，有了一定的知名度和影响力。如表1－2所示，截至2008年第一季度末，Kuku动漫休闲站、动漫视界、叽叽歪歪吧、风之动漫和贪婪大陆这五大漫画网站以超高人气跻身Alexa中文简体网站100强，前三者的网站排名还超过了央视国际网站。

表 1－2　2005～2008 年中文简体动漫网站前 10 名

序号	2005 年		2007 年		2008 年	
	网站域名	全球排名	网站域名	全球排名	网站域名	全球排名
1	贪婪大陆 （greedland. net）	758	风之动漫 （fzdm. com）	833	Kuku 动漫休闲站 （kukudm. com）	852
2	风之动漫 （fzdm. com）	1179	动漫视界 （99770. com）	944	动漫视界 （99770. com）	1259
3	Kuku 动漫休闲站 （kukudm. com）	2524	贪婪大陆 （greedland. net）	962	叽叽歪歪吧 （ggyy8. com）	1619
4	闲人动漫 （idler-et. com）	3170	Kuku 动漫休闲站 （kukudm. com）	1172	风之动漫 （fzdm. com）	2329
5	5SHI5 动漫资讯站 （5shi5. com）	3641	精明眼动漫网 （iieye. com）	2087	贪婪大陆 （greedland. net）	2360
6	动漫频道 （comicv. com）	4511	叽叽歪歪吧 （ggyy8. com）	2317	SF 互动传媒 （sky-fire. com）	2972
7	兰荫字幕组 （lanyin. net）	4983	极影动漫 （ktxp. com）	2515	精明眼动漫网 （iieye. com）	3723
8	JUMPC 热情动漫 （jumpc. com）	5368	闲人动漫 （idler-et. com）	2526	极影动漫 （ktxp. com）	3954
9	火星时代 （hxsd. com. cn）	5496	JOJO 热情领域 （jojohot. com）	3669	闲人动漫 （idler-et. com）	4004
10	极影动漫 （ktxp. com）	5517	星期五耽美论坛 （flycoo. net）	3697	在线漫画 （finaleden. com）	4739

注：根据全球知名流量排名服务网站 Alexa 数据进行统计，数据分别截止于 2005 年 12 月 31 日、2007 年 3 月 31 日和 2008 年 3 月 31 日。

资料来源：1. 艾瑞市场咨询：《2006 年中国网络动漫研究报告》、《2007 年中国新媒体动漫研究报告》。2. 牛兴侦：《网络动漫离商业化还有多远？》。

　　国内知名的漫画媒体和企业基本上都开设了网站，既有纯粹的官方网站，也有融合了娱乐性和互动性的内容网站。但这些正规企业机构所办的网站，大多表现平平，进入全球前 10 万名的漫画企业网站为数不多（见表 1－3），即使是大名鼎鼎的迪士尼中国网站也只是勉强挤入。

表 1 - 3　2008 年国内主要漫画报刊官方网站全球排名情况

网站名称	类型	网站域名	开设时间	全球排名	到达率	浏览值
漫友	杂志	comicfans. net	2002 - 05 - 23	127914	0.00068%	6.1
知音漫客	杂志	mkchina. cn	2006 - 04 - 26	1412020	0.00002%	7.7
漫画世界	杂志	comicworld. com. cn	2005 - 04 - 06	2496162	0.000005%	10.6
动漫周刊	报纸	dzweekly. com. cn	2007 - 02 - 01	2537608	0.00001%	5.6
幽默大师	杂志	youmodashi. com	2003 - 12 - 19	2699261	0.00001%	7.4
漫迷	杂志	aimanmi. com	2008 - 02 - 23	4265614	0.000002%	13

资料来源：牛兴侦：《网络动漫离商业化还有多远?》，数据截至 2008 年 3 月 31 日。

2005 年，在动漫热潮席卷全国的影响下，门户、游戏、娱乐等各类网站都发现了网络漫画蕴含的潜力，纷纷开设动漫频道，而且极力发展的也主要是漫画/动画作品、漫画/动画图集等资源。腾讯、新浪、搜狐、猫扑等门户网站都开设了动漫频道，这类网站的动漫频道品牌知名度高，内容全面，有较多的专题和名家专栏，盈利方式以广告为主。当时，动漫内容在门户网站中发挥的主要作用还只是增加网站访问量，并不能直接为门户网站创造收益。同时，随着国内漫画垂直网站的不断出现，门户网站动漫频道逐渐感受到越来越大的竞争压力，同时也在思考漫画/动画内容的投资回报比例。2008 年，门户网站和游戏类网站的动漫频道出现了两极分化：一种是门户网站不断创新，在其动漫频道上推出一些和自身现有资源紧密结合的产品和服务；另一种是认为频道价值在降低，开始进行压缩，从一级降到二级，直至关闭频道。新浪动漫频道已经从以前的一级降为二级，被纳入读书频道下面；南方动漫网也从以前的独立状态重新回到南方网的麾下；网易和太平洋游戏网等网站干脆关闭了动漫频道。

（二）点击书（DigiBook）的孤独探索

相对于众多在线漫画浏览网站的野蛮生长，正规发展的在线漫画垂直网站并不算多。除了 ZCOM、Xplus 和 POCO 等大众电子出版平台青睐网络漫画外，还产生了 DigiBook 这样的专业网络漫画运营商。

成立于 1996 年的通力计算机通信技术（上海）有限公司，是由通力亚洲在国内创建并控股的一家专业提供软件研发及网络运营平台的高科技公司。其旗舰产品为领先的 DigiBook 网络交互多媒体出版发行平台，包括互动娱乐平台"点击动漫网"和网络交互多媒体阅读软件"DigiBook"。DigiBook 软件平台不但可为传统出版业提供线上宣传和推广机会，而且可融合精品多媒体内容，通过电信宽带、3G 增值服务等，成为内容兼品牌市场活动的新媒体。

2003 年，DigiBook 多媒体电子书首次在上海国际城市动漫展上亮相。2005 年 5 月，通力和盛大签署全面渠道运营合作协议，共同为 4500 万付费网游用户提供 DigiBook 文化大餐；同年 7 月，通力和中国出版科学研究所共同组建 DigiBook 数字出版研究中心，并获得香港玉皇朝集团全部漫画作品的独家网络传播授权。2006 年 3 月，通力与日本漫画学院签署合作协议，获得独家授权全球简体中文网络漫画版权；同年 4 月，通力与日本讲谈社签署合作协议，获得独家授权全球简体中文网络漫画版权，超人气漫画杂志《周刊少年》中文网络版于 2006 年 4 月 19 日正式在点击动漫网登场，这是中国国内首次与东京同步发售的漫画电子娱乐产品。2006 年 8 月，通力与国内著名漫画家健一、昱文、姚非拉、慕容引刀、嘉瑶、杨颖红、陈岚、娜娜等签约，并启动作品上线仪式；同年 9 月，通力先后与漫友文化、闪客帝国网签署了战略合作协议，12 月与台湾著名漫画大师蔡志忠签署合作协议，获得其全部作品独家全球授权。

通力公司协同日本讲谈社，中国香港玉皇朝集团、文化传信集团等众多国内外知名版权商，以大量正版漫画为内容，通过点击动漫网这个以漫画为主的网络电子漫画发行平台，应用领先的交互多媒体管理、编辑、出版及加密发行的核心技术，向家庭、网吧和公共机构提供优秀的漫画内容服务。截止到 2007 年 3 月，点击动漫网共上线日本、韩国、中国内地及中国香港等漫画图书作品 5800 余部。通力旗下的点击动漫网，在相当长的时期内是中国国内唯一进行正版电子漫画出版的发行平台，借助于独立自主开发维护的多媒体电子阅读软件使越来越多的内容版权商进入网络漫画内容服务领域，带动了中国国内网络漫画产业的发展。

（三）漫画网站发力原创漫画平台

随着信息技术的发展，网络以其便捷性、高效率、低成本的特点，为文化生产、消费开辟了新的领域，吸引着文学、游戏、动画、音乐等通俗文化领域逐渐向互联网迈进。以网络平台为载体的漫画就是在这个过程中发展起来的，但初期较有影响的大型漫画专业网站大多以发布国外漫画作品为主。

中国网络漫画最早出现于 2002 年前后，当时一些漫画作者把自己的作品无偿地发布在论坛里，纯粹作为兴趣与他人进行交流。2004 年博客流行之后，也有一部分漫画作者利用博客发表自己的作品，有些作者会因此获得相当高的人气。这些行为纯属个人爱好，互联网还没有为职业漫画家提供可以施展才华的舞台。

2009 年，以有妖气为代表的商业化原创漫画网站问世，借鉴盛大文学的运营模式，推出了汇聚中国原创漫画和创作人才的平台。2010 年，运营有妖气网络漫画平台的北京四月星空网络技术有限公司（以下简称"四月星空"）获得盛大网络的投资，一跃成为中国国内最大的正版漫画发行平台。有妖气以互联网动漫版权业务为核心，利用互联网大平台优势，积极挖掘培养中国原创漫画的潜力作者，推出并出版了《拜见女皇陛下》《雏蜂》《镇魂街》《女儿国传奇》《星盟战士》《馒头日记》《神明之胄》《十万个冷笑话》等一系列知名漫画出版物，总发行数量达到百万册。2014 年，有妖气开始进入全版权运营阶段，通过将《十万个冷笑话》等 IP 授权至第三方进行电影制作、游戏开发、动画片播放等获得版权金收入，同时通过后续的游戏、电影票房及植入动画片的广告获得后续的流水分成。2015 年，四月星空及有妖气原创漫画梦工厂 100% 的股权被广东奥飞动漫文化股份有限公司以 9.04 亿元收购。

2012 年，腾讯等知名网站纷纷进军漫画发行领域，为网络漫画的兴盛拓展了新的市场空间。腾讯动漫原创发行平台成立于 2012 年 3 月 21 日，拥有 PC 站、腾讯动漫 App、H5 产品，并且与手机 QQ 合作开发 QQ 动漫。腾讯动漫在腾讯泛娱乐战略布局下，致力于推动中国动漫产业成型，成为中国最大的二次元文化承载平台。腾讯动漫采取了引进国外经典作品与扶持发展原创漫画并重的发展策略。2013 年，腾讯动漫与日本集英社达成大规模版权合作，获得了《火影忍者》、《航海王》（海贼王）、《龙珠》、《阿拉蕾》、《圣斗士星矢》、《银魂》、《游戏王》、《网球王子》、《家庭教师》、《境·界》（死神）和《爆漫王》11 部经典漫画的独家网络传播权。从 2014 年起，腾讯动漫开始加大对国产漫画的投入力度，以百万年薪签下《尸兄》（我叫白小飞）漫画的作者七度鱼，并将《尸兄》手机游戏授权给龙图游戏。2015 年，腾讯动漫成为腾讯互动娱乐下独立的业务部门，并在首届腾讯动漫行业合作大会上提出基于动漫产业的全新商业战略"二次元经济"，即基于互联网和移动互联网开放共创培育明星 IP，并通过多内容形态的共生，构建具备大众影响力的二次元文化消费形态。腾讯动漫经过 4 年的发展，已经成为中国最大的原创及正版网络动漫平台，拥有《尸兄》、《王牌御史》、《妖怪名单》、《中国惊奇先生》、《狐妖小红娘》和《从前有座灵剑山》等大量知名动漫 IP，签约作品超过 6000 部，超过 40 部作品点击量过亿次，超过 200 部作品点击量为千万次。

近年来，中国启动针对网络文学、音乐、视频、动漫、网游、软件等重点领域的"剑网"行动，积极打击互联网盗版文化产品，维护正版产品的正当权益，净化互联网的版权环境。2015 年，极影动漫、爱漫画、Popgo 漫游 BT 站和动漫花园 BT 站等盗版动漫网站陆续关闭，盗版漫画网站生存空间越来越小，包括动漫之家、布卡漫画等在内的动漫网站开始向原创漫画平台转型。

二 网络漫画的定义和属性特征

（一）网络漫画的定义

"互联网 +"是当前的热门词。互联网起源于美国国防部 1969 年研究的阿帕网，最早用于科研，20 世纪 90 年代开始了大规模商业化应用。在中国，互联网于传统媒体如日中天的 1994 年被引入，经历了三轮大发展：在 2000 年前后进入社交网络时代，在 2009 年进入移动互联网时代，现在正在迎来工业互联网时代。互联网具有资源共享、实时交互、无中心、开放化、分享化、个性化、扁平化的特质。因此，在颠覆传统行业方面，互联网是工具、是平台、是新业态。"互联网＋"是把互联网的创新成果与经济社会各领域深度融合，推动技术进步、效率提升、组织变革，提升实体经济的创新力和生产力，形成更广泛的以互联网为基础设施和创新要素的经济社会发展新形态。

随着网络技术不断推陈出新，互联网逐渐渗透到大众生活中，网络对出版业的影响也越来越大。根据《网络出版服务管理规定》，网络出版服务是指通过信息网络向公众提供网络出版物。网络出版物是指通过信息网络向公众提供的，具有编辑、制作、加工等出版特征的数字化作品，范围主要包括：①文学、艺术、科学等领域内具有知识性和思想性的文字、图片、地图、游戏、动漫、音视频读物等原创数字化作品；②与已出版的图书、报纸、期刊、音像制品、电子出版物等内容相一致的数字化作品；③将上述作品通过选择、编排、汇集等方式形成的网络文献数据库等数字化作品；④国家新闻出版广电总局认定的其他类型的数字化作品。

网络漫画是指基于网络传播，面向电脑、手机、平板等终端设备，通过网站、软件应用（App）、彩信（MMS）等形式传播漫画的出版服务。网络漫画在表现形式上不是运用传统漫画的纸笔，而是运用以数字技术、网络技术和移动通信技术为基础的网络媒体进行创作，并通过互联网发布和传播漫画作品，其中包括新媒体漫画、手机漫画、微漫画等。网络漫画基于行业领域拓展路径，包括"互联网＋漫画"和"漫画＋互联网"等多种形式。漫画作为一种内容媒介，除了以网络漫画出版形态独立存外，也可以附在其他形式上进行传播。

需要强调的是，漫画的网络化不仅是将传统漫画搬到互联网和数字阅读终端上，而且是要针对网络媒体和数字阅读终端的独特性进行设计。针对移动终端所具有的短小、快速的传播特性，加之屏幕较小、内存小等属性，网络漫画在产品设计方面必须有其自身的特点，使用户在"时间碎片"里收看，还需要在技术上和格式上做出区别与调整。

（二）网络漫画的特性

漫画作为大众文化传播形式之一，在互联网技术发展成熟阶段，其传播渠道与创作形式也因为互联网的发展而产生了新的变化，在表现形式和表现内容方面存在着与传统漫画迥异的诸多特点。

1. 网络漫画的表现形式不同于传统漫画

（1）网络漫画的创作形式更加自由丰富

对于传统纸质漫画出版物来说，印刷一直是影响漫画表现形式的重要因素。传统漫画兴起于经济尚不发达的时期，采取的是黑白或单色印刷的方式，这种成本低廉的印刷方式可以使其大批量生产，延续良久。进入 21 世纪以后，以《知音漫客》为代表的新兴漫画杂志开始推行全彩印刷，且较多使用了"四拼一"的排版模式。彩色漫画的主流制作方法是先用线条勾画造型，然后填充上色，颜色大多是平涂，少有细腻的变化，这有利于控制和降低印刷成本。在 CG 数字绘图占据主流的今天，电子成像技术的应用使得网络漫画画面的色彩透明度较之手绘漫画更明亮、更丰富细腻，视觉效果也更强烈、更个性化。而且，网络漫画不受印刷技术与成本的限制，其创作形式更加自由和多样化。

（2）"无限画布"概念下的连续构图

美国漫画家和理论家斯科特·麦克劳德（Scott Mcloud）于 2000 年在其著作《重构漫画》中提出了"无限画布"的概念，认为漫画在数字环境里可以采用任意尺寸和形状以及图像连续的方式，其连续概念将在网络上焕发新生命。网络漫画的传播媒介从书本拓展到电脑、手机等数字终端，特别是现今用手机看漫画逐渐成为主流的阅读方式。由于手机屏幕小，传统漫画密集的分镜方式不利于观看，催生出以连续构图为主要特征的条漫这一新兴形态。连续构图表现为画面内容不受印刷规格的限制，在一个或多个方向上不间断地连续排列，通过页面的滚动来编排故事。条漫是把宽度一样的画面由上到下排列成一条，即去掉左右的排列，只保留上下的排列，非常适合使用手机屏幕阅读。这种类似于电影分镜头故事板的纵向构图方式呈现在电脑和手机上，每一格画面的切换就好像是电影镜头的切换，会产生极强的画面连续性，增强了读者的阅读快感。条漫在很大程度上打破了传统纸质漫画的阅读习惯。纸质漫画由于具有翻页这一阅读机制，漫画家需要在创作时特别注意叙述节奏，并且要不断地在画面安排上"吊读者的胃口"，如在每一奇数页的最后一格设置悬念，以吸引读者不断地翻到下一页。迎合手机屏幕诞生的条漫这种滚动阅读方式没有"页"的概念，体现不出纸质漫画的翻页阅读特点，其叙事节奏主要受到鼠标的滚动速度和图片长宽大小的影响，对读者的视线引导也是自上而下的。这就使得网络漫画的创作更加简便，漫画家无须考虑视线引导和翻页导致的停顿问题，只需要从上到下地安排画面内容，更易于把主要精力用于关注整体的叙事结构和画面变化，追求更多的趣味性。

（3）不拘一格的分格方式

分格是现代漫画最主要的叙事语言。"分格"即"分成格子"，是将整页画面分割成若干独立的"格"。分格是连环漫画特有的语言要素，它影响着漫画阅读顺序和页面的整体效果。分格技法是在依据画面中时间或空间的内在联系下，将这些"格"排列组合，以达到叙事的目的。"格"是漫画叙事的最小序列单位，单个格子中的时间是静止的，而通过多个格子的画面有机连接就具有了时间的流动性，以连续画面来讲述更丰富的故事。由分格组合的漫画叙事手法与电影分镜脚本原理类似，漫画中无论是镜头的移动剪辑，还是人物动态的变化都需通过分格排列来体现。早期的分格方式简单，每个分格代表一个时间节点，多个分格相连续则使时间推进，从而展开叙事。引入电影语言后，借鉴了摄影机拍摄与蒙太奇剪辑的运用法则，分格的表现手段变得复杂多样。漫画家可通过分格来制造时空转化，控制故事节奏，引导观众情绪变化。电影化分格的出现为其表达更丰富细致的画面与故事提供了基础。现代漫画的分格方式使得分镜头表现更加自由化，并且起到了引导视线和美化页面的作用。网络漫画中的分格表现得更加不拘一格：首先受到滚动观看的影响，对读者视线的引导更加方便；其次受电子屏幕的限制，读者不能像观看纸质漫画一样一眼就看到整个页面的内容。因此，网络漫画的分格呈现了两个方向上的变化：一方面趋于简洁，在单向排列的基础上仅通过格子的大小和格与格之间的距离来表现时间和烘托气氛，如格与格的上下距离非常大，延长了读者的心理停顿；另一方面，由于没有纸张的限制，很多漫画家在连续构图的基础上采取了极有个性的排版变化，有不少漫画甚至"打破"了格子，直接采用连续动作或类似长卷绘画的方式来达到叙事的目的。

（4）网络漫画的篇幅、结构和形式趋向碎片化

传统连环画主要是依靠文字发挥叙事功能，画面以固定的单格形式出现，辅助文字起到情节叙述作用。现代漫画颠覆了传统连环画大段文字的叙述方式，漫画语言更多借鉴了文学、影视中的台词，主要靠人物对白、旁白和独白来代替传统连环画中的整段文学描述，并配合故事脚本的景别进行切换，使文字与人物连接更紧密。随着网络技术和移动终端设备的快速发展，人们阅读漫画的方式发生了重大转变，特别是利用工作、学习的闲暇时间来浏览漫画，这使得网络漫画的篇幅、结构和形式均发生了变化。传统漫画的长篇或系列故事变成了分集的"碎片化"形式，情节推进较快，篇幅较短，符合当下人们快速阅读的需求。为了方便读者借助手机快速浏览漫画，手机漫画还采用了条漫形式，省去读者翻页的麻烦，更适合当下读者碎片化时间阅读的节奏。

（5）声音和动感的加入增强了网络漫画的用户体验

漫画原本是以图为主、以文字为辅的艺术形式，随着图像、文字、声音等多媒体在网络中的融合发展，声音等听觉形式融入网络漫画中，催生出有声漫画的新形态。网络环境下的有声漫画，声音的加入增强了其自身的表现力。例如，背景音乐加入网络漫画，能够起到渲染气氛、强化叙事节奏等作用；传统漫画中用文字表现的人物的对白、独白、旁白及拟声词，在网络漫画中都可以用声音表达出来。创作者可以通过网络上的录音插件对漫画人物

的对白、独白、旁白及拟声词等进行录音，实现"像、声、字"三位一体的体验效果，这使漫画不再是一种单纯的视觉形态，而是以视听方式诉诸人们的综合感觉。在视觉形式的漫画中加入听觉，使网络漫画有了更强的"介入感"和震撼力。

网络技术的发展促进了漫画表现形式的进一步拓展，在新技术的帮助下动态漫画应运而生。动态漫画意指"动"，是在静态画面中加入动态的元素，经过制作加工转化为一种动态漫画作品。相对传统的静态漫画而言，这是运用多角度的叙事手段，使动态漫画在艺术表达效果方面体现一种全新的创作理念。传统漫画对人的吸引主要体现在故事情节和画面等视觉体验上，而手机漫画常会配合情节提供相应的声音效果和振动效果，将用户体验拓展到听觉与触觉结合的层面，进一步增强用户的综合感官体验。这种动态漫画将漫画的表现方式发挥到极致，对漫画故事的表达也更加清晰、丰满，给读者带来新鲜刺激的观赏快感。

（6）网络漫画的交互性增强了创作者与用户之间的互动

网络漫画与传统漫画的一个重要区别是其交互性，能够通过文档语言、动态网页和交互等技术来呈现故事。相比于传统漫画的传播方式，网络漫画的传播方式是网络结构，漫画作者和受众可以互动，受众借助互联网对漫画提出意见，作者可以参照受众的意见，并将受众的意见融入漫画的后续创作之中。这种通过网络实现的"点对点"的实时交流，使得每一位受众都成为潜在的交流对象。网络漫画的受众不再被动接受作者的"教导"，而是与作者进行平等、自由的双向交流。同时，受众不再只是信息的接受者，借助网络技术受众从被动阅读变成了主动阅读和互动参与，实现了人机互动。例如，在网络漫画的关键节点，网络漫画给受众提供多个选择，受众可以根据个人喜好选择剧情的发展，做出的不同选择会给漫画带来不同的故事结局。这样，将漫画故事发展的选择权和控制权交给了受众，这种受众与漫画作品之间的互动形式，是传统漫画所不能比的。这种交互的形式激发了人们的参与性，充分满足了当下人们多样化的需求。

2. 网络漫画的表现内容迥异于传统漫画

网络文化是互联网时代的特定产物，是以网络技术为支撑的基于信息传递所衍生的所有文化活动及其内涵的价值观念和文化活动形式的综合体。与传统文化不同，网络文化内容丰富多彩，传播不受时间、地域的限制，是独具开放、多元、共享和交互等多重特征的新型文化形态。网络文化所体现的这种全方位性，为漫画创作提供了得天独厚的资源优势。在互联网平台上，网络漫画可以自由而便捷地迅速传播，打破了传统漫画依赖纸质媒体出版发行的传播渠道。借助互联网，受欢迎的漫画可以在很短的时间内"爆红"。在快节奏、浅阅读的当下，网络漫画的更迭迅速，这些网络漫画成了随用随取、看完即扔的文化快餐，不需要表现沉重的历史和意义，不需要读者去反思和自省，只要在阅读时得到感官的满足和娱乐即可。

（1）网络小说成为漫画创作内容的"选题库"

随着互联网在青少年群体中的普及，网络文化娱乐在青少年日常生活中扮演的角色越来越重要，其中以架空世界观的小说、漫画、动画、游戏作为主要载体二次元网络文化，在过去几年中通过各类互联网娱乐应用在青少年网民中快速渗透。由于具备相同的生存环境和类似的受众群体，网络文学、游戏、漫画、影视等网络文化之间存在着千丝万缕的共享、交互联系。以网络小说与漫画创作为例，网络小说有着不同于传统文学的巨大数据优势，具有文本题材丰富、娱乐形式通俗的特点，为漫画创作提供了现成的 IP 支撑。根据高人气的网络小说改编成的漫画，能够大大提升其改编的附加价值，从而达到事半功倍的效果。有妖气等漫画网站从建站之初就成功地借鉴了对已成熟的网络小说进行改编的运营方式，并创作出了许多有影响力的漫画作品，这种运营方式现已成为众多漫画网站的通行模式。

（2）宽松自由的创作环境拓宽了网络漫画的题材范围

网络平台的开放性、包容性和多元性，使得形形色色的文化都有其存身之地，也使任何人都可以通过网站、论坛、博客等自由发表自己的观点和演绎作品。依附于网络文化的漫画创作自然成为一种迎合大众口味的快餐艺术，人气成为衡量网络漫画质量好坏的近乎唯一标准。由于网络漫画并不像纸质漫画对画面有较高的艺术要求，网民对于网络漫画画面和画质的接受度也较宽，这使得网络漫画的创作门槛降低，更多的业余爱好者参与进来，形成了漫画精品与次品共存的竞争格局。由于网络漫画的审查制度相对宽松、创作环境更为自由，网络漫画的创作尺度变大，既有面向青少年的幻想、校园、热血漫画，也有为成人准备的描绘社会现实或是在表达上更成熟的悬疑、惊悚、爱情等类型作品，这就使得网络漫画的阅读人群在年龄分布上更为广泛。

（3）网络文化改变了网络漫画创作的审美取向

传统漫画有着明确的创作目的，是目的至上主义的集中体现，如讽刺幽默漫画通过比喻、夸张等手法达到讽刺、抨击社会现实的目的；而网络漫画的创作者却可以随心所欲地表达想法，无须承担主流价值引导的责任，他们的创作动机往往是"过把瘾"或者所谓的"自由自在"。网络漫画以自由、多元化形式的表现，凸显了后现代的多元包容性。网络漫画在创作上是反沉重、反目的、反深度和反文化追问的，以轻松、搞笑的主题来缓解在快节奏的社会背景下人们的现代性焦虑，为人们带来精神上的愉悦和心理上的慰藉，让人们暂时忘却焦虑和烦恼，使其精神上和心理上的压力得以缓解；同时也丧失了文化的自觉和自省，是对主流文化价值的颠覆。网络漫画形成了一种新的审美旨趣和审美潮流，这种审美趣味不同于精英文化的高雅、经典的美学风格，而是一种消融经典与通俗、打破高雅与世俗界限的美学潮流，是一种满足大众审美快感的浅层次的美学风格。网络漫画消解了传统漫画的中心话语权，也瓦解了传统漫画的编审制度，使漫画这一艺术空间最大限度地向大众话语敞开；网络的交互性和多元性特点，将漫画故事发展的选择权和控制权交给了大众，使得网络漫画呈现"去中心"、多元化价值取向的后现代审美特性。

（4）网络漫画塑造了后现代主义的游戏化狂欢

后现代主义是20世纪60年代以来在西方出现的具有反近现代体系哲学

倾向的思潮，是对现代主义纯理性的反叛，在理论上具有反传统的倾向，反对继承固有或者既定的理念，表现出无中心意识和多元价值取向等特征。后现代主义文艺创作打破了传统以英雄为中心的叙述模式，倾向于将堂皇叙事的社会语境散入叙事语言的迷雾中，使观众对历史言论、历史上的伟大"推动者"和伟大的"主题"产生怀疑，并以平凡的小人物、平凡的主题、平凡而琐碎的故事取而代之，或利用堂皇叙事与平凡话语间的杂糅、拼贴和交替衍生来反衬、嘲弄堂皇叙事的理性偏激。后现代主义通过拼贴等手法对高雅艺术与世俗生活的间隔进行了消融，追求世俗与多元的思想精神。网络漫画以追求个性自由的"游戏性"为出发点，采用嘲讽、拼贴等手法，通过对传统漫画审美"正当性"的解构和颠覆，反叛经典，以游戏性的审美风格承载着大众狂欢的快感。网络漫画反对权威和秩序，以荒诞对抗价值，多以恶搞手法致敬传统经典，形成了网络文化对传统主流文化的批判和颠覆。

（5）网络漫画的主题趋向平面化、无深度

在表达主题方面，网络漫画往往打破过去、现在、未来的连续性，告别历史、经典、传统，呈现一种平面化、无深度的状态。网络漫画的主人公也不再是英雄人物，而是人们身边的普通人，甚至是弱势群体的一员，这种主题打破了艺术与生活的界限，拉近了人们与漫画的距离。网络漫画不追求文化底蕴和价值深度，弱化了漫画的认知功能和教育功能，往往通过轻松搞笑的故事情节和劲爆的场面突出强化感官刺激功能和娱乐功能。网络漫画运用拼贴等手法塑造无厘头、无深度的漫画作品，就是为了好玩、刺激和娱乐，追求一种喜剧性的、轻松的、去严肃化的效果。在好玩和戏剧化效果的驱动下，网络漫画拒绝追求深度，从而创作出"去正当化"的漫画内容。例如，广为流行的"暴走漫画"摒弃了传统漫画的社会功能，转向了个人情感的宣泄释放，多以恶搞、拼贴、自嘲等手法来表现日常生活中的各种糗事，以博得众人的眼球，成为后现代语境下青年亚文化的典型代表。

（6）网络漫画的叙事更加碎片化、片段化

传统漫画多以宏大叙事来讲故事，这是一种完整意义上的叙事，也隐含了权威化和"正当化"的本质，网络漫画却很少采用宏大叙事，而是对宏大叙事的瓦解和对"正当化"的分崩离析，使之碎片化、片段化。在漫画形象上，网络漫画往往对传统的漫画形象进行解构，并通过解构的方式对传统漫画形象去神秘化和除魅化。例如，曾被改编成动画、电影的网络漫画《十万个冷笑话》，以错乱的时空关系、碎片化的方法来编故事，集合了哪吒、葫芦娃、白雪公主、匹诺曹等动画形象，达到一种无厘头搞笑和脑洞大开的编排效果。比如，葫芦小金刚与敌人蛇精结婚生子，白雪公主嫁给了长鼻子的匹诺曹，演绎了一出出滑稽可笑、荒诞无比的漫画故事，彻底颠覆了传统漫画的经典和深度。

3. 网络漫画的传播方式迥异于传统漫画

打破传统漫画固有形式的网络漫画，以更加开放的游戏形式吸引大众进行参与和娱乐。与传统漫画相比，网络漫画侧重大众参与的游戏形式，使得作者和受众的边界逐渐模糊，让受众也可以参与漫画的制作中。这种开放的形式使人人都能成为创作者，特别是在一些在网络漫画工具平台上，只要网民有好的创意和想法，即使没有绘画能力也能够借由工具软件自动生成漫画作品。相对于传统漫画高高在上的专业创作，网络漫画为大众展示自己的艺术才华提供了广阔的平台，让网民的创意能够形象化于作品中，满足了普通人自我表达的心理需求和展示自我艺术创造才华的愿望。在漫画作品通过互联网发布后，广大读者可以根据个人喜好来点"赞"或"埋"，受到广泛关注和认可的作品，还会登上漫画网站的主页面。可见，从创意到创作，再到欣赏和反馈的网络漫画流程是非常高效的，大众的喜欢程度决定了作品的命运。"众语喧哗"的网络消解了传统漫画的权利话语，使得大众成为创作者主体，随心所欲地书写自己的喜怒哀乐，表达自己的文化观念，并从中体验到自由表达的畅快。

网络漫画的传播还创造了一种奇特的信息交流和反馈机制，即类似威廉·斯蒂芬森（William Stephenson）描述的更偏重于传播形式的媒介，其核心功能就是以高度即时性的信息形式呈现，为观众带来主观上的愉悦，这就是弹幕吐槽。"吐槽"一词源于日语，是以二次元受众为主体、围绕漫画展开的网络文字评论与互动的一种社交方式，旨在以游戏的方式来娱乐自己、娱乐他人。观众可以就漫画的主题、人物、情节、画风等随意点评，并通过互联网与其他受众进行交流。在网络漫画中，每一页漫画基本上都可以用文字来吐槽，吐槽的方式也各不相同。这使得网络漫画不同于传统漫画单向阅读、缺乏及时交流的状态，也使得网络漫画获得了不同于传统漫画的生存空间。大众的集体吐槽不仅是一种语言文字的表达，更是一种流行文化的表征，承载着当下社会的后现代文化时尚，也承载着当代多元复杂的社会文化心理。网络漫画的吐槽群体通过游戏的吐槽和即时互动来彰显自己的文化与价值观，以达到愉悦自我、放松身心的目的。

三 网络漫画的发展环境

（一）政策环境

作为文艺百花园中的一朵奇葩，动漫以其多彩的画面、夸张的表现手法、丰富的语言表达和简洁的故事情节，展示着其独特的风采，深受广大人民群众特别是青少年的喜爱。近年来，动漫产业在文化产业发展中的独特地位日益彰显。为加快推动动漫产业发展，国家制定了一系列扶持动漫产业发展的政策。2006 年 4 月，国务院办公厅转发了财政部、教育部、科技部、信息产业部、商务部、文化部、税务总局、工商总局、广电总局、新闻出版总署等 10 部委发布的《关于推动我国动漫产业发展的若干意见》，提出了推动动漫产业发展的指导思想、基本思路、发展目标，从政府投入、创作扶持、技术研发、人才培养、版权保护、"走出去"、税收优惠、组织协调等方面提出了明确的发展方向和政策举措，对推动我国动漫产业的发展起到了重要的政策支撑作用。此后，在国家层面，成立了扶持动漫产业发展部际联席会议，设立了专门的扶持动漫产业发展专项资金用于支持优秀动漫原创产品的创作生产，开展了动漫企业认定工作，实施了税收优惠政策，加大了动漫人才培养力度，加强了动漫市场监管，等等。特别是在扶持优秀原创动漫创作生产方面，文化部、国家广电总局等部门实施了动漫精品工程、国家动漫品牌保护计划、弘扬社会主义核心价值观动漫扶持计划、少儿节目精品及国产动画发展专项资金项目、"原动力"中国原创动漫出版扶持计划等一批扶持项目，从源头上极大促进了优秀原创动漫作品的创作。特别是"原动力"中国原创动漫出版扶持计划自 2009 年实施以来，聚焦原创动漫作品出版，坚持从扶持作品创作入手，推动动漫作品转化为出版产品。"原动力"扶持计划实施六届以来，累计扶持各类动漫作品项目 327 个，扶持金额接近5000 万元，推出了一批优秀原创动漫出版产品，发现了一批优秀动漫作者和团队，鼓励了一批动漫出版编辑，有效激励了国产原创动漫作品的创作生产，推动了动漫出版产业的繁荣发展。

2011 年，中共十七届六中全会通过了《中共中央关于深化文化体制改革 推动社会主义文化大发展大繁荣若干重大问题的决定》，提出加快发展文化产业，推动文化产业成为国民经济支柱性产业，并且专门提出加快发展包括动漫游戏在内的新兴文化产业。2012 年，十八大提出扎实推进社会主义强国建设，促进文化和科技融合，发展新型文化业态，提高文化产业规模化、集约化、专业化水平。中共十八届三中全会对全面深化改革做出战略部署，提出了推进文化体制机制创新的四大任务，即完善文化管理体制、建立健全现代文化市场体系、构建现代公共文化服务体系和提高文化开放水平。中共十八届四中全会审议通过了《中共中央关于全面推进依法治国若干重大问题的决定》，提出建立健全坚持社会主义先进文化前进方向、遵循文化发展规律、有利于激发文化创造活力、保障人民基本文化权益的文化法律制度。此外，积极推动《文化产业促进法》的制定，把行之有效的文化经济政策法定化，健全促进社会效益和经济效益有机统一的制度规范。《国民经济和社会发展第十三个五年规划纲要》提出，"十三五"时期，要加强网络文化建设，实施网络内容建设工程，丰富网络文化内涵，鼓励推出优秀网络原创作品，大力发展网络文艺，发展积极向上的网络文化。2015 年，国家新闻出版广电总局、财政部联合出台了《关于推动传统出版和新兴出版融合发展的指导意见》（新广发〔2015〕32 号）。

2016 年，国家新闻出版广电总局、工业和信息化部联合发布了《网络出版服务管理规定》，这一规定自 2016 年 3 月 10 日起施行。这些宏观层面的上位政策和动漫产业内部政策，既重视发挥市场机制的作用，又重视发挥政府的作用，从体制改革、融合发展等方面为动漫产业，特别是网络漫画行业的发展构建了良好的政策环境。

（二）经济环境

当前我国仍处在经济增长速度换挡期、结构调整阵痛期、前期刺激政策消化期的叠加阶段，国民经济在新常态下呈现总体向好、稳中有进、增长平稳、结构优化、质量提升、民生改善的态势。2015 年，全年国内生产总值685506 亿元，比上年增长 6.9%。全年人均国内生产总值 49992 元，比上年增长 6.3%。全年国民总收入 682635 亿元。全年社会消费品零售总额300931 亿元，比上年增长 10.7%，扣除价格因素，实际增长 10.6%。全年居民消费价格比上年上涨 1.4%，其中娱乐教育文化用品及服务价格上涨1.4%。全年全国居民人均可支配收入 21966 元，比上年增长 8.9%，扣除价格因素，实际增长 7.4%。全国居民人均可支配收入中位数 19281 元，增长 9.7%。全国居民人均消费支出 15712 元，比上年增长 8.4%，扣除价格因素，实际增长 6.9%；其中，教育文化娱乐人均消费支出 1723 元，占总体的 11.0%（见图 1 - 1）。国民经济的持续增长，为动漫产业投资融资提供了经济支撑；城乡居民收入的稳步增长，为居民动漫文化娱乐消费奠定了物质基础。

（三）社会环境

人是消费的主体，向消费主导型经济转变不仅同人口数量变动直接相连，而且同人口年龄结构变动息息相关。人口学粗略地将总体人口划分为0～14 岁少年、15～64 岁成年、65 岁及以上老年三个部分。当前，我国人口结构正在发生巨大的变化，受近 20 年来低生育率的影响，少年儿童人口数量持续下降。如图 1 - 2 所示，2015 年末，全国（港澳台除

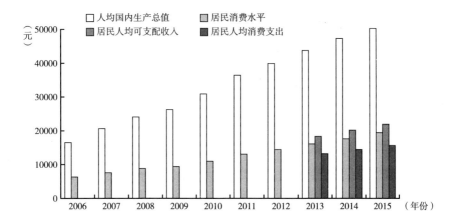

图 1 - 1　2006～2015 年我国人民生活收支情况

资料来源：《中国统计年鉴（2016）》。

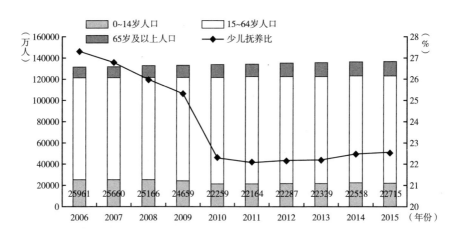

图 1 - 2　2006～2015 年我国人口年龄结构和少儿抚养比

资料来源：《中国统计年鉴（2016）》。

外）总人口为 137462 万，其中 0～14 岁人口为 22715 万，占总人口的
16.52%。全年出生人口 1655 万，出生率为 12.07‰；死亡人口 975 万，
死亡率为 7.11‰；自然增长率为 4.96‰。年龄结构变动对消费的影响不
可忽视，少年儿童人口数量的持续下降严重影响着儿童漫画消费市场的
规模。改革开放以来，我国出现了三次消费升级，推动了经济的高速增

长，消费结构的演变带动了我国产业结构的升级。目前正在进行的第三次消费结构升级转型正驱动着相关产业的增长，尤其是与IT产业、汽车产业、房地产业以及文化教育娱乐业相联系的消费增长最为迅速。人口结构的持续变化和漫画消费群体的成长发展，为国产动漫由适应低幼儿童、青少年和年轻人等不同年龄群体的需要转向全龄化发展奠定了坚实的受众基础。

（四）网络技术环境

近年来，随着网络基础建设的日趋完善和以智能手机为代表的数字终端的快速普及，网络漫画作为数字娱乐的一种产品形态，因其图像可视化赢得了众多网民的喜爱。截至2015年12月，我国网民规模达6.88亿人，互联网普及率为50.3%。随着手机终端的大屏化和手机应用体验的不断提升，手机作为网民主要上网终端的趋势进一步明显，我国手机网民规模达到6.20亿人。截至2015年12月，中国网民男女比例为53.6∶46.4，网民性别结构趋向均衡；我国网民以10~39岁群体为主，占整体的75.1%，其中20~29岁年龄段的网民占比最高，达29.9%，10~19岁、30~39岁群体占比分别为21.4%、23.8%。

如图1-3所示，截至2015年12月，中国网络视频用户规模达5.04亿人，网络视频用户使用率为73.2%；网络文学用户规模达2.97亿人，占网民总体的43.1%。2015年，由网络文学改编的影视作品屡屡被搬上荧幕并获得成功，优质网络文学IP以其巨大的潜在商业价值促使各大型互联网企业将其视为内容领域的战略重点，这种力量推动了网络文学产业的整合。网络文学网站单纯依靠读者付费的盈利模式逐渐退出舞台，培养受众广泛的优质IP，之后出售版权进行电影、电视剧、游戏等一系列改编来寻求变现的商业模式成为当前网络文学产业的主要发展方向。2015年，各大视频网站的用户付费业务明显增长，收入结构更加健康。随着网络视频用户基数的不断增长，国家相关部门对盗版链打击力度的增强，在线支付尤其是移动支付的普及，再加上IP大剧的推动，用户付费市场从以前的量变积累转化到质变阶段。主要视频网站在 2015 年新增的付费用户数超过之前的积累，用户付费收入在整体收入中的占比增大，预计未来会成为视频网站重要的收入来源。

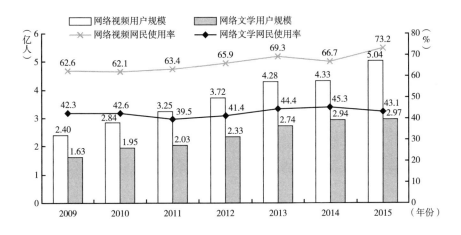

图 1-3　2009～2015 年网络视频和网络文学用户规模及使用率

资料来源：中国互联网络信息中心（CNNIC）：《中国互联网络发展状况统计报告》。

　　年轻人作为最庞大的消费群体，始终代表着当今时代的核心趋势与消费倾向，尤其在互联网高度普及和渗透的信息化时代里，年轻人作为高新技术和资讯的前瞻受众，足以拥有创造时尚潮流和引领市场走向的能力。目前，以动漫文化为核心，在年轻人群体中逐渐形成了一种独特的、具有年轻色彩的二次元文化氛围，并延伸为涵盖内容创作、平台分享和衍生品开发的二次元文化产业链。随着对经济生活的逐步渗透，互联网已经成为当前青少年重要的信息获取途径、交流沟通桥梁和休闲娱乐平台。随着互联网在青少年群体中的普及，网络文化娱乐行为在青少年日常生活中扮演的角色越来越重要。以架空世界观的小说、漫画、动画、游戏作为主要载体的二次元网络文化通过各类互联网娱乐应用在青少年网民中快速渗透。截至 2015 年 12 月，作为二次元文化传播载体的网络小说、视频、游戏的青少年用户规模分别达到 1.3 亿人、2.2 亿人和 1.9 亿人，网络为二次元文化的传播提供了良好的基础。2011~2015 年青少年网民规模和互联网普及率见图 1 - 4。

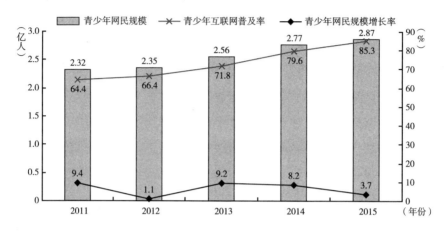

图 1 - 4　2011~2015 年青少年网民规模和互联网普及率

说明：青少年网民指年龄在 6 周岁及以上 25 周岁以下在半年内使用过互联网的中国公民。

资料来源：中国互联网络信息中心（CNNIC）：《2015 年中国青少年上网行为研究报告》。

四　网络漫画的商业模式

商业模式是指为了实现客户价值最大化，把能使企业运行的内外各要素整合起来，形成高效率的具有独特核心竞争力的运行系统，并通过提供产品和服务，达成持续赢利目标的组织设计的整体解决方案。任何一个商业模式都是一个由客户价值、企业资源和能力、赢利方式构成的三维立体模式。商业模式的本质是关于企业做什么、怎么做、怎么赢利的问题，实质是商业规律在经营中的具体应用，最主要的在于整合各种资源创造出新价值，最通俗的说法是通过什么途径或方式来赚钱（见图 1 - 5）。网络漫画行业主要从事网络漫画内容产品的制作、出版发行（传播）及衍生增值业务。

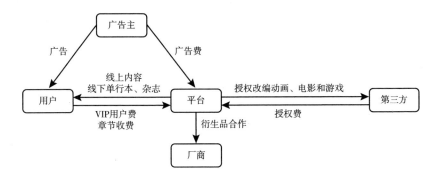

图 1 - 5 网络漫画的商业模式

资料来源：作者自制。

（一）内容付费模式

1. 付费阅读收入

现阶段，各网络漫画平台都在积极探索用户付费模式，为内容创作提供正向的激励。付费阅读收入包括 VIP 付费服务和作品付费订阅。网络漫画出版平台依据市场点击阅览次数、收藏数、作者更新情况评定原创漫画作品等级，部分精品原创漫画开启 VIP 付费服务，平台用户充值成为 VIP 后，可在漫画作品正式推出之前阅读。为激发原创作者创作动力，加强原创作者与平台黏性，网络漫画出版平台与精品漫画作品作者沟通后，精品漫画作品推出付费阅读章节，用户付费后可继续阅读，收入由网络漫画出版平台与原创作者进行分成。

2. 粉丝打赏收入

打赏是互联网新兴的一种非强制性的付费模式，由用户自愿针对网上发布的原创内容通过奖赏钱的形式来表达对创作者的认可和赞赏。这种在网红经济时代诞生的非强制性的付费模式，主要是利用了用户由衷赞赏、隐性付费（小费）、帮助他人、互助互惠和地位排名所带来的荣誉感的心理，加之打赏行为的去货币化和虚拟道具有效降低了用户的打赏成本感知。

根据统计，网络漫画平台普遍设置了打赏功能，但各个平台的打赏效果相差很大。如表 1 - 4 所示，腾讯动漫用户最高打赏额达到 20.40 万元，第

50 名打赏额为 2000 元，前 50 名平均打赏 8443.06 元/人；第 100 名打赏额为 1100.88 元，前 100 名平均打赏 4968.70 元/人。漫画作品《灵契》累计被打赏 4315 次，排全站第 1 名，用户"旧秋微凉"累计打赏 11836.08 元，用户"旧秋微凉"单次最高打赏 1000 元。而根据咪咕动漫网站来看，排在打赏作品榜第 1 位的《斗破苍穹》最高打赏额为 959 元，单次最高打赏额为 100 元，获得打赏 71 次（见表 1－5）。

表 1－4　腾讯动漫用户打赏榜前 50 名

排名	昵称	累计打赏（点券）	排名	昵称	累计打赏（点券）
1	寡言花瓶萌	20400000	26	顾小白	310000
2	葉祁轩	2247000	27	——朴大叔	305792
3	Y²	1367000	28	Stary d	305000
4	孤城绝塞。	1200088	29	死小白	301880
5	旧秋微凉	1184784	30	小夜	292496
6	就是个刀子	825000	31	卵蛋蛋	290000
7	—	672000	32	安雅	282088
8	荸荠头	613496	33	Remembe	278000
9	jx_T	610000	34	傲冰	277000
10	hero	586000	35	—	266440
11	霜小喵	580152	36	『奕宣"YL』	251528
12	披着狼皮的羊	564616	37	wwczhc	250880
13	Dream C	510000	38	红叶末央时	250000
14	かりん	503000	39	月丸花小萝莉	247000
15	死命工作丶还房	471552	40	oヤ橘子	244088
16	夜枕。	403000	41	力哥	240000
17	清阙词	402000	42	🏛 V/	216000
18	长风歌	383440	43	星梦无痕	213056
19	木木♛	382096	44	Don't s	209056
20	等风 or 等疯	373792	45	水寒心	204440
21	扶摇	373440	46	宏远吉祥	203704
22	yuki	345000	47	一十三	201528
23	源陌	335000	48	空白	200000
24	吃素的 carn	331000	49	樱	200000
25	清新萝卜柳陌轩	311848	50	西街姑娘♡	200000

注：100 点券 = 1 元，"—"代表无数据。

资料来源：腾讯动漫 VIP 用户打赏榜（http://ac.qq.com/Rank/userRank/type/uaward），最后访问日期：2017 年 1 月 16 日。

表 1 - 5　咪咕动漫网站用户打赏榜排在前 20 名的漫画作品

序号	作品 ID	作品名称	打赏金额（元）	单次最高打赏金额(元)	打赏次数（次）
1	000000232525	斗破苍穹	959	100	71
2	090000001034	ONLY 5	795	100	78
3	090000001101	黑海新娘	721	100	96
4	090000001072	青柠之夏	663	100	156
5	090000001062	临安劫之少年驱魔师	637	100	105
6	000001345305	斗罗大陆	506	100	60
7	000000025196	偷星九月天	503	100	55
8	000001152218	龙族	414	100	71
9	000000489786	血族之圣魔虚像篇	350	100	12
10	000001007886	将夜	333	100	36
11	090000001046	科学战士	288	100	69
12	090000000090	逆袭吧魔王！	282	100	79
13	090000001069	月之国度	277	100	70
14	090000000849	无间狱	258	100	18
15	900000000081	替身游戏	244	100	37
16	090000001129	大唐除妖司	241	100	71
17	000001899763	妖怪名单	234	100	8
18	000000023871	爆笑校园	219	100	12
19	090000001098	灵魂的路标	177	100	33
20	090000000843	喰灵	145	100	28

资料来源：根据咪咕动漫网站（http：//dm.10086.cn/）漫画作品打赏概况统计，最后访问日期：2016 年 9 月 18 日。

（二）广告推广模式

网络漫画平台具有庞大的用户基数，广告导流能力强。腾讯动漫、有妖气等漫画平台都有很高的访问流量。网络漫画平台为了提高用户体验，一般只有一小部分的广告栏位，但可以靠互动内容，包括论坛帖子等来导流，甚至通过漫画内容＋品牌广告的结合方式，以趣味性强、用户接受度高的软性植入来达到扩大营销的目的。

1. 广告活动收入

广告活动收入基于网络漫画出版平台的海量用户基础开展，鉴于平台用户多为动漫爱好者，其关注重点为平台漫画作品，平台如将客户广告挂至页面宣传，广告效果或将不如预期所设，且影响页面美观，因此网络漫画出版平台采用专题活动形式将客户广告植入活动中，如举办插画征集、声优大赛、填词活动等，由用户自发参与活动。网络漫画出版平台依据合同约定的平台版面位置、活动时间、参与人数等要求完成专题活动后，广告客户向网络漫画出版平台支付广告费用，构成网络漫画出版平台盈利来源之一。平台专题活动既提高了用户与平台互动的程度，又为广告客户提供了良好的广告宣传渠道。运营有妖气的四月星空 2013 年获得上海幻电信息科技有限公司网络推广费 28.3 万元，2015 年上半年获得尊岸广告（上海）有限公司广告费 86.18 万元，获得完美世界（重庆）互动科技有限公司广告费 66.23万元。

2. 游戏联运收入

鉴于网络漫画出版平台的用户基础，网络漫画出版平台可与游戏运营商合作开展游戏联运业务，在平台上设置游戏接入端口为游戏导入流量，进行游戏推广，根据游戏玩家的实际充值情况与游戏运营商按照合同约定的方式进行分成，形成网络漫画出版平台的游戏联运收入。运营有妖气的四月星空 2013 年获得北京微游互动网络科技有限公司（运营《上帝之手》《全民足球》《大武侠物语》《神与神》等游戏）网络推广费 23.11 万元，获得北京畅游天下网络技术有限公司（运营《大大大乱斗》《苍之骑士团》《三国无双 Q 传》《侠客行》《风云》《战舰风云》《大唐双龙传 3D》《天下群英》《轩辕剑格斗版》《小兵一米六》《不灭的战士》《魔剑之刃》等游戏）网络推广费 19.81 万元，2014 年获得美娱信息技术（上海）有限公司（运营《超级地城之光》《三国志转珠大战》等游戏）网络推广费422.64 万元。

（三）版权增值模式

网络漫画的版权增值除了直接将漫画内容推广至其他平台（如电信运营商手机动漫基地）和策划出版发行单行本图书形成漫画内容的多渠道联

动传播外，还可能以 IP 跨界运营的方式，通过改编成动画、游戏、网剧、电影等衍生产品形态来获得版权运营收入。

1. 动画片授权收入

为促进网络漫画出版平台原创精品漫画的多元化传播及多样化变现，网络漫画出版平台将原创精品漫画制作成为动画片并授权至知名视频网站，网络漫画出版平台获得动画片版权授权收入，并扩大作品影响力。此外，网络漫画出版平台在制作动画片的过程中可为客户在片头片尾处贴片广告以及在动画片中植入广告，进一步增加相应的营业收入。运营有妖气的四月星空 2014 年获得北京掌趣科技股份有限公司版权转让费 424.53 万元，获得飞狐信息技术（天津）有限公司授权及制作费 238.43 万元。

2. 影视授权收入

由于漫画与影视具备天然互通性，网络漫画出版平台凭借庞大的原创作品资源库涉入影视领域，将具有影响力和粉丝基础的精品漫画作品授权至影视开发商，获取授权使用金和后续电影票房分成，形成网络漫画出版平台的影视授权收入。运营有妖气的四月星空 2015 年上半年获得万达影视传媒有限公司电影分成费 1472.84 万元。

3. 游戏授权收入

游戏开发通常需要人物形象、游戏情景、世界观等元素，漫画作品完全符合游戏开发的需求条件，且精品漫画的粉丝基础可进一步为游戏引入流量。对此，网络漫画出版平台积极开展游戏授权业务，将具有影响力和粉丝基础的精品漫画作品授权至游戏开发商，获取授权使用金和后续游戏流水分成，形成网络漫画出版平台的游戏授权收入。运营有妖气的四月星空 2013 年获得盛绩信息技术（上海）有限公司授权分成费 155.66 万元，2014 年获得蓝港在线（北京）科技有限公司授权分成费 471.7 万元，获得上海盛鲲网络科技有限公司授权及宣传策划费 348.37 万元，2015 年上半年获得蓝港在线（北京）科技有限公司授权分成费 1056.20 万元，获得盛绩信息技术

（上海）有限公司授权分成费 67.06 万元。

4. 衍生品授权收入

由于漫画作品具有多元化变现方式，网络漫画出版平台运营漫画版权除授权电影、游戏之外，还拥有图书出版、手办产品等周边衍生品的对外授权开发权利，实现漫画价值多元化变现。因衍生品类型多样、合作方式灵活，故需依据实际需要约定授权收益，此部分收益形成网络漫画出版平台的衍生品授权收入。

五 网络漫画在文化娱乐产业矩阵中的功用

（一）IP 在文化娱乐产业混业经营中的价值作用

IP 是英文 Intellectual Property（知识产权）的简称，通常是指智力活动产生的名称、著作权、标识、情节模式等。在法律层面，它往往是指人类在社会实践中创造的智力劳动成果的专有权利，包括著作权（版权）、专利权和商标权。在中国文化创意产业中流行起来的 IP 概念，主要是指连接不同内容呈现形式的著作权。

IP 肇始于人的创意，往往包含形成内容产品所需的故事内核，剧情结构，人物形象以及思想、情感等文化艺术和精神心理等方面的内容。文化创意产业的根本在于通过开发被知识产权保护起来的原始创意来创造财富，进而形成产业链条，创造出规模效益。只有实现创意的多形式开发，才能多方面、多角度、多层次地开源，实现创意产业链的价值增值，获得更多的利润。只有实现创意的多重开发，才能将创意企业前期巨大的研发生产成本分摊到众多创意产品的销售中，化解巨大的产业风险，实现产业资源的循环。在原始创意元素基础上形成的文化创意 IP 资源，对包括动漫产业在内的文化创意产业具有较大的价值。

近年来，以 IP 为核心的文学、动漫、影视、游戏、音乐等不同领域迎来全面的跨界融合，处于产业链不同环节的企业纷纷寻找各自的新起点，借助 IP 资源来推进跨产业运营。由于既具备长久的生命力，又可以进行多平台产品开发，还可以在不同的呈现形式之间自由转换，因此优质 IP 成为各大公司最为看重的资源。文化企业一方面大量采购明星 IP，另一方面加快培育自主原创 IP，同时以 IP 为中心，横跨文学、动漫、影视、游戏等泛娱乐领域融合发展，最大化利用影响力经济和粉丝经济，构建跨行业一体化经营的新格局。

在当前服务业与制造业融合发展、金融投资与实业投资融合、以互联网为纽带的产业跨界融合、技术革命引领行业融合、新的市场需求推动产业跨界的共同作用下，文化创意产业也已从过去的分业经营转向混业经营，大型文化企业集团在文学、漫画、动画、游戏、影视、实业等领域开展多元化经营，进行多业务、多品种、多方式的交叉经营和服务。IP 在泛娱乐一体化经营中的价值作用体现在以下几个方面：①IP 作为一种内容完备的资源，可批量化复制成电影；②IP 作为一种市场化检验的资源，具有较高的市场接受度；③IP 作为一种信息完全化的资源，可降低电影投资生产风险；④IP 作为一种价值创造的资源，可帮助企业延长产业链；⑤IP 作为一种价值转移的资源，可实现产业协同效应；⑥IP 作为一种价值增值的资源，可产生巨大的品牌效应。

基于不同内容形态产生的 IP 资源，往往经历过市场检验，拥有一定的消费群体和人气基础，甚至一些优质 IP 资源还具有较高的美誉度和忠诚度。好莱坞之所以热衷于漫画改编电影，就是因为《复仇者联盟》《蝙蝠侠》《蜘蛛侠》《钢铁侠》等漫画作品 IP 拥有固定而庞大的消费群体和广泛的品牌效应。全球娱乐传媒巨头迪士尼公司以约 43 亿美元收购美国漫画公司漫威，看中的是其拥有的 5000 个知名的漫画形象和故事资源等优质 IP 资产。美国电影产业的强大是由庞大的 IP 资源库和完善的大电影产业价值链做支撑的。好莱坞基于 IP 资产推出的《007》《星球大战》《哈利·波特》《速度与激情》《怪物史莱克》《玩具总动员》《汽车总动员》《马达加斯加》《功夫熊猫》《冰河时代》《神偷奶爸》《里约大冒险》等系列电影，均取得了良好的票房。

（二）漫画在 IP 产业链中的地位和作用

IP 产业链可划分为诞生层、放大层和变现层，其中漫画处于诞生层，可以诞生海量伟大 IP；动画处于放大层，可将 IP 的受众大面积放大。

如图 1-6 所示，在众多文化产业内容中，位于诞生层的文学和漫画属于 IP 的源头，具有低利润、低制作成本、低试错成本的特点，能为影视、游戏、动画以及周边衍生品提供源头的内容支持。文学和漫画虽然市场较小、利润较低，但由于作品数量极为庞大，因此容易获取最优质的剧情，诞生最伟大的 IP。

位于放大层的电视剧、动画具有中利润、中制作成本、中试错成本的特点。放大层市场中等，可以将文学和漫画的 IP 影响力放大，持续、大面积地影响受众。

位于变现层的游戏、电影具有高利润、高制作成本、高试错成本的特点。资料显示，2015 年电影市场达 440 亿元，游戏市场达 1000 亿元（见图 1-6）。游戏和电影，尤其是游戏，基本无法诞生和培育 IP，但由于利润丰厚，可以最快最多地将 IP 的价值变现。IP 不同产品形态的特点和主要作用见表 1-6。

表 1-6　IP 不同产品形态的特点和主要作用

环节	产品形态	特点	主要作用
上游	文学、漫画	生产成本低、周期短	属于文化产业中的 IP 源头，为产业提供内容支持
中游	图书、影视、游戏、动画	在泛娱乐趋势下，对内容需求大	放大 IP，扩大影响力
下游	玩具、周边	验证 IP 成功的重要标志之一	变现能力强，吸引核心粉丝

资料来源：作者自制。

（三）网络漫画和网络文学的价值对比

漫画和文学作为文化产业的重要 IP 源头，也存在一定的不同。与文学相比，漫画内容形象直观、参考性大，更易于改编，发展空间更大。网络文学发展年限长，参与者、商业模式、用户成熟度高，而漫画市场尚未成熟、发展空间大（见表 1-7）。

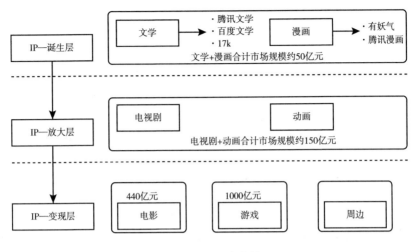

图 1-6 IP 产业链

资料来源：作者自制。

表 1-7 漫画和网络文学对比

对比维度	漫画	网络文学
改编情况	作品形象直观,大量借鉴影视手法,更易改编成影视、动画和游戏等	文字形式,改编难度较大
创作特点	以团队为主,创作门槛较高	以个人为主,创作门槛较低
发展空间	发展年限短,内容稀缺,存在较大的发展空间	发展年限长,内容丰富,市场发展较为成熟,市场机会少

资料来源：作者自制。

同样作为虚拟形象 IP，漫画 IP 的拓展性显著强于网络文学 IP，可以在全产业进行拓展，而网络文学内容在 IP 的游戏化和影视化中往往需要舍弃一个方向。通常而言，男性频道网络文学 IP（即以男性受众为主的网络文学内容）容易游戏化，难以影视化。因为男性频道作品若影视化，在内容审核上有一定障碍，且因特效场景较多，面临成本过高问题；但其中包含的打斗场面，非常适合游戏化。而女性频道文学作品容易影视化，难以游戏化。女性频道作品通常是感情故事，易于形成影视，且成本可控；但缺少打斗场面，难以游戏化。而漫画内容无论是拓展到动画还是游戏，都非常顺畅，因为审查标准、成本比较类似，且多数具有战斗场面。唯一的难点在于漫画在电影改编的环节可能会遇到短篇向长篇转化的障碍。更为重要的是网络文学 IP 缺乏形象,在衍生品开发上较为困难,而漫画却不存在这样的问题,漫画作品中的服饰、武器等可以很容易地做出衍生品。例如,知名网络漫画 IP《十万个冷笑话》就进行了全产业链的衍生产品开发,动画、电影、游戏等都非常成功。

(四)动漫产业链是以 IP 为核心的产业链

随着网络漫画平台的兴起,全年龄段动漫受众空间被打开,而二次元动漫(即全年龄段漫)市场的产业链和低幼动漫市场具有本质区别。低幼动漫市场的核心竞争力是玩具衍生品销售能力,譬如目前低幼市场龙头企业奥飞动漫由于玩具衍生品销售能力强大,可以支持高成本、高质量的动画创作,内容质量远高于"赚政府补贴"的小型动画公司。而二次元动漫市场的核心竞争力是 IP 孵化能力与全产业链运作能力。首先,相较于低幼动漫市场,二次元动漫市场需要增加漫画这一产业环节。由于低幼受众对内容辨识能力较低,全年龄段受众对内容要求极高,故采用原创剧本模式制作的动画风险极高,主要成功作品来自漫画改编动画。其次,相较于低幼动漫市场,二次元动漫市场受众年龄较大,具备电影、游戏的消费能力。因此,二次元动漫的变现,在很大程度上依靠电影和游戏。

在泛娱乐浪潮下,漫画和其他形式的内容合作更加紧密。如图 1-7 所示,IP 是动漫产业链的核心,整个动漫产业链都围绕着动漫 IP 展开,其主要环节包括漫画制作、动画制作、动画电影、动漫游戏、衍生品等。中国漫画行业产业链主要分为漫画内容创作、传播、交流和 IP 衍生四个环节,漫画内容通过创作、传播、交流三个环节触达漫画用户。在漫画产业链上,各环节的企业数量增多、合作紧密,共同推动着行业发展。

如图 1-8 所示,网络漫画的内容来源包括国产原创漫画和国外引进漫画,漫画平台和内容供应商(CP)的合作方式主要分为独家签约和不签约等。漫画平台负责内容分发和版权运作,买断模式与后续收入的分成模式均有存在。网络漫画作品的创作主要采用团队合作的方式,编辑、漫画家、脚

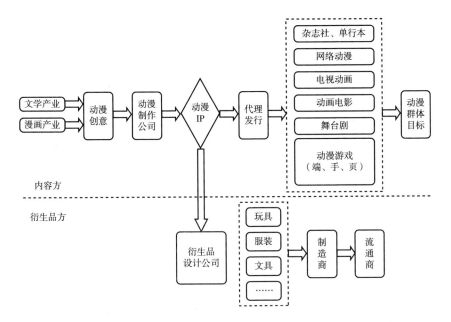

图1-7　以IP为核心的动漫产业链

资料来源：作者自制。

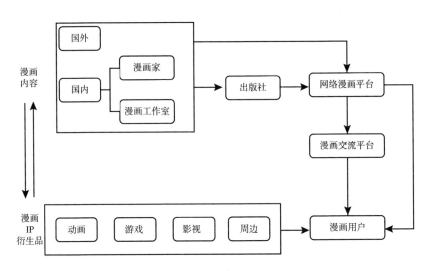

图1-8　中国漫画行业产业链

资料来源：作者自制。

本师和后期团队的共同参与和配合，既能加快优质作品的创作速度，还可在作品创作前期适当规划商业化进程，有助于实现更多样的内容变现模式。随着漫画行业的发展，漫画作品的商业化进程逐渐被提前规划，有助于促进行业良性发展。漫画编辑从作品创作早期开始介入，可以帮助漫画创作者更好地把握市场动向。网络漫画平台拉近了作品和用户的距离，可使漫画作者快速及时地获得反馈，为作品优化和改进提供了参考依据（见图1-9）。

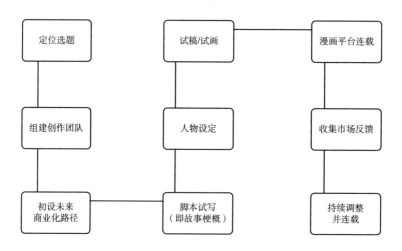

图1-9　网络漫画作品的制作过程

资料来源：作者自制。

　　网络漫画平台的出现，是国产漫画供给端的巨大变革。此前，国产漫画极度依赖政策保护，且集中在低幼动漫市场，无法形成具有互联网竞争力的动漫IP。但随着网络漫画平台的崛起，二次元领域出现大批优质国产漫画。中国动漫产业长期从事代工导致的长于技术、弱于剧情的瓶颈，随着互联网动漫IP的兴起被逐渐弱化，国产漫画的创意环节得以强化，由代工走向原创。网络漫画平台由于直面日漫、美漫的竞争，故可以孵化出具有互联网竞争力的漫画IP。

第二章

网络漫画平台发展现状

一　网络漫画平台概述

　　网络漫画是在网站上发布的漫画，包括网上独家公开，以及同时通过杂志、报纸或漫画书发布的作品。网络漫画平台是通过签约作者，或者购买网络漫画版权，实现网络漫画的公开发布、连载，并且供用户观看、交流漫画的平台。从发展方向来看，数字技术改变了传统漫画行业单向、线性的产业运作模式，代之以双向、网状的立体化模式，其核心和基础是大型数字内容平台，起到集成、包装、传播等作用。以漫画网站和漫画 App作为主要载体的网络漫画平台在中国网络漫画出版产业中扮演着重要角色。网络漫画平台是漫画产业的基础环节，是漫画作品的试金石和风向标，是漫画产业的试验地和先行者，在产业链中发挥着重要的枢纽作用。网络漫画平台实现了漫画内容的集聚和传播，并由此成为创作者与读者之间交流和沟通的平台。

（一）从传统漫画期刊到网络漫画平台的渠道变革

现代意义上的漫画属于现代传媒技术的产物，它的兴起与发展都是以科学技术发展为坚实基础的，每一次技术革命都使漫画的制作和传播获得了飞跃发展。现代印刷技术的出现，是传播媒介的第一次革命。随着印刷技术的发展，人类可以大批量地复制生产书籍、杂志、报纸等文化产品，漫画随着报业的兴起和印刷技术的提高得以进一步的发展。漫画以单幅页面为载体，起步于18~19世纪的欧洲，然后见之于报纸，并有了杂志、图书等出版物。在19世纪末20世纪初，漫画从欧美国家传到世界其他地区，中国和日本等亚洲国家受其影响诞生了自己的现代漫画。20世纪上半叶，我国出版的漫画期刊有《时代漫画》《漫画生活》等20余种，为漫画的发展提供了传播载体。新中国成立后，由于报刊大都比较重视配合时事新闻的单幅漫画，以四格为主的幽默漫画发展相对滞后，特别是优秀长篇漫画更是凤毛麟角。改革开放以后，许多报刊纷纷增刊以多格漫画为主的专版，还涌现出《幽默大师》《漫画世界》《儿童漫画》等众多漫画期刊，为连环漫画的发展提供了有利条件。

进入21世纪，伴随着漫画文化的普及，漫画期刊凭借物美价廉的优势迅速发展（见图2-1）。随着漫画期刊整体市场的不断壮大和进一步细分，期刊形态、题材、内容来源和定位群体日益丰富多样。按照读者年龄段，大体上可以划分为幼儿（3~5岁）、儿童（5~9岁）、少年（9~12岁）、青少年（12~18岁）和青年（18~24岁）等几个类别。这些期刊按照内容和读者年龄、性别的差异大体可分为三类：第一类为儿童漫画期刊，像《儿童漫画》《米老鼠》《小熊维尼》《小公主》等，读者以儿童为主，相对而言内容的性别差异性不强；第二类为幽默漫画期刊，包括《幽默大师》《漫画派对》《漫画世界》等，内容老少皆宜，通俗易懂，突出幽默搞笑的特点，在读者的年龄和性别定位上较为偏向少年；第三类为青春漫画期刊，包括《漫友》《新蕾》《锋绘》《尚漫》等，刊物风格偏日式，追求唯美华丽，读者以年轻女性为主。

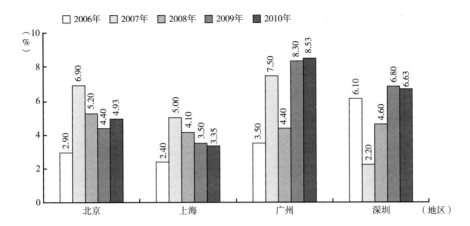

图 2-1 2006~2010 年全国一线城市漫画杂志所占市场化杂志销售比例

资料来源：北京开元策略信息咨询有限公司：《市场化报刊零售发行调查报告》。

我国漫画期刊在借鉴日本漫画期刊发展模式的基础上，创新了期刊版式、编读互动模式和漫画作品开发模式，形成了较为成熟的发展模式。自2006 年开始，湖北知音传媒股份有限公司就按照"漫画原创—期刊及数字出版—图书出版—动画、游戏研发与运营—动漫周边产品开发—动漫形象授权"的路径着力打造完整的动漫产业链。知音传媒以漫画期刊为基础，陆续发展漫画图书、电子图书、动漫论坛、动漫商城、动漫网络游戏、动画片、动漫周边产品、漫画客户端等多元业务。2006 年，《知音漫客》创刊并逐渐发展成具有影响力的漫画类期刊群。2008 年，开展漫画类图书策划发行业务，实现动漫产业链的第一次延伸。从 2009 年起，逐步将漫画产品推向网络平台和无线平台，并启动动画制作、游戏研发运营、动漫周边产品开发及动漫形象授权工作。

知音传媒自《知音漫客》创立之初就采取全媒体运营方式，并在此基础上创办了《漫客小说绘》《漫客星期天》等漫画期刊，形成了涵盖期刊、图书、周边产品、动画、游戏、网络等多个领域的知音动漫产业链。全彩原创连载漫画期刊《知音漫客》以"年少有梦，青春有爱"为办刊宗旨，注重人文关怀，关注新时代青少年儿童的精神需求与成长特质。《知音漫客》通过对内容定位、编辑流程、版式设计、市场策略、编读互动等多方面的创新，吸引众多国内青少年关注中国本土漫画。《知音漫客》通过读者评刊机制筛选符合市场需求的作品；通过对潜力作者的辅导来培育优秀的漫画作品；通过全彩及"四拼一"的版面设计提升读者的阅读体验。由此，根植于中国本土的《知音漫客》在青少年读物市场形成了品牌效应，月发行量从创刊时的 10 万册跃升至 2013 年的 648.35 万册，读者超过 700 万人。

知音传媒利用《知音漫客》的品牌优势，针对不同年龄层的读者，先后创办了《漫客小说绘》《漫客星期天》《漫客绘心》等系列刊物，形成了覆盖低幼、儿童、少年、青年等各年龄段读者的漫画期刊群。如表 2-1 所示，《知音漫客》是一本以 10~19 岁青少年为主要读者群的故事漫画全彩杂志，以"年少有梦、青春有爱"为刊魂，坚持"故事第一、爆笑优先、大众意识、生活原味"的办刊方针，以本土原创漫画为载体，以幽默娱乐为基调，以时尚唯美为画风，展示青少年的现实和虚拟的生活，展示普通人的生活、梦想和快乐。《知音漫客》发行量逐年快速增长，从 2011 年的 4171.26 万本增长至 2013 年的 7780.15 万本，月均发行量达 648.35 万册，全年实现销售收入 19626.35 万元，发行量和销售收入分别较上一年增长 25.82% 和 20.46%。《漫客小说绘》是一本主要面向 13~18 岁青少年，以刊发具有动漫特色、青春感觉、励志思想等元素的全新轻小说为主的期刊，并配有精美插图，满足视觉与文字阅读的双重享受。《漫客小说绘》侧重流畅好读的故事情节、优美平实的文字描述，力求从思想、阅读习惯、文字感染、休闲娱乐等多方面来影响当代青少年，让读者在轻松阅读中享受快乐，在优质作品中思考人生。《漫客小说绘》与《知音漫客》形成了良性互动，《漫客小说绘》为《知音漫客》提供了丰富的脚本剧作，很多轻小说作品被改编成漫画；同时，在《知音漫客》连载的部分主要漫画作品也逐渐被改编为轻小说在《漫客小说绘》上刊登。2013 年《漫客小说绘》发行量和销售收入分别为 359.60 万册和 1579.24 万元，较上年分别增长 4.61% 和 7.85%。《漫客星期天》是一本面向 6~10 岁少年儿童的中国原创漫画期刊。《漫客星期天》用具有动漫元素的原创连环漫画故事给孩子快乐，用知识、游戏、小制作给孩子启迪，用色彩和图画引发孩子想象，让孩子从故事中受到真、善、美的熏陶，在快乐中增长知识、开发智力、启蒙情感、认知人生。如表 2 – 2 所示，2011 ~ 2013 年，《漫客星期天》发行量分别为263.42 万册、226.57 万册和 104.49 万册；销售收入分别为 758.21 万元、519.62 万元和 226.26 万元。《漫客绘心》作为绘本图书于 2010 年 9 月推出，以打造青少年最喜爱的流行绘本读本为己任，以新颖时尚、精美超值的出版模式推出青少年绘本类阅读志，内容方向是青春、可爱、唯美，给人感悟或富有生活气息的绘本故事和心灵鸡汤式的小文章，带给读者心灵的愉悦和慰藉。《漫客绘心》通过图书发行逐步积累了一定的阅读群体，于 2013 年作为漫画类期刊对外发行。

表 2 – 1　知音传媒出品漫画期刊的基本情况

产品	创刊时间	定位和办刊宗旨	主要消费群体
《知音漫客》	2006 年 1 月	坚持故事第一、爆笑优先、大众意识、生活原味的办刊方针，以本土原创漫画为载体，以幽默娱乐为基调，以时尚唯美为画风，展示青少年的现实和虚拟的生活，展示普通人的生活、梦想和快乐	6 ~ 28 岁的青少年读者。其中，最主要的读者群集中在 10 ~ 19 岁，这个年龄段的读者参加互动活动比较积极
《漫客小说绘》	2009 年 9 月	青春动漫小说期刊；以青春派、校园向、动漫感、轻幻想为刊物宗旨；以萌元素、全互动、图文并茂、读者参入为办刊核心	90 后青少年学生，其中最主要的读者群为 13 ~ 18 岁的青少年
《漫客星期天》	2010 年 4 月	幽默益智类儿童原创漫画刊物；以阳光、正面、积极、向上为刊物宗旨；作品特点为人物形象可爱逗趣，色彩鲜艳明快，故事简单明了，主题积极向上，贴近少年儿童现实生活和心灵	6 ~ 10 岁的少年儿童
《漫客绘心》	2010 年 9 月	富于感悟或生活气息的绘本故事，和心灵鸡汤式的小文章，给人以心灵的愉悦和慰藉	青少年

资料来源：《湖北知音传媒股份有限公司首次公开发行股票招股说明书》，2014 年 5 月 30 日。

表 2 - 2　知音传媒漫画类期刊的销售情况

名称		2011 年度		2012 年度		2013 年度	
		数量	增幅(%)	数量	增幅(%)	数量	增幅(%)
《知音漫客》	发行量(万册)	4171.26	80.86	6183.57	48.24	7780.15	25.82
	销售收入(万元)	10145.75	84.87	16292.37	60.58	19626.35	20.46
	平均销售价格(元/册)	2.43	2.22	2.63	8.32	2.52	- 4.26
《漫客小说绘》	发行量(万册)	381.58	66.96	343.74	- 9.92	359.60	4.61
	销售收入(万元)	1508.17	53.58	1464.25	- 2.91	1579.24	7.85
	平均销售价格(元/册)	3.95	- 8.01	4.26	7.78	4.39	3.10
《漫客星期天》	发行量(万册)	263.42	416.51	226.57	- 13.99	104.49	- 45.05
	销售收入(万元)	758.21	440.04	519.62	- 31.47	226.26	- 56.46
	平均销售价格(元/册)	2.88	4.56	2.29	- 20.32	1.82	- 20.75
《漫客绘心》	发行量(万册)	269.40	412.07	256.41	- 4.82	297.72	16.11
	销售收入(万元)	1645.38	401.64	1505.36	- 8.51	1493.88	- 0.76
	平均销售价格(元/册)	6.11	- 2.04	5.87	- 3.87	5.02	- 14.53

资料来源:《湖北知音传媒股份有限公司首次公开发行股票招股说明书》,2014 年 5 月 30 日。

知音传媒通过策划发行《知音漫客》、《漫客星期天》、《漫客小说绘》、后续《漫客》单行本图书（见表 2 - 3）及《漫客绘心》等,构建了包括漫画、动漫小说、绘本在内的多元化内容漫画书刊群。通过漫画期刊的发行,公司聚集了大量的作者和读者、积累了丰富的内容资源,形成了较为畅通的市场信息渠道,期刊出版业务为图书策划业务提供了内容保障。《知音漫客》《漫客星期天》《漫客小说绘》等漫画类期刊积累了丰富的故事情节和大量的漫画人物形象,成为公司图书、动画、游戏及版权相关产业的内容资源。知音传媒根据读者反馈挑选出读者喜爱的期刊连载作品集结成漫画图书,既扩展了公司的盈利渠道又扩大了作品的影响力。

表 2 - 3　知音传媒《漫客》单行本图书策划发行业务情况

名称	2011 年度		2012 年度		2013 年度	
	数量	增长率(%)	数量	增长率(%)	数量	增长率(%)
图书发行量(万册)	1335.00	98.39	2450.31	83.54	2071.57	- 15.46
图书策划发行销售收入(万元)	5832.42	116.42	11240.45	92.72	8950.00	- 20.38
图书销售价格(元/册)	4.37	9.09	4.59	5.00	4.32	- 5.82

资料来源:《湖北知音传媒股份有限公司首次公开发行股票招股说明书》,2014 年 5 月 30 日。

知音传媒利用自身的漫画类期刊平台，形成了将期刊连载内容集结成书的图书策划发行模式。知音传媒以漫画期刊为基础，培育了大量的动漫形象。经过长期连载，这些动漫形象积累了大量人气，是进行其他动漫产品及衍生产品开发的优质资源。2007 年 10 月，"知音漫客丛书"系列漫画单行本上市，《知音漫客》中连载的《偷星九月天》《神精榜》《星海镖师》《暗夜协奏曲》《绯色安娜》《斗破苍穹》《斗罗大陆》《暴走邻家》等深受读者欢迎的作品被陆续集结成图书发售。依托"知音漫客"强大的品牌影响力和丰富的内容资源，知音传媒策划发行的《偷星九月天》《龙族》《暗夜协奏曲》《MK 大画集》《漫客绘心》等系列漫画图书发行规模较大，其中，《偷星九月天》漫画 1~37 本截至 2013 年底总发行量达到 2669.80 万册（见表 2-4）。

表 2-4　知音传媒主要畅销漫画图书销售情况（截至 2013 年底）

图书项目	图书销量
《偷星九月天》	漫画(1~37 本)2669.80 万册
《神精榜》	漫画(1~30 本)161.99 万册
《龙族》	小说(1~3 本)496.01 万册,漫画(第一部 1~8 本,第二部 1~2 本)184.36 万册
《星海镖师》	漫画(1~16 本)93.35 万册
《斗罗大陆》	漫画(1~18 本)1355.98 万册
《暗夜协奏曲》	漫画(1~24 本)410.49 万册
《斗破苍穹》	漫画(1~10 本)465.06 万册
《暴走邻家》	漫画(1~10 本)141.82 万册

资料来源：《湖北知音传媒股份有限公司首次公开发行股票招股说明书》，2014 年 5 月 30 日。

经过数十年发展，逐渐形成了较为良好的漫画创作环境，但随着互联网的兴起，期刊存在的一些弊端也日益凸显，以实物形态呈现的纸质书刊需要消耗较多资源，购买价格较高，仓储和退货成本较高，运输和传递速度较慢，且阅读体验方式单一。而通过数字格式存储和网络传播的网络漫画以信息容量大，体积小，图、文、声、像并茂，传递、检索快速方便，信息更新及时等优点深受读者喜爱，对原有的纸质印刷型漫画期刊造成了很大的冲击（见表 2-5）。漫画用户从线下向线上的迁徙，推动了网络漫画平台的发展。

表 2-5 传统漫画期刊和网络漫画平台对比

对比维度	传统漫画期刊	网络漫画平台
用户属性	以青少年为主,年龄偏低,覆盖初、高中生	面向全体网民,用户更广泛,年龄偏高,覆盖高中生、大学生和上班族
更新速度	存在印刷和运输周期,更新速度慢	更新速度快
花费成本	存在运输和印刷成本,成本较高	存在一定的带宽成本,成本较低
审核机制	在出版行业,对漫画内容的审核机制严格	审核机制宽松,存在漏洞
内容类型	以正能量作品为主	类型多样,满足不同用户需求,也有鬼怪、暴力、黄色等题材作品,存在乱象
内容数量	杂志版块受限,可容纳的内容数量有限	众多,可容纳的作品体量大

资料来源:作者自制。

互联网通行的免费阅读 + 增值服务收费的模式,大大增加了漫画平台的用户群。这种免费模式较之过去的期刊收费模式,将漫画用户从月发行量500 万册提升到月 UV① 数千万人的用户级别。从日均活跃用户来看,腾讯动漫、有妖气等龙头漫画平台都有很高的访问量,日均独立访问用户为60 万～80 万人,月活跃 UV 预计为 2000 万～4000 万人。漫画受众以2 亿多的中小学生为核心目标群体,并以 18 岁以上年轻人为辅,用户数极具增长潜力。网络漫画平台的用户以学生为主,涵盖初中生、高中生、大学生,其中 95 后占主体地位。这些年轻人也是论坛贴吧的主力军,与网站有很强的黏性,有更强的意愿在网络漫画平台消费。这批 95 后、00 后长大毕业,找到工作有了收入之后,其消费能力会大大提升。

（二）网络漫画平台的类型

2015 年以来,网络漫画平台日益增多,这主要是因为在泛娱乐趋势下漫画内容隶属 IP 源头,较为稀缺,市场机会大,各类企业争相进军漫画领域。网络漫画平台在传媒载体上主要分为独立网站、综合网站漫画频道和

① UV 是 Unique Visitor 的简写,意为独立用户/独立访客,是指一定时间内访问某个站点或点击某个网页的人数。

App 应用等产品形态。从参与主体来看，主要包括以"漫画 + 互联网"作为发展路径的传统漫画企业、新兴漫画企业，以及以"互联网 + 漫画"作为发展路径的传统互联网企业、电信运营商、社交平台、网文/视频企业等（见表 2 - 6）。

表 2 - 6 网络漫画平台的主要类型

平台类型	主要特点	代表性平台
传统漫画企业	纯国产原创漫画平台/传统期刊转型至线上，跨媒体运营	有妖气/漫客栈、锋绘、i 尚漫
新兴漫画企业	2015～2016 年上线居多，以移动端为重点	快看漫画、大角虫、可米酷、漫画岛、漫漫
传统互联网企业	布局漫画领域	腾讯动漫、网易漫画
电信运营商	开拓数字业务	爱动漫、咪咕动漫、沃动漫
社交平台	从社交切入漫画	微漫画
网文/视频企业	增设漫画频道	掌阅、爱奇艺

资料来源：作者自制。

漫画作品内容是漫画平台的主要内容，也是漫画平台的根基所在。按照内容来源漫画作品内容可分为三类。①平台自身的国产原创漫画（包括同人作品）。网络漫画平台拥有一批职业和非职业的漫画家，他们将自己的漫画发布到该平台上。为了吸引和留住漫画家，网络漫画平台会给漫画家支付费用，比如稿费、版权费、月票奖励、各种大赛活动的奖金，还有用户的打赏。②引进的日漫等国外漫画和中国港台漫画。由于目前大部分读者仍然偏爱日本漫画，网络漫画平台为了吸引漫画爱好者，会或多或少地引进国外漫画。③来自其他漫画平台的漫画。网络漫画平台也会引进一些别的网络漫画平台上的原创漫画，大部分网络漫画平台与电信运营商开设的爱动漫、咪咕动漫、沃动漫等手机动漫基地都建立了合作关系。

根据内容来源目前网络漫画平台主要分为原创、非原创两大类。原创类的平台有有妖气、漫客网、i 尚漫和快看漫画等；非原创类的平台有漫漫看、极速漫画、动漫屋、4399 动漫网等，腾讯动漫、动漫之家、布卡漫画等既有原创类内容，也有大量非原创类内容，但各自倾向和比例并不相同。网络漫画平台在引进日漫的同时，通过与国内漫画 CP（Content Provider，内容提供商）的合作，积极扶持国产原创漫画的发展。网络漫画平台以发展国产漫画为主，这主要由于日漫作品授权周期长且流程烦琐，授权后国内厂商的主动性弱，可拓展空间小；国产原创漫画是内容文化产业的源头，但内容缺乏，漫画平台通过扶持国产漫画，可不断培养优质的漫画 IP。目前主打原创的网络漫画平台有腾讯动漫、有妖气、漫客网和 i 尚漫等，腾讯动漫和有妖气双雄并立的格局已经形成，快看漫画也在移动互联网和 App 应用方面快速崛起。有妖气基于先发优势在国产原创漫画的数量方面排名第一，而腾讯动漫凭借雄厚的资金和极好的上下产业链关系近年来发展迅猛，不到 3 年便超越有妖气，成为最具影响力的原创漫画平台。

1. 原创漫画平台快速发展，人气不断提升

原创漫画是目前各大漫画平台的主要漫画来源。原创漫画团队一般至少需要三个人，包括一个画手、一个写故事的人，还有一个上色做彩漫的人。虽然团队的门槛比网文高出许多，在创作量上还有很大提升空间，但原创漫画具备更好的发展前景，主要表现在以下几个方面。

第一，原创人才瓶颈有望打破。90 后开始成为漫画的消费者和内容创作者。各大漫画平台时常举办动漫大赛，鼓励新人参赛，挖掘并培养新人。国内动漫产业的体系和新人培养方法越发成熟，原创漫画迎来了良好的发展契机。

第二，原创漫画内容容易赢得共鸣。这主要在于：①作者是中国人，读者和作者之间交流方便；②国内近几年有很多大型漫展等活动，促进了交流；③网站上的贴吧论坛、群主社区等使交流更加方便；④没有文化、地域、语言等障碍。

第三，漫画作者的收入较为可观。VIP 会员拥有特权可以给喜欢的作者赠送月票，作者能根据月票的多少获得 300～3000 元不等的收入，并与平台分成，同时，网络漫画平台的签约作者可以拿到一定的签约费。而随着国产漫画 IP 向动画、游戏改编的变现能力凸显，作者的收入会更加可观。

2．非原创平台以日漫为主，部分面临版权考验

不论是过去的漫画期刊出版时代还是如今的网络漫画时代，日本漫画都是漫画消费的主流。2014年移动端二次元用户调查报告显示，二次元族群以学生为主，而喜爱日漫的用户占了85%。日漫由于其高品质和成熟的产业链，在喜爱漫画的用户心中的统治地位短时间不会改变。国产原创漫画虽然崛起，但质和量有待提升。国产漫画受喜爱程度已经由最初的不足10%，发展到现在的48%，原创漫画在用户心中的地位提升显著，但原创漫画人才、团队短缺。原创漫画的许多作者并非职业漫画家，所以按时更新是个大问题。许多优秀的作品因为中断更新或更新慢流失了大量用户。此外，日漫品牌影响力大，具备成熟完善的产业链，漫画在日本已有近百年历史，日本漫画产业链的各个组成部分都已完善，相互之间合作也已成熟稳定。相比之下，我国的动漫产业链仍需改进。

版权方维权使国内部分非原创平台受到冲击，特别是巨头企业进入版权购买领域后，挑战更大。由于日漫品质高且产业链成熟，国内大部分漫画平台在早期发展中盗用日漫作品进入市场，造成各种各样的非原创盗版漫画充斥市场。但最近几年由于版权方维权力度加强，非原创盗版漫画平台的运营受到冲击，各平台开始争先购买日漫版权或转型原创漫画平台，其中布卡漫画和动漫之家为典型的向原创转型的代表，布卡漫画获得一迅社百合漫画杂志《百合姬》版权。

因为版权保护意识的增强和优秀漫画的稀缺性，引进的费用变得越来越高。在各大正规网络漫画平台中，只有腾讯动漫拥有大规模的引进漫画。腾讯动漫在2013~2014年，只购买了《火影忍者》《航海王》等15部经典日漫作品，但在2015年按照人气高且符合中国有关部门的审核标准的策略加大了购买日漫数字版权的力度，截止到2016年8月31日，腾讯动漫共发布了包括《火影忍者》《航海王》《死神》《龙珠》《食戟之灵》《家庭教师》《银魂》《新网球王子》《美食的俘虏》《极速老师》等在内的477部日本漫画。此外，网易漫画也引进了部分日本漫画，获得了史克威尔艾尼克斯（Square Enix）的《钢之炼金术师》《黑执事》《斩·赤红之瞳》等63部漫画授权。

二 国内主要网络漫画平台流量指标

（一）网络漫画平台规模比较

为比较网络漫画平台数量规模和类型结构，课题组借助于计算机网页检索技术，通过导航网站目录索引、搜索引擎关键词检索和网站交换链接等手段，对我国主要漫画网站进行了搜集。由于本课题重点对国产原创漫画进行研究，故根据网站版权标识对无授权漫画网站进行了排除，并结合 Alexa 排名数据对符合条件的正规网络漫画平台进一步筛选以选出在国内较具规模和较有影响力的网络漫画平台。通过对网络漫画平台的PC 网站、Wap 网站和 App 应用的综合考察，课题组利用爬虫技术对各大平台进行数据抓取，经最后访问、清洗和整理，计算出国内主要网络漫画平台在作品数量、作者数量和点击数量等不同维度的统计结果。

如表 2 - 7 所示，截至 2016 年 8 月 31 日，有妖气以 27792 部漫画作品排名第 1 位，但从漫画作品的章节数量上来看，腾讯动漫频道又以 25.52 万话排在第 1 位。虽然有妖气和腾讯动漫在作品数量方面相差不大，但腾讯动漫凭借强大的用户基础，在作品的点击数量方面遥遥领先，是有妖气作品点击量的 3 倍。相比之下，网易漫画、微漫画等平台无论是在作品数量、作者数量还是在点击数量等方面，都与腾讯动漫和有妖气双巨头有着相当大的差距，难以与它们相比。需要说明的是，漫客栈虽然在作品数量、章节数量和作者数量等方面看似数量很大，主要是准入门槛极低所致，大量由业余作者上传的 UGC（User Generated Content，用户原创内容）并没有太大观赏价值。

表 2-7　国内主要网络漫画平台项目指标对比

序号	网络漫画平台	作品数量（部）	章节数量（万话）	图片数量（万幅）	点击量（亿次）	作者数量（个）
1	腾讯动漫	22502	25.52	—	1308.94	9905
2	有妖气	27792	25.00	221.25	433.82	16004
3	网易漫画	4510	6.33	80.10	73.02	1524
4	微漫画	601	2.18	12.43	57.15	446
5	可米酷漫画	1314	3.02	—	40.26	877
6	动漫之家	17569	2.22	—	30.45	2001
7	漫客栈	132561	22.77	88.53	10.78	61676
8	咪咕动漫	4196	6.58	—	10.70	1306
9	大角虫	1383	3.14	30.97	7.36	857
10	爱动漫	1734	2.47	—	4.28	690
11	轻漫画	1144	2.77	—	2.80	836
12	尚漫	4436	3.05	27.96	2.75	2071
13	我爱漫画	3498	3.49	23.00	1.82	2042
14	锋绘	3395	2.58	—	0.61	1528
15	N 次元	4438	1.96	18.81	0.40	1710

资料来源：根据以上漫画平台网站或 App 数据整理。

（二）网络漫画平台影响力比较

由于各个网站的访问量统计极其保密且统计办法多样，因此无法直接对不同网站的浏览情况进行比较。目前，在国际上比较通行的办法是，借助全球统计排名网站 Alexa.com 上的数据。Alexa 排名是目前常被引用的用来评价某一网站访问量的一个指标。事实上，Alexa 排名是根据对用户下载并安装了 Alexa 工具条嵌入 IE 等浏览器，从而监控其访问的网站数据进行统计的，因此，其排名并不具有绝对的权威性。但由于其提供了包括综合排名、到访量排名、页面访问量排名等多个评价指标信息，而且所有网站几乎处在同一基准线上，因此其对于不同网站的统计数据具备可比性，同时目前尚没有而且也很难有更科学、合理的评价参考，大多数人还是把它当作较为权威的网站访问量评价指标。

1.国内独立漫画网站的全球流量排名

Alexa 网站设定的主要统计指标有以下五个。①网站流量排名（traffic rank）：通过网站访问人次和网页访问量的几何平均值计算出来的全球网站排名。②百万用户访问网站人次（reach per million users）：每百万 Alexa 工具条用户中访问该网站的人次。③网站访问人次排名（reach rank）：按照访问人次进行的排名。④人均网页平均访问量（page views per user）：每个访问者平均浏览该网站的网页数目。1 名用户 1 天内多次浏览同 1 个网页只算 1 次。⑤网页访问量排名（page views rank）：网页平均访问量的排名。为保证数据的稳定性和准确性，Alexa 网站还提供当天（today）、1 周（1 week average）和 3 个月（3 months average）的平均数据以及 3 个月变动比率（3 months changes）数据。

根据统计（见表 2 - 8），截止到 2015 年 12 月 31 日，全球流量排名前 3 的国内独立原创漫画网站依次为：动漫之家，近 3 个月网站流量排名居全球第 2834 位；有妖气，近 3 个月网站流量排名居全球第 5450 位；i 尚漫，近 3 个月网站流量排名居全球第 7151 位。截止到 2016 年 10 月 31 日，动漫之家、有妖气和 i 尚漫仍占据前 3 名，近 3 个月网站流量排名分别居全球第 3656 位、第 5905 位和第 8446 位，较之 2015 年末排名均有所下降（见表 2 - 9）。

表 2 - 8 2015 年国内独立漫画网站全球流量排名（当天值）

序号	网站域名	2015/3/31	2015/6/30	2015/9/30	2015/12/31
1	动漫之家（dmzj.com）	3631	4055	3307	2432
2	有妖气（u17.com）	6476	5431	5643	4285
3	i 尚漫（ishangman.com）	7652	3960	4938	5634
4	漫客栈（mkzhan.com）	175052	52320	135110	46085
5	暴走漫画（baozoumanhua.com）	37561	51145	77498	68102
6	漫客网（zymk.cn）	159842	92193	139196	72373
7	快看漫画（kuaikanmanhua.com）	261496	920343	114015	74246
8	漫画盒子（k76.com）	53254	26796	53736	80869
9	我爱漫画（5imh.cn）	200323	193022	163919	84223

续表

序号	网站域名	2015/3/31	2015/6/30	2015/9/30	2015/12/31
10	漫悠悠漫画网(muu. com. cn)	42293	80612	30614	85815
11	漫画岛(manhuadao. cn)	649993	200566	207139	87908
12	布卡漫画(buka. cn)	936159	1690956	197331	127310
13	可米酷漫画网(comicool. cn)	495153	201688	197608	127542
14	大碗岛漫画(dawandao. com)	222155	146454	840863	188680
15	爱动漫(icartoons. cn)	248252	119487	933074	220899

资料来源：站长工具 Alexa 排名查询（http：//alexa. tool. cc/）。

表 2 - 9　2016 年国内独立漫画网站全球流量排名（当天值）

序号	网站域名	2016/3/31	2016/6/30	2016/9/30	2016/11/30
1	有妖气(u17. com)	3063	4664	7850	5886
2	动漫之家(dmzj. com)	3596	2947	10334	6515
3	i 尚漫(ishangman. com)	5581	5037	8001	39825
4	漫客网(zymk. cn)	42166	36532	47475	66717
5	快看漫画(kuaikanmanhua. com)	123193	403239	55154	73260
6	爱动漫(icartoons. cn)	460215	601031	199462	75291
7	漫悠悠漫画网(muu. com. cn)	82645	102613	118667	80369
8	布卡漫画(buka. cn)	62861	109427	73166	87417
9	漫画盒子(k76. com)	71119	111019	108438	91155
10	暴走漫画(baozoumanhua. com)	100971	42465	175385	91318
11	漫客栈(mkzhan. com)	44354	102605	61632	126328
12	漫画岛(manhuadao. cn)	602822	116320	129434	139604
13	可米酷漫画网(comicool. cn)	78128	379384	118010	419728
14	我爱漫画(5imh. cn)	83664	157864	199177	623267
15	大碗岛漫画(dawandao. com)	783427	600563	194428	795664

资料来源：站长工具 Alexa 排名查询（http：//alexa. tool. cc/）。

2. 国内独立漫画网站的日均 IP 访问量和日均 PV 访问量

根据站长之家网站流量排名（见图 2 - 2）、每百万用户访问网站人次、每百万受访网页该站网页数、人均网页平均访问量等指标，综合估测出各网站的日均 IP 访问量和日均 PV 访问量。在 2016 年 10 月 24～30 日的第 44 周，动漫之家的日均 IP 访问量约为 19.75 万人，日均 PV 访问量约为 127.68 万

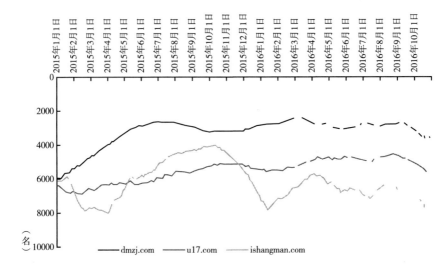

图 2 - 2　2015～2016 年国内三大独立漫画网站全球流量排名（近 3 个月平均值）

资料来源：站长之家 Alexa 排名查询（http：//alexa. chinaz. com/）。

页；有妖气的日均 IP 访问量约为 11.80 万人，日均 PV 访问量约为 106.18 万
页；i 尚漫的日均 IP 访问量约为 8.33 万人，日均 PV 访问量约为 54.95 万页
（见表 2 - 10 和表 2 - 11）。

表 2 - 10　2016 年 10 月国内独立漫画网站日均 IP 访问量估测

序号	网站域名	第 40 周 （9/26 - 10/2）	第 41 周 （10/3 - 9）	第 42 周 （10/10 - 16）	第 43 周 （10/17 - 23）	第 44 周 （10/24 - 30）
1	动漫之家（dmzj. com）	114750	112125	119812	129375	197500
2	有妖气（u17. com）	91350	105938	102375	103200	118000
3	i 尚漫（ishangman. com）	87000	87750	87000	71250	83250
4	暴走漫画（baozoumanhua. com）	31250	23625	16250	20812	17062
5	快看漫画（kuaikanmanhua. com）	5500	7500	8625	4500	9750
6	漫客栈（mkzhan. com）	3750	9000	4875	7125	6500
7	漫客网（zymk. cn）	6000	3000	8250	6750	5250
8	漫画盒子（k76. com）	2250	6750	—	7500	6750
9	漫悠悠漫画网（muu. com. cn）	2250	5250	3000	5250	6750
10	布卡漫画（buka. cn）	3000	3000	4500	5250	5250
11	可米酷漫画网（comicool. cn）	525	3000	6000	2325	150

序号	网站域名	第40周 (9/26-10/2)	第41周 (10/3-9)	第42周 (10/10-16)	第43周 (10/17-23)	第44周 (10/24-30)
12	大碗岛漫画(dawandao.com)	2250	2250	150	150	2250
13	我爱漫画(5imh.cn)	—	—	—	—	1050
14	爱动漫(icartoons.cn)	300	1125	600	1050	—
15	漫画岛(manhuadao.cn)	112	—	—	600	

资料来源：站长之家 Alexa 排名查询（http://alexa.chinaz.com/）。

表 2-11　2016 年 10 月国内独立漫画网站日均 PV 访问量估测

序号	网站域名	第40周 (9/26-10/2)	第41周 (10/3-9)	第42周 (10/10-16)	第43周 (10/17-23)	第44周 (10/24-30)
1	动漫之家(dmzj.com)	1066038	1009969	1050600	955275	1276750
2	有妖气(u17.com)	960480	992756	882850	908160	1061750
3	i尚漫(ishangman.com)	578812	587925	658250	548775	549450
4	快看漫画(kuaikanmanhua.com)	106500	292500	90375	40500	87750
5	暴走漫画(baozoumanhua.com)	118775	86738	40900	61594	49912
6	可米酷漫画网(comicool.cn)	3375	27000	190125	50738	300
7	布卡漫画(buka.cn)	21000	21000	76500	26250	26250
8	漫客网(zymk.cn)	18000	9000	33000	27000	21000
9	漫客栈(mkzhan.com)	11250	27900	19500	25500	22000
10	漫画盒子(k76.com)	9000	27000	—	21750	27000
11	漫悠悠漫画网(muu.com.cn)	6750	21000	6000	15750	19575
12	大碗岛漫画(dawandao.com)	2475	2250	150	150	20250
13	漫画岛(manhuadao.cn)	112	—	—	6000	—
14	我爱漫画(5imh.cn)	—	—	—	—	1050
15	爱动漫(icartoons.cn)	300	1125	600	2100	

资料来源：站长之家 Alexa 排名查询（http://alexa.chinaz.com/）。

　　需要注意的是，动漫之家虽然在全球流量排名、日均 IP 访问量和日均 PV 访问量等指标方面领先于有妖气等网站，但动漫之家除了开设原创漫画子站点之外，还开设了日本漫画、在线动画等子站点，以日本动漫作品为主，且并未取得相应授权。根据 Alexa 对该网站子站点受访问比例的统计可以看出，原创漫画站点近两年受访页面比例仅为 10% ~ 13%，未经授权的日本漫画和动画子站点占据了网站流量的绝大比例（见表 2 - 12）。

表 2 - 12　2015 ~ 2016 年动漫之家网站子站点受访问比例

单位：%

子站点网址	2015/3/31	2015/6/30	2015/9/30	2015/12/31	2016/9/30
日漫（manhua. dmzj. com）	76.59	76.94	71.89	77.08	75.63
动画（donghua. dmzj. com）	31.85	25.74	24.93	21.25	12.81
原创漫画（dmzj. com）	12.75	13.34	10.76	12.21	11.69
新闻（news. dmzj. com）	—	2.55	2.24	2.67	9.73
轻小说（xs. dmzj. com）	4.80	9.12	6.83	6.00	8.83
用户信息（i. dmzj. com）	—	—	2.41	7.05	7.48
论坛（bbs. dmzj. com）	3.36	3.48	4.61	2.42	4.73
专题（zt. dmzj. com）	—	—	—	2.32	2.41
用户（user. dmzj. com）	14.29	9.89	4.78	—	1.33
不详（acg. dmzj. com）	—	—	—	—	0.79
Wap（m. dmzj. com）	—	—	1.62	—	0.73
日漫 Wap（mh. dmzj. com）	1.30	1.69	—	—	—
图片（images. dmzj. com）	1.52	1.65	0.91	1.23	—

资料来源：站长之家 Alexa 排名查询（http：//alexa. chinaz. com/）。

三　国内主要漫画 App 规模指标

易观千帆是由专注于大数据分析的北京易观智库网络科技有限公司对中国数字消费者在移动终端设备上的海量行为数据进行挖掘的大数据产品。自 2015 年推出以来，易观千帆监测各类 App 的使用情况，分析用户行为特征，建立数字消费者用户画像，为客户提供内部运营决策支持和外部竞争对手分析的一站式服务。通过易观千帆，可以查阅多维度、多领域的产品榜单，对比同领域/跨领域的竞争对手的核心指标，并通过数据指标研判行业发展趋势。

截止到 2016 年 9 月 30 日，易观千帆已经覆盖 12 亿智能终端，监测超过 103 万款移动应用。易观千帆通过超过 660 个合作伙伴利用 SDK

（Software Development Kit，软件开发工具包）技术在移动设备端进行埋点，最后访问用户使用移动应用的行为，并回传至服务器端进行数据分析。鉴于苹果手机（iOS 系统）的封闭性，易观按照移动网民人口统计学分布、设备机型存量分布、操作系统分布、领域/App 权重四层加权算法进行计算，以加权的方式测算 iOS 的相关数据，最终形成全网数据。鉴于用户身份的匿名性，易观以 IMEI（手机唯一识别码）、IMSI（SIM 卡识别码）和 ANDROID_ ID（安卓手机识别码）中的两个识别码来确定同一用户。由于中国安卓移动应用市场中的 App 有 99% 为用户量很少、产品生命周期很短的长尾应用，易观千帆仅导入了数据量级较为稳定的三万多个App。课题组通过易观千帆，统计分析了国内主要漫画 App 的市场情况。

（一）国内主要漫画 App 规模概览

易观千帆起初在"新闻阅读"一级领域下设置了"漫画"子领域，在2016 年 10 月增设了"动漫娱乐"一级领域，并设置了"动漫"和"轻阅读"两个子领域。易观千帆把移动漫画定义为：为用户提供诸多正版漫画内容的移动端产品，支持在线和下载阅读。漫画作品一般包括校园、机战、恐怖、魔幻、治愈、侦探和同人等类型；目前漫画的表现形式主要是图片，此外还有动态图和短视频。目前此类产品除了提供漫画阅读内容外，也开始试水游戏板块。

1.2015 年主要漫画 App 规模

国内网络漫画平台普遍推出了各自的 App 应用，迎合了近年来持续移动互联网化的潮流。易观千帆监测数据显示，2015 年国内活跃用户数量较大的漫画 App 主要包括布卡漫画、爱动漫、快看漫画、暴走漫画、腾讯动漫等（见表 2-13）。尽管布卡漫画和爱动漫全年平均活跃用户规模较大，但活跃用户分别从 2015 年 1 月的 251.69 万人、188.07 万人下降到 2015 年 12 月的127.85 万人、126.41 万人。而快看漫画、有妖气漫画、腾讯动漫、咪咕动漫和漫画人 App 的活跃用户则持续上涨，分别攀升至 2015 年 12 月的 316.18 万人、249.34 万人、208.85 万人、145.49 万人和 128.60 万人（见表 2-14）。

表 2-13 2015 年国内主要漫画 App 平均活跃用户数量

单位：万人

排名	App 名称	平均活跃用户数	排名	App 名称	平均活跃用户数
1	布卡漫画	186.2	8	追追漫画	71.5
2	爱动漫	139.0	9	漫画人	60.0
3	快看漫画	126.4	10	咪咕动漫	59.7
4	暴走漫画	104.6	11	内涵漫画	14.8
5	腾讯动漫	97.2	12	漫画帮	12.6
6	有妖气漫画	94.6	13	呱呱漫画	12.0
7	漫画岛	79.4	14	内涵福利社	11.9

注：活跃用户是指所选取的时间范围（周、月、季度）内至少启动过 1 次的用户。课题组通过对 Android 用户访问行为持续监测数据进行属性加权，并根据 iOS/Android 用户调研数据建模得出中国移动互联网用户规模以及相应的用户结构。

资料来源：易观千帆（http://qianfan.analysys.cn/）。

表 2-14 2015 年国内漫画 App 前 20 名

序号	应用名称	开发者	2015 年 1 月			2015 年 12 月		
			活跃人数（万人）	启动次数（万次）	使用时长（万小时）	活跃人数（万人）	启动次数（万次）	使用时长（万小时）
1	快看漫画	快看世界（北京）科技有限公司	12.06	115.31	25.72	316.18	6290.86	425.38
2	有妖气漫画	北京四月星空网络技术有限公司	18.25	54.78	2.68	249.34	1003.46	116.00
3	腾讯动漫	腾讯科技有限公司	35.95	247.53	26.50	208.85	2316.72	249.75
4	咪咕动漫	中国移动手机动漫基地	15.09	55.11	0.57	145.49	329.14	3.41
5	漫画人	陈瑞福	41.37	1060.86	143.73	128.60	2175.85	377.94
6	布卡漫画	珠海布卡科技有限公司	251.69	7264.54	786.69	127.85	3493.76	339.00
7	爱动漫	天翼爱动漫文化传媒有限公司	188.07	349.68	2.21	126.41	220.71	1.83

续表

序号	应用名称	开发者	2015 年 1 月			2015 年 12 月		
			活跃人数（万人）	启动次数（万次）	使用时长（万小时）	活跃人数（万人）	启动次数（万次）	使用时长（万小时）
8	追追漫画	北京漫动科技有限公司	43.14	522.20	59.75	125.50	2323.47	110.15
9	暴走漫画	西安摩摩信息技术有限公司	139.89	2441.58	230.85	107.46	1887.03	211.28
10	漫画岛	上海戴思软件技术有限公司	45.87	422.05	45.65	55.16	1914.96	267.57
11	Webtoon	NAVER Corporation	10.94	143.47	1.75	22.36	222.21	17.58
12	手机微漫画	新浪网技术（中国）有限公司	—	—	—	21.31	368.83	13.61
13	漫画帮	上海元酷网络科技有限公司	6.98	56.70	8.08	20.54	341.41	24.13
14	漫画控	武汉瑞图世纪技术有限公司	24.98	174.80	6.29	18.79	320.37	48.89
15	Comico 台日韩新人漫画创作天天更新	何承效	5.60	105.86	0.70	17.40	427.61	34.34
16	内涵福利社	深圳掌上扬名科技有限公司	—	—	—	15.64	242.59	22.38
17	魔屏漫画	北京魔屏科技有限公司	19.18	21.29	0.05	13.55	253.63	17.89
18	大角虫漫画	上海童石网络科技有限公司	—	—	—	13.31	186.68	8.27
19	漫漫	北京梦之城文化有限公司	—	—	—	12.62	88.67	6.97
20	可米酷漫画	深圳可米酷科技有限公司	—	—	—	12.07	121.99	7.57

资料来源：易观千帆（http://qianfan.analysys.cn/）。

（1）2015 年第三季度中国手机漫画市场用户渗透率

Analysys 易观千帆监测数据显示（见图 2 – 3），2015 年第三季度中国手机漫画市场用户渗透率前 10 名中，漫画岛渗透率为 31.4%，排名第 1。布卡漫画和快看漫画用户渗透率均超过 20%，两者以细微差距分列第 2、第 3 位。爱动漫、暴走漫画、有妖气漫画 3 家厂商本季度渗透率均超过 10%，但各厂商的用户渗透率差距不明显。

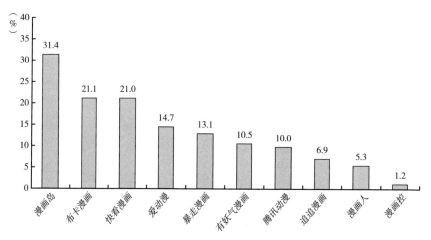

图 2 – 3　2015 年第三季度中国手机漫画市场用户渗透率前 10 名

资料来源：易观分析（http://www.analysys.cn/view/report/）。

（2）2015 年第四季度中国手机漫画市场用户渗透率

根据 Analysys 易观千帆监测数据（见图 2 – 4），2015 年第四季度中国手机漫画市场用户渗透率较上季度均有所上升，第四季度移动漫画市场整体活跃人数达 1952.99 万，较第三季度增长 68.46%。在前 10 名中，布卡漫画渗透率为 25.03%，排名第 1，快看漫画（24.97%）紧随其后，爱动漫（20.46%）排名第 3。

2.2016 年主要漫画 App 规模

（1）2016 年第一季度中国手机漫画市场用户渗透率

根据 Analysys 易观千帆监测数据（见图 2 – 5），2016 年第一季度中国手机漫画市场用户渗透率前 10 名中，快看漫画、有妖气漫画和腾讯动漫这 3 大平台

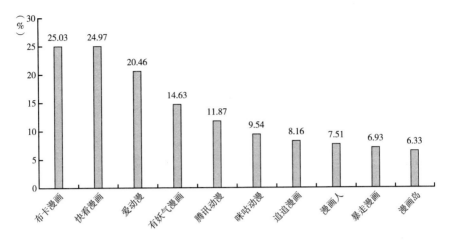

图 2 – 4 2015 年第四季度中国手机漫画市场用户渗透率前 10 名

资料来源：易观分析（http：//www. analysys. cn/view/report/）。

用户渗透率优势明显，其中快看漫画渗透率为 52.24%，保持了原有的用户基础优势，是手机漫画领域仅有的用户渗透率超过半数的手机漫画平台。有妖气漫画和腾讯动漫凭借平台的独家引进和孵化的动漫内容优势用户渗透率也进一步提高，在 2016 年第一季度，两家的用户渗透率分别为 42.15% 和 33.65%。

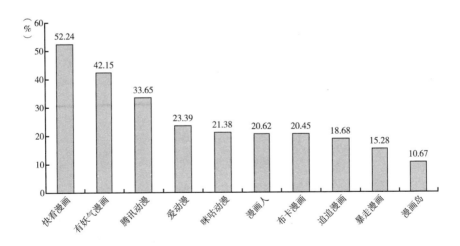

图 2 – 5 2016 年第一季度中国手机漫画市场用户渗透率前 10 名

资料来源：易观分析（http：//www. analysys. cn/view/report/）。

（2）2016 年第二季度中国手机漫画市场用户渗透率

根据 Analysys 易观千帆监测数据（见图 2 - 6），2016 年第二季度中国手机漫画市场整体活跃人数达 1644. 67 万。在用户渗透率前 10 名中，快看漫画和腾讯动漫的用户渗透率优势明显，均超过 40%。与第一季度相比，有妖气漫画用户渗透率有所滑落，漫画岛渗透率上升明显，以 27.99% 的用户渗透率排名第 3。值得注意的是，较第一季度，新入榜两家手机漫画平台，动漫之家和漫画控分别以 13.14% 和 12.99% 的渗透率末端补位。整体前 10 名用户渗透率数据较第一季度变动不大。

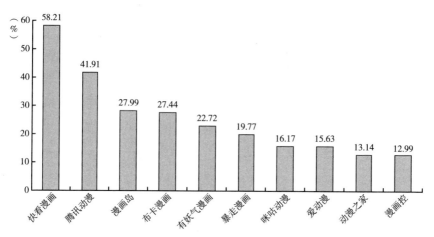

图 2 - 6   2016 年第二季度中国手机漫画市场用户渗透率前 10 名

资料来源：易观分析（http：//www. analysys. cn/view/report/）。

根据 Analysys 易观千帆监测数据（见图 2 - 7），2016 年第二季度，快看漫画的人均单日使用时长为 51. 49 分钟，属于行业中上水平，不过其人均单日启动次数以 4. 8 次居首。动漫之家以 71. 05 分钟人均单日使用时长居首，影响用户延长使用时间的原因主要有两点：第一，动漫之家中的内容包含漫画、资讯新闻、轻小说三大类型，内容更加丰富，满足了更大范围用户群需求；第二，在漫画中，除了美漫、条漫和连载漫画之外，专辑周刊推荐也是一大亮点，新闻中的特辑凭借内容优质新颖也成功吸引用户浏览、评论，甚至直接分享外链，带来外部流量。从整体数据上看，人均单日的行为数据分段明显，快看漫画、动漫之家、腾讯动漫和漫画控的用户黏性较高。

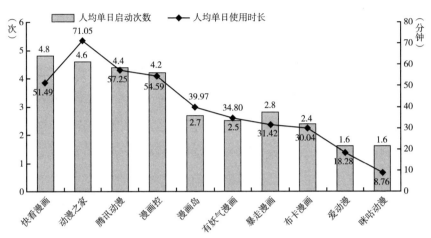

图 2 - 7　2016 年第二季度中国手机漫画应用人均行为分析

资料来源：易观分析（http：//www.analysys.cn/view/report/）。

（3）2016 年第三季度中国手机漫画市场用户渗透率

Analysys 易观千帆监测数据显示（见图 2 - 8），2016 年第三季度中国

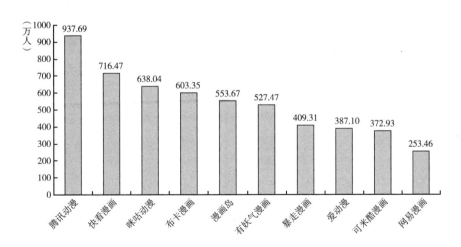

图 2 - 8　2016 年第三季度中国手机漫画市场季度活跃用户数量前 10 名

资料来源：易观分析（http：//www.analysys.cn/view/report/）。

手机漫画市场整体活跃人数达到4823.34万。其中腾讯动漫活跃用户数达到937.69万，位居行业第1。快看漫画紧随其后，以716.47万活跃用户数位居第2。咪咕动漫本季度上升明显，背靠运营商资源，以638.04万人迅速上升至第3位。此外，在第三季度，可米酷漫画、网易漫画成为榜单新晋App，分别以372.93万人和253.46万人列第9、第10位。

Analysys易观千帆监测数据显示（见图2-9），2016年第三季度手机漫画领域人均单日启动次数均值为4.09次，人均单日使用时长均值为37.68分钟。其中，网易漫画人均单日启动9次，人均单日使用时长为83.39分钟，用户黏性最高。从整体数据上看，人均单日的行为数据分段明显，网易漫画、快看漫画、动漫之家以及腾讯动漫的用户黏性较高。

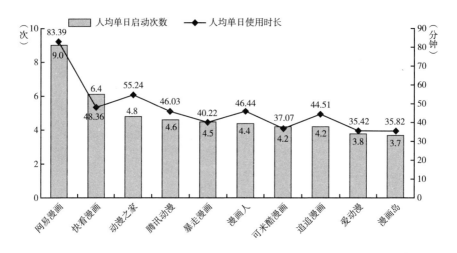

图2-9　2016年第三季度中国手机漫画应用人均行为分析

资料来源：易观分析（http：//www.analysys.cn/view/report/）。

3.2016年主要漫画App细化指标分析

截止到2016年6月，易观千帆产品中共包含91个漫画App。易观千帆的数据分析维度包括时间维度、设备维度、领域维度、人口属性维度、企业维度、标签维度。易观千帆的主要统计指标有以下三个。①活跃用户数量：指App或领域中的活跃用户人数，在所选时间段启动过一次即算活跃用户；

数据维度分：日/周/月/季。②启动次数：指 App 或领域在所选时间段打开次数的总和，数据维度分：日/周/月/季。③使用时长：指 App 或领域在所选时间段使用时长的总和，数据维度分：日/周/月/季。在时间维度上，通过日、周、月、季四个时段，将活跃用户数量、启动次数、使用时长等指标进一步细化为日均、人均、人均单日等指标。需要注意的是，日活跃用户和日均活跃用户并非同一概念，日活跃用户是指一天内至少启动过一次的用户数量（去重）；而日均活跃用户是在所选时间段内每天活跃用户数的算术平均数。换言之，在一个月内，每天的日活跃用户数量是不同的，但是日均活跃用户的数量是相同的。

从 2016 年第二季度的监测数据来看（见表 2-15），快看漫画和腾讯动漫牢牢地占据了国内漫画 App 的双强席位，在活跃用户数量、启动次数和使用时长等指标上都领先于其他 App。而漫画岛、布卡漫画、有妖气漫画、暴走漫画、咪咕动漫、爱动漫、漫画控、追追漫画、漫画人、漫漫等 App 也有百万级的活跃用户，可米酷漫画、大角虫漫画等 App 活跃用户数量偏少。总体而言，漫画 App 属于较小众的娱乐应用，用户基数相对视频类 App 要小得多，目前的市场竞争格局只是暂时的，未来充满变数。

表 2-15 2016 年第二季度国内漫画 App 前 20 名

序号	应用名称	活跃用户数量（万人）			启动次数（万次）			使用时长（万小时）		
		4 月	5 月	6 月	4 月	5 月	6 月	4 月	5 月	6 月
1	快看漫画	548.52	602.25	693.64	17146.20	17721.60	15448.10	3086.56	3162.83	2920.25
2	腾讯动漫	403.47	349.59	475.65	11105.00	11968.70	9827.38	2394.20	2617.17	2149.57
3	漫画岛	314.43	259.22	328.11	5336.52	5787.12	5195.70	1320.76	1428.79	1338.60
4	布卡漫画	316.88	253.75	319.30	4868.85	5149.93	4424.33	1003.69	1043.92	886.59
5	有妖气漫画	258.05	229.96	277.83	4005.64	4123.99	3571.91	935.10	933.17	902.36
6	暴走漫画	212.36	179.43	231.82	3258.14	3427.06	2885.56	618.85	648.33	547.97
7	咪咕动漫	160.05	163.57	193.92	1547.96	1604.45	1621.55	145.93	151.65	143.24
8	爱动漫	160.20	130.51	183.47	1469.62	1506.18	1363.76	288.95	311.08	271.95
9	漫画控	120.84	142.11	151.21	2824.04	3013.76	2693.27	618.80	667.54	563.56

续表

序号	应用名称	活跃用户数量(万人)			启动次数(万次)			使用时长(万小时)		
		4 月	5 月	6 月	4 月	5 月	6 月	4 月	5 月	6 月
10	追追漫画	197.90	149.31	141.25	4747.32	5023.82	4287.23	1167.40	1228.53	1028.74
11	漫画人	155.73	142.29	136.71	4542.37	4912.00	3799.54	1050.45	1123.74	946.42
12	漫漫	143.60	121.47	130.66	3256.83	3289.48	3148.71	395.95	415.23	390.99
13	第一弹	60.23	84.77	113.56	1095.49	1121.84	1052.94	140.02	143.17	127.80
14	呱呱漫画	83.29	96.48	108.11	2390.03	2468.85	2277.29	511.66	507.89	475.15
15	可米酷漫画	73.35	83.02	107.73	1226.03	1421.45	1136.72	234.92	271.27	233.53
16	大角虫漫画	86.43	102.21	90.70	1396.54	1515.06	1184.61	239.16	248.12	207.43
17	webtoon	128.58	100.50	85.35	2736.59	—	2712.39	562.07	611.59	537.55
18	轻漫画	44.82	45.67	69.34	2457.80	2312.70	2444.72	484.05	463.15	468.17
19	内涵福利社	76.77	80.34	67.97	3104.41	3521.05	2633.66	661.25	761.65	553.63
20	腐次元	51.90	55.41	61.80	2227.42	3201.97	2142.30	488.87	644.70	469.81

资料来源：易观千帆（http://qianfan.analysys.cn/）。

(1) 日均规模分析

衡量一个 App 的日均规模指标主要包括日均活跃用户、日均启动次数和日均使用时长等。日均活跃用户指 App 或领域在所选时间段每天活跃人数的平均值，数据维度有：周/月/季。日均启动次数指 App 或领域在所选时间段每天启动次数的平均值，数据维度有：周/月/季。日均使用时长指 App 或领域在所选时间段每天使用时长的平均值，数据维度有：周/月/季。

从 2016 年第二季度的监测数据来看（见表 2 - 16），快看漫画、腾讯动漫、漫画岛、布卡漫画、有妖气漫画、暴走漫画、咪咕动漫等前 7 强在当月日均活跃用户数量上与其当月活跃用户数量排序一致，其他 App 则呈现出一定的变化。

表 2 - 16　2016 年第二季度国内漫画 App 前 20 名日均规模

序号	应用名称	日均活跃用户(万)			日均启动次数(万次)			日均使用时长(万小时)		
		4 月	5 月	6 月	4 月	5 月	6 月	4 月	5 月	6 月
1	快看漫画	119.88	121.34	111.15	571.54	571.67	514.94	102.89	102.03	97.34
2	腾讯动漫	83.64	90.01	77.69	370.17	386.09	327.58	79.81	84.42	71.65
3	漫画岛	66.09	69.21	63.45	177.88	186.68	173.19	44.03	46.09	44.62

续表

序号	应用名称	日均活跃用户（万）			日均启动次数（万次）			日均使用时长（万小时）		
		4 月	5 月	6 月	4 月	5 月	6 月	4 月	5 月	6 月
4	布卡漫画	66.82	68.83	60.92	162.30	166.13	147.48	33.46	33.67	29.55
5	有妖气漫画	53.74	53.53	52.52	133.52	133.03	119.06	31.17	30.10	30.08
6	暴走漫画	39.40	40.42	34.99	108.61	110.55	96.19	20.63	20.91	18.27
7	咪咕动漫	33.32	33.57	34.87	51.60	51.76	54.05	4.86	4.89	4.77
8	爱动漫	31.61	32.18	29.22	48.99	48.59	45.46	9.63	10.03	9.06
9	漫画控	22.67	23.65	20.74	94.13	97.22	89.78	20.63	21.53	18.79
10	追追漫画	36.78	37.63	32.18	158.24	162.06	142.91	38.91	39.63	34.49
11	漫画人	31.66	32.75	27.56	151.41	—	126.65	35.02	36.25	31.55
12	漫漫	27.77	27.58	26.39	108.56	106.11	104.96	13.20	13.39	13.03
13	第一弹	11.42	11.09	11.02	36.52	36.19	35.10	4.67	4.62	4.26
14	呱呱漫画	16.55	16.44	14.85	79.67	79.64	75.91	17.06	16.38	15.84
15	可米酷漫画	13.58	15.07	13.04	40.87	45.85	37.89	7.83	8.75	7.78
16	大角虫漫画	15.38	15.86	13.30	46.55	48.87	39.49	7.97	8.00	6.91
17	webtoon	22.97	23.96	22.64	91.22	97.25	90.41	18.74	19.73	17.92
18	轻漫画	8.79	8.48	8.58	81.93	74.60	81.49	16.14	14.94	15.61
19	内涵福利社	13.67	15.00	12.41	103.48	113.58	87.79	22.04	24.57	18.45
20	腐次元	10.76	11.71	10.32	74.25	103.29	71.41	16.30	20.80	15.66

资料来源：易观千帆（http://qianfan.analysys.cn/）。

（2）人均行为分析

衡量一个 App 的人均规模指标主要包括人均启动次数和人均使用时长。人均启动次数指 App 或领域在所选时间段每人启动次数的平均值，人均使用时长指 App 或领域在所选时间段每人使用时长的平均值。

2016 年第二季度国内漫画 App 前 20 名的人均规模如表 2 - 17 所示。例如，快看漫画在 2016 年 4 月的活跃用户人均启动 31.26 次，人均使用 5.63 小时，至 2016 年 6 月分别下降至 22.27 次和 4.21 小时。值得注意的是，许多用户数量非常少的漫画 App 会因为用户基数和用户黏性等因素呈现超高的人均启动次数和人均使用时长。例如，真逗笑话在 2016 年 6 月仅有 1.80 万活跃用户，但当月人均启动高达 170.23 次；而千寻漫画在 2016 年 6 月仅有 2.05 万活跃用户，但当月人均使用时长达到了 32.35 小时。

表 2 - 17　2016 年第二季度国内漫画 App 前 20 名人均行为

序号	应用名称	人均启动次数（次）			人均使用时长（小时）		
		4 月	5 月	6 月	4 月	5 月	6 月
1	快看漫画	31.26	29.43	22.27	5.63	5.25	4.21
2	腾讯动漫	27.52	34.24	20.66	5.93	7.49	4.52
3	漫画岛	16.97	22.33	15.84	4.20	5.51	4.08
4	布卡漫画	15.36	20.30	13.86	3.17	4.11	2.78
5	有妖气漫画	15.52	17.93	12.86	3.62	4.06	3.25
6	暴走漫画	15.34	19.10	12.45	2.91	3.61	2.36
7	咪咕动漫	9.67	9.81	8.36	0.91	0.93	0.74
8	爱动漫	9.17	11.54	7.43	1.80	2.38	1.48
9	漫画控	23.37	21.21	17.81	5.12	4.70	3.73
10	追追漫画	23.99	33.65	30.35	5.90	8.23	7.28
11	漫画人	29.17	34.52	27.79	6.75	7.90	6.92
12	漫漫	22.68	27.08	24.10	2.76	3.42	2.99
13	第一弹	18.19	13.23	9.27	2.32	1.69	1.13
14	呱呱漫画	28.70	25.59	21.06	6.14	5.26	4.40
15	可米酷漫画	16.72	17.12	10.55	3.20	3.27	2.17
16	大角虫漫画	16.16	14.82	13.06	2.77	2.43	2.29
17	webtoon	21.28	30.00	31.78	4.37	6.09	6.30
18	轻漫画	54.84	50.64	35.26	10.80	10.14	6.75
19	内涵福利社	40.44	43.83	38.75	8.61	9.48	8.15
20	腐次元	42.92	57.79	34.66	9.42	11.64	7.60

资料来源：易观千帆（http://qianfan.analysys.cn/）。

（3）用户黏性分析

衡量一个 App 的用户黏性指标主要包括人均单日启动次数和人均单日使用时长。人均单日启动次数指 App 或领域在所选时间段每人每天启动次数的平均值，人均单日使用时长指 App 或领域在所选时间段每人每天使用时长的平均值。

2016 年第二季度国内漫画 App 前 20 名的用户黏性规模如表 2 - 18 所示。例如，快看漫画在 2016 年 4 月人均单日启动 4.77 次，人均单日使用 51.49 分钟，至 2016 年 6 月分别变为 4.63 次和 52.55 分钟，变化不大。同时，许多用户数量非常少的漫画 App 会因为用户基数和用户黏性等因素呈现出超多的人均单日启动次数和超长的人均单日使用时长。例如，在 2016 年 6 月拥有 22.08 万活跃用户的耽美漫画社，当月人均单日启动达 10.34 次，而在 2016 年 6 月拥有 12.16 万活跃用户的画漫画，其当月人均单日使用时长则达 128.13 分钟。

表 2 - 18　2016 年第二季度国内漫画 App 前 20 名用户黏性

序号	应用名称	人均单日启动次数(次)			人均单日使用时长(分钟)		
		4 月	5 月	6 月	4 月	5 月	6 月
1	快看漫画	4.77	4.71	4.63	51.49	50.45	52.55
2	腾讯动漫	4.43	4.29	4.22	57.25	56.28	55.34
3	漫画岛	2.69	2.70	2.73	39.97	39.95	42.19
4	布卡漫画	2.43	2.41	2.42	30.04	29.36	29.11
5	有妖气漫画	2.48	2.49	2.27	34.80	33.74	34.36
6	暴走漫画	2.76	2.73	2.75	31.42	31.04	31.32
7	咪咕动漫	1.55	1.54	1.55	8.76	8.74	8.22
8	爱动漫	1.55	1.51	1.56	18.28	18.71	18.61
9	漫画控	4.15	4.11	4.33	54.59	54.62	54.35
10	追追漫画	4.30	4.31	4.44	63.48	63.18	63.95
11	漫画人	4.78	4.84	4.60	66.35	66.41	68.69
12	漫漫	3.91	3.85	3.98	28.52	29.14	29.64
13	第一弹	3.20	3.26	3.18	24.51	24.98	23.19
14	呱呱漫画	4.81	4.84	5.11	61.82	59.80	63.99
15	可米酷漫画	3.01	3.04	2.91	34.59	34.84	35.82
16	大角虫漫画	3.03	3.08	2.97	31.09	30.28	31.19
17	webtoon	3.97	4.06	3.99	48.94	49.39	47.49
18	轻漫画	9.32	8.79	9.50	110.15	105.65	109.17
19	内涵福利社	7.57	7.57	7.07	96.72	98.25	89.22
20	腐次元	6.90	8.82	6.92	90.84	106.57	91.01

资料来源：易观千帆（http://qianfan.analysys.cn/）。

（二）国内较具代表性的漫画 App

1. 快看漫画

快看漫画是由快看世界（北京）科技有限公司（以下简称快看世界）

推出的一款免费手机漫画 App，向用户提供高清全彩的原创漫画服务，拥有条式阅读模式以及国内外漫画。快看世界作为一家推动中国动漫产业发展的互联网文化公司，致力于打造漫画 IP，构建以出版、游戏、影视为主的产业链发展模式。快看世界由陈安妮于 2014 年 9 月在北京创立，注册资本 100 万元，并先后获得了北京红杉信远股权投资中心（有限合伙）、北京字节跳动科技有限公司、上海亦联股权投资合伙企业（有限合伙）、宁波昆仑点金股权投资有限公司等机构的风险投资。

快看漫画拥有资深的新媒体运营能力，团队成员包括微博大 V 以及来自腾讯、小米等企业的技术骨干。其中，公司创始人兼 CEO 陈安妮是网络名人伟大的安妮，拥有 1000 多万粉丝，曾获得 2013 年第十届中国动漫金龙奖"最佳幽默漫画奖金奖"、创业邦 2015 年"值得关注的女性创业者"、2015 年微博"动漫年度影响力人物"、创业邦 2016 年"30 岁以下创业新贵"等荣誉。

主打条式阅读模式的快看漫画于 2014 年 12 月上线，连续 3 天荣登 App Store 免费排行榜第 1 名，多次登上 App Store 热搜榜。2015 年 1 月获得小米金米奖，2015 年 5 月获得腾讯应用宝"小红花"奖，2015 年 9 月获得第五期百度"金熊掌"奖。快看漫画团队宣布：截至 2016 年 3 月，用户突破 3000 万人，MAU 突破 1100 万人，DAU 突破 350 万人。易观千帆数据显示（见图 2-10），截止到 2016 年 6 月，快看漫画的活跃用户数量在全部 App 中排第 193 位，在漫画类中排第 1 位。

快看漫画的内容以少女、轻松搞笑题材为主，代表性漫画作者包括伟大的安妮、使徒子、郭斯特、牛轰轰 lzz、吴琼琼爱画画、小幺鸡、幽·灵等，受众主要为中学生、大学生。快看漫画致力于打造优质漫画 IP，构建以出版、游戏、影视为主的产业链发展模式。2014 年 12 月，快看漫画启动"30 万元正版计划"；2015 年 9 月，快看漫画独家作品《快把我哥带走》荣获第 12 届中国动漫金龙奖最佳剧情奖铜奖；2015 年 10 月，快看漫画独家作品《我弟弟是外星人》《复仇高中》登陆韩国收费漫画平台 Topboon 和 Bomtoon，首本主题书《关于我最喜欢的他》首印 12 万册，首本单行本《快把我哥带走》首印 10 万册。快看漫画的热门代表作品

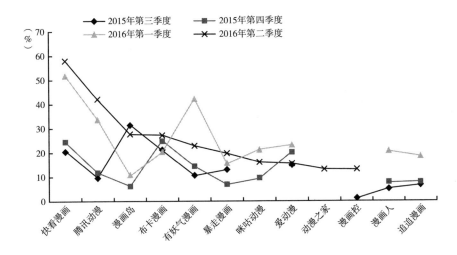

图 2 - 10　2015～2016 年手机漫画应用季度用户渗透率

资料来源：易观分析（http：//www.analysys.cn/view/report/）。

有《整容游戏》《复仇高中》《快把我哥带走》《十二点的灰姑娘》《河神大人求收养》等（见表 2 - 19）。

表 2 - 19　快看漫画的部分授权 IP

序号	作品名称	作者	授权类型	授权费
1	《快把我哥带走》	幽·灵	影视全版权	百万元级别
2	《单恋大作战》	尤米	影视全版权	百万元级别
3	《零分偶像》	青庭	网剧	百万元级别
4	《你好!! 筋肉女》	天极焉加	网剧	百万元级别

资料来源：漫域网（http：//www.comicyu.com）。

如表 2 - 20 所示，快看漫画充分利用微博平台，邀请了一大批知名新媒体漫画红人入驻，从而在发展初期收割了巨大的微漫画作品红利。通过导入微博平台的核心作者、作品和读者，快看漫画仿效微博等社交平台，在 App 中内置了类似微博、朋友圈的以网红漫画作者为核心的社交圈子——V 社区，通过漫画家、运营人员与读者的日常交流，有效地增强了 App 产品、漫画家和作品的用户黏性，形成了快看漫画独有的社区氛围和粉丝文化。

表2-20　快看漫画平台上的部分微博大 V

序号	微博账号	粉丝数量（万人）	快看漫画连载作品	作品类型
1	郭斯特	1383	《给我来个小和尚》《奇怪的客人》等	治愈类
2	同道大叔	1134	《大叔吐槽星座》	星座类
3	伟大的安妮	1010	《安妮和王小明》	爱情类
4	使徒子	662	《一条狗》《阎王不高兴》等	脑洞类
5	妖妖小精	468	《大圣和小夭》	幽默类
6	吴琼琼爱画画	269	《琼琼的彩妆教室》	美妆类
7	牛轰轰 Lzz	260	《胡子少女追爱日记》	爱情类
8	吾皇的白茶	159	《就喜欢你看不惯我又干不掉我的样子》	萌宠类
9	蓝妖兔子京	150	《十点睡前故事》	恐怖类
10	虽虽酱	139	《唉？捡到一个小僵尸》	治愈类
11	幽灵-馒头	107	《快把我哥带走》《头条都是他》	明星类

资料来源：漫域网（http://www.comicyu.com）。

2014年12月，快看漫画因为其创始人一篇名为《对不起，我只过1%的生活》的 App 宣传漫画被市场和用户熟知。2015年，快看漫画业务发展稳定，重点构建自身的原创内容能力，主打少女、轻松搞笑的风格，迅速在中学生、大学生群体中站稳脚跟（见图2-11）。截至2015年12月，快看漫画拥有签约作者248人、1000部作品和3000篇单篇原创作品。如图2-12所示，2015年第四季度，快看漫画的渗透率为24.97%，微弱差距仅次于布卡漫画；2016年第一季度，快看漫画渗透率上升至52.24%，成为手机漫画领域仅有的用户渗透率超过半数的漫画 App。2015～2016年快看漫画 App 月启动次数及使用时长见图2-13、图2-14。

2. 腾讯动漫

腾讯动漫是由腾讯推出的一款手机漫画阅读器，原名腾讯微漫，拥有海量的原创和正版漫画。腾讯动漫提供在线和离线阅读模式，漫迷可以在线浏览高品质漫画，也可以在 wifi 环境下先下载漫画作品然后离线阅读。腾讯动漫涵盖了国内外漫画内容运营商、杂志、工作室、个人画家等诸多方面，拥有三万多部漫画作品，数量、质量都在业界名列前茅。腾讯动漫主打正版授权漫画，拥有海量的正版漫画，比如《火影忍者》《航海王》《龙珠》《圣

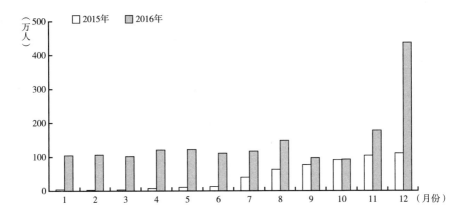

图2-11　2015~2016年快看漫画App日均活跃用户

资料来源：易观千帆（http：//qianfan. analysys. cn/）。

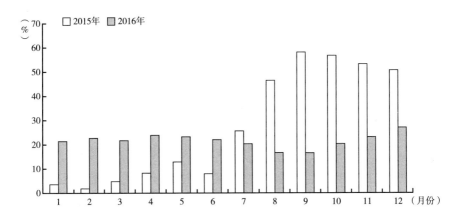

图2-12　2015~2016年快看漫画App月活跃用户渗透率

资料来源：易观千帆（http：//qianfan. analysys. cn/）。

斗士》《尸兄》等热门作品。

　　除了内容和速度方面的优势外，腾讯动漫在作品分类方面也极尽细化之能事，将所有作品从情节、主旨、手法等角度进行细分归类，涵盖恋爱、搞笑、恐怖、奇幻、武侠等20个类别。如此明确详尽且具有针对性的分类可以极大降低读者搜索作品的时间成本，使读者迅速找到自己中意的漫画作品。此外，腾讯动漫还适时推出热门专题，紧密契合时下

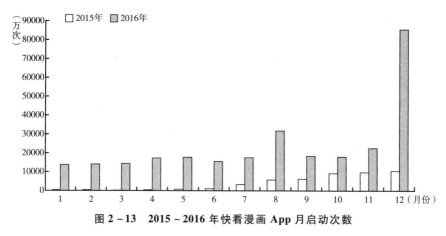

图 2 - 13 2015 ~ 2016 年快看漫画 App 月启动次数

资料来源：易观千帆（http：//qianfan. analysys. cn/）。

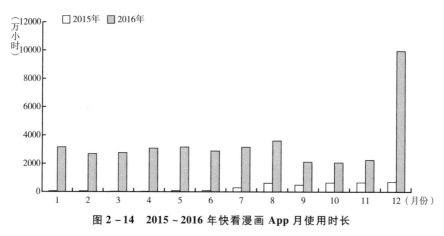

图 2 - 14 2015 ~ 2016 年快看漫画 App 月使用时长

资料来源：易观千帆（http：//qianfan. analysys. cn/）。

热点话题，同时将最新漫画与经典作品网罗其中，兼顾不同口味的用户需求。

虽然腾讯动漫推出较早，但在 2014 年前并无太大影响，直到 2015 年以后才获得高速发展，至 2016 年第三季度成为最具规模的漫画 App（见图 2 - 15、图 2 - 16）。Analysys 易观千帆监测数据显示（图 2 - 17、图 2 - 18），2014 年 5 月，腾讯动漫日均活跃用户仅为 18.28 万人，2015 年不断提升，至 12 月份达到 54.31 万人，在 2016 年 9 月达到了前所未有的 163.05 万人。

2016 年第三季度，中国移动漫画市场整体活跃人数达到 4823.34 万，其中腾讯动漫活跃用户达 937.69 万人，位居行业第 1。

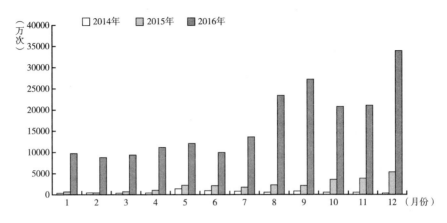

图 2 – 15 2014 ~ 2016 年腾讯动漫 App 月启动次数

资料来源：易观千帆（http：//qianfan. analysys. cn/）。

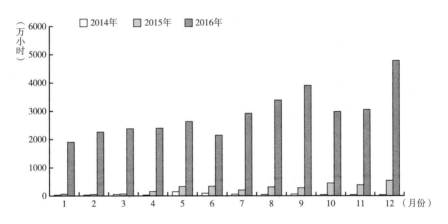

图 2 – 16 2014 ~ 2016 年腾讯动漫 App 月使用时长

资料来源：易观千帆（http：//qianfan. analysys. cn/）。

3. 有妖气漫画

有妖气漫画是有妖气官方为手机用户设计的漫画软件，覆盖苹果手机、苹果平板、安卓手机、安卓平板、微软 Windows 8 等系统和终端。有妖气漫画自 2012 年 9 月推出以来，版本不断更新，拥有横屏或竖屏阅读模式、在

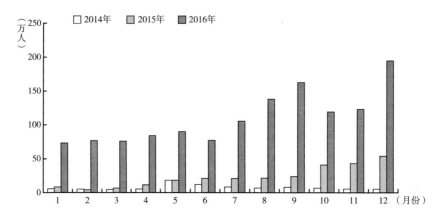

图 2 - 17　2014～2016 年腾讯动漫 App 日均活跃用户

资料来源：易观千帆（http：//qianfan. analysys. cn/）。

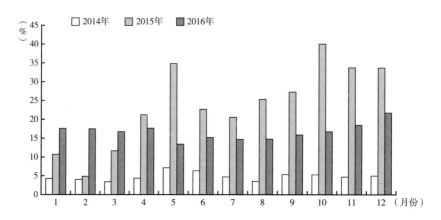

图 2 - 18　2014～2016 年腾讯动漫 App 月活跃用户渗透率

资料来源：易观千帆（http：//qianfan. analysys. cn/）。

线阅读或离线下载、评论吐槽、书架同步化管理、书签目录等功能。

　　虽然有妖气漫画 App 推出较早，但在 2014 年前并无太大影响，直到 2015 年以后才获得较快发展（见图 2 - 19、图 2 - 20）。根据 Analysys 易观千帆监测数据（见图 2 - 21、图 2 - 22），2014 年 5 月，有妖气漫画日均活跃用户仅为 2 万人，2015 年不断提升，至 12 月份达到 53. 84 万人，2016 年 9 月达到 64. 70 万人。2016 年第三季度，有妖气漫画活跃用户达 527. 47 万

人，低于腾讯动漫、快看漫画、咪咕动漫、布卡漫画、漫画岛等 App，位居
行业第 6。

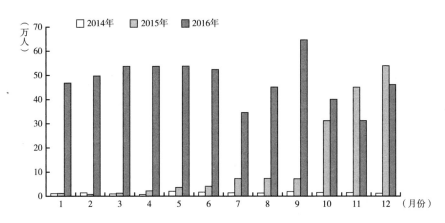

图 2 - 19　2014 ~ 2016 年有妖气漫画 App 日均活跃用户

资料来源：易观千帆（http://qianfan. analysys. cn/）。

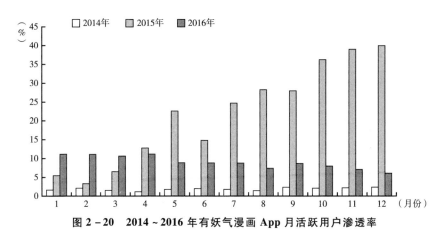

图 2 - 20　2014 ~ 2016 年有妖气漫画 App 月活跃用户渗透率

资料来源：易观千帆（http://qianfan. analysys. cn/）。

4. 布卡漫画

创建于 2012 年的布卡漫画是一款免费的手机看漫画软件，拥有海量国
内外漫画，2014 ~ 2015 年具有最大规模的手机漫画用户。2015 年，布卡漫
画遇到因版权问题而大量下架作品情况导致用户流失严重的危机，此后一直

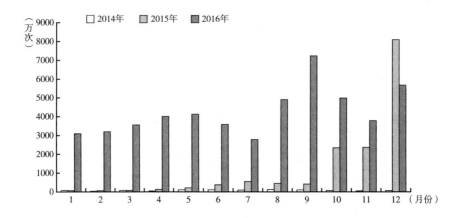

图 2 - 21　2014～2016 年有妖气漫画 App 月启动次数

资料来源：易观千帆（http：//qianfan. analysys. cn/）。

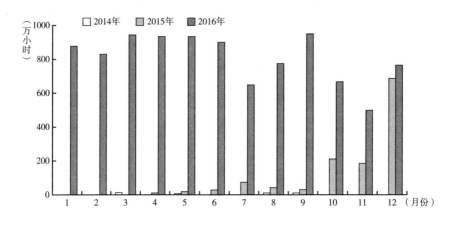

图 2 - 22　2014～2016 年有妖气漫画 App 月使用时长

资料来源：易观千帆（http：//qianfan. analysys. cn/）。

重点关注搭建平台和原创内容的积累。布卡漫画与日本知名出版社双叶社达成全面版权合作，从 2016 年开始正式连载双叶社的正版漫画，包括《我在麻理体内》《白银的妮娜》《Orange》《国王游戏》等。

在当前版权、内容监管日渐严厉的背景下，布卡漫画选择双管齐下的模式，一方面开展原创漫画业务，积累自身体量，向有妖气、腾讯动漫模式靠拢；另一方面积极与海外正版版权方合作，改变"搬运工"的形象。布卡目前在海外漫画版权方面具有一定优势，这也是目前其平台黏住用户的主要原因。

根据 Analysys 易观千帆监测数据（见图 2 - 23、图 2 - 24、图 2 - 25、图 2 - 26），2014 年 5 月，布卡漫画日均活跃用户高达 157. 26 万人，此后波动减少，至 2015 年 5 月下降至 27. 15 万人；2016 年人气有所恢复，至

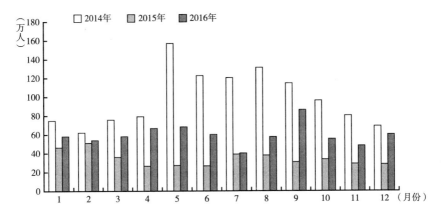

图 2 - 23　2014～2016 年布卡漫画 App 日均活跃用户

资料来源：易观千帆（http：//qianfan. analysys. cn/）。

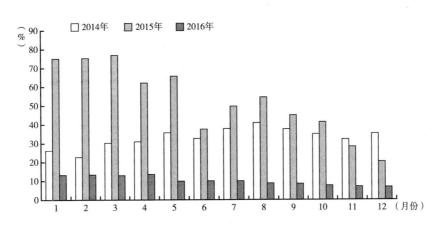

图 2 - 24　2014～2016 年布卡漫画 App 月活跃用户渗透率

资料来源：易观千帆（http：//qianfan. analysys. cn/）。

2016 年 9 月达到 86. 90 万人。布卡漫画在 2016 年第一季度和第二季度的
用户渗透率分别为 20. 45% 和 27. 44% ,2016 年第三季度活跃用户达 603. 35
万人，位居行业第4。

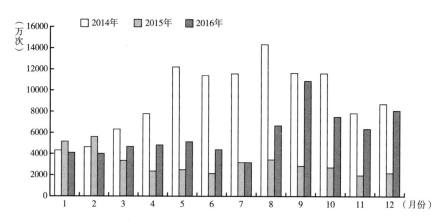

图 2 – 25　2014 ~ 2016 年布卡漫画 App 月启动次数

资料来源：易观千帆（http：// qianfan. analysys. cn/）。

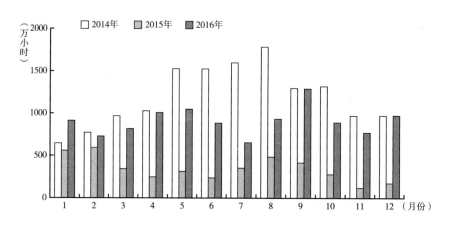

图 2 – 26　2014 ~ 2016 年布卡漫画 App 月使用时长

资料来源：易观千帆（http：// qianfan. analysys. cn/）。

5. 暴走漫画

暴走漫画是西安摩摩信息技术有限公司在 2012 年推出的手机应用，主
要是提供暴走漫画制作和展示。暴走漫画形象简单，画面饱满，故事凝练，

表情夸张、粗糙却通俗易懂，有强烈的视觉冲击感，令人印象深刻。强烈的对比让简短的故事跌宕起伏，故事情节颇具共鸣性，网站的制作器使网友可以亲自尝试制作自己的暴走漫画，随时分享发生在自己身边的糗事。

根据 Analysys 易观千帆监测数据（见图 2 - 27、图 2 - 28、图 2 - 29、图 2 - 30），2014 年 5 月，暴走漫画日均活跃用户高达 98.01 万人，此后波动减少，至 2015 年 9 月下降至 10.85 万人；2016 年人气有所恢复，至

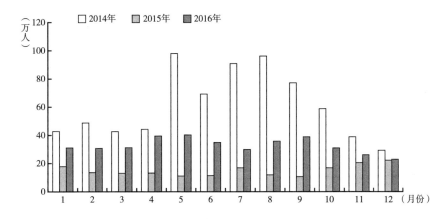

图 2 - 27　2014 ~ 2016 年暴走漫画 App 日均活跃用户

资料来源：易观千帆（http://qianfan. analysys. cn/）。

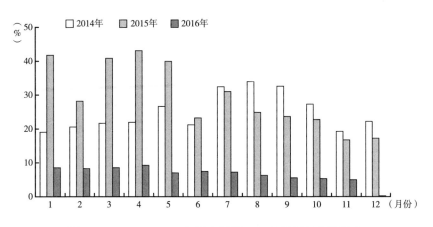

图 2 - 28　2014 ~ 2016 年暴走漫画 App 月活跃用户渗透率

资料来源：易观千帆（http://qianfan. analysys. cn/）。

2016 年 5 月达到 40.42 万人。暴走漫画在 2016 年第一季度和第二季度的用户渗透率分别为 15.28% 和 19.77%，2016 年第三季度活跃用户达 409.31 万人，位居行业第7。

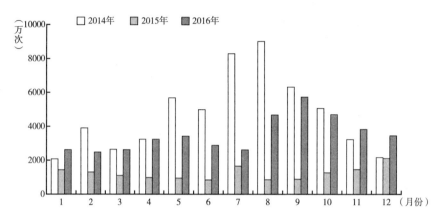

图 2－29　2014～2016 年暴走漫画 App 月启动次数

资料来源：易观千帆（http：//qianfan. analysys. cn/）。

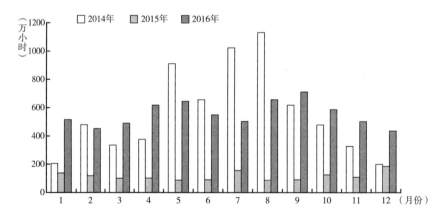

图 2－30　2014～2016 年暴走漫画 App 月使用时长

资料来源：易观千帆（http：//qianfan. analysys. cn/）。

6. 咪咕动漫

咪咕动漫是咪咕文化基于用户对各动漫内容的观看或使用需求，整合具备内容出版或发行资质的机构或个人提供的各类动漫内容，为用户提供漫画和动画资源的下载、播放、互动、使用等功能。咪咕动漫拥有国内外1000余家公司、工作室和漫画家等合作授权的2万余部正版漫画、动画，累计数量已超过37万集，通过正版激励和原创扶持计划，孵化优质国产IP，形成内容、社交、衍生品、演艺活动等矩阵协同发展模式，致力于为用户提供高品质的漫画、动画作品。咪咕动漫汇聚了国内一线的漫画工作室、漫画家，为"正向、有趣"的用户独家全版权原创超百部国漫精品，如《青柠之夏》《极刑·饭》《诸神的紫菜包饭》等。

根据Analysys易观千帆监测数据（见图2-31、图2-32、图2-33、图2-34），2014年2月，咪咕动漫日均活跃用户达8.50万人，但此后波动减少，至2015年1月下降至仅0.57万人；随后，人气逐渐恢复，至2015年12月达30.80万人，2016年7月达到40.42万人。咪咕动漫在2016年第一季度和第二季度的用户渗透率分别为21.38%和16.17%，2016年第三季度活跃用户达到638.04万人，位居行业第3，仅次于腾讯动漫和快看漫画。

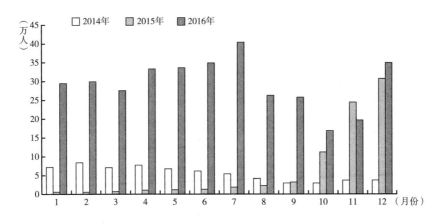

图2-31 2014~2016年咪咕动漫App日均活跃用户

资料来源：易观千帆（http://qianfan.analysys.cn/）。

7. 爱动漫

爱动漫是由天翼爱动漫文化传媒有限公司运营的数字动漫新媒体，用户可以通过爱动漫客户端、WAP门户、WEB门户等实现访问，不仅可以在线

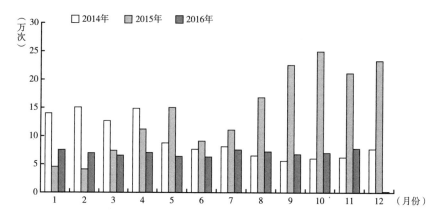

图 2-32　2014~2016 年咪咕动漫 App 月活跃用户渗透率

资料来源：易观千帆（http：//qianfan. analysys. cn/）。

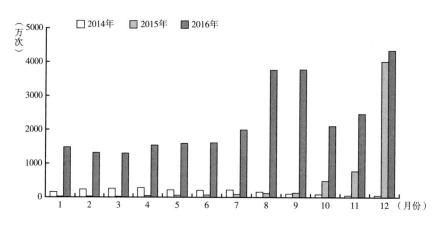

图 2-33　2014~2016 年咪咕动漫 App 月启动次数

资料来源：易观千帆（http：//qianfan. analysys. cn/）。

欣赏国内外海量优秀的动漫画作品，还可享受动漫彩信、手机报、手机主题等数字衍生品服务。

爱动漫通过举办各类活动壮大品牌，同时重视产品优化和内容资源积累。在平台内容积累方面，爱动漫以国内外精品动漫连载为主，通过纯分成、保底分成、版权买断等多种合作方式，引进重点资源。创新首发、特色频道等差异化运营模式，部分热门作品等实现平台首发，大部分连载作品与

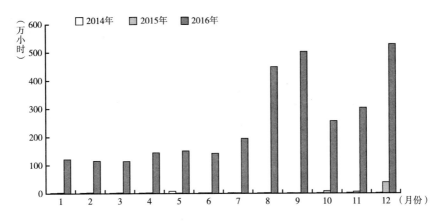

图 2 - 34　2014 ～ 2016 年咪咕动漫 App 月使用时长

资料来源：易观千帆（http：// qianfan. analysys. cn/）。

互联网其他平台同步更新。除了引进内容外，爱动漫也通过举办比赛活动发现新人，进而扶持和培养原创作者，打造自身的原创内容业务。未来，爱动漫欲打通前后端进行全线布局，尝试产业链后向版权运营和衍生品交易服务。

Analysys 易观千帆监测数据显示（见图 2 - 35、图 2 - 36、图 2 - 37、图 2 - 38），2014 年 6 月，爱动漫日均活跃用户达 15.11 万人，此后波动减少，至 2015 年 9 月下降至仅 3.90 万人；随后，人气逐渐恢复，至 2015 年 12 月

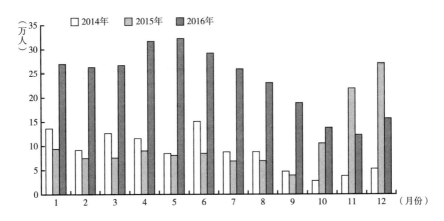

图 2 - 35　2014 ～ 2016 年爱动漫 App 日均活跃用户

资料来源：易观千帆（http：// qianfan. analysys. cn/）。

达到 27.18 万人，2016 年 5 月达到 32.18 万人。爱动漫在 2016 年第一季度和第二季度的用户渗透率分别为 23.39% 和 15.63%，2016 年第三季度活跃用户为 387.1 万人，位居行业第 8。

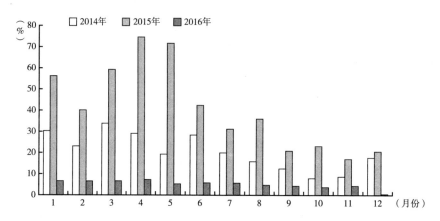

图 2 - 36　2014 ~ 2016 年爱动漫 App 月活跃用户渗透率

资料来源：易观千帆（http：//qianfan. analysys. cn/）。

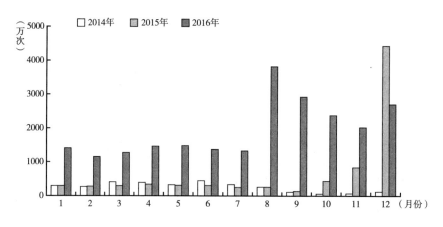

图 2 - 37　2014 ~ 2016 年爱动漫 App 月启动次数

资料来源：易观千帆（http：//qianfan. analysys. cn/）。

8. 漫画岛

漫画岛是一款适用于手机的漫画阅读应用，自称"超全的二次元看漫画、动画、图片社交神器"，提供上万部各类题材的国内外漫画作品。

漫画岛自 2013 年成立以来，保持较快的发展速度。2015 年第三季度，漫画岛用户渗透率为 31.4%，排名全行业第 1。根据易观千帆第三季度监测数据，漫画岛用户主要集中在省会城市（不含北上广深）和乡镇农村，用户占比分别为 36.4% 和 26.3%。值得注意的是，漫画岛乡镇农村用户的比例要高于布卡漫画、暴走漫画、有妖气漫画和腾讯动漫等其他手机漫画平台。可见，漫画岛在用户地域属性方面存在差异，其在乡镇农村优势较为明显。

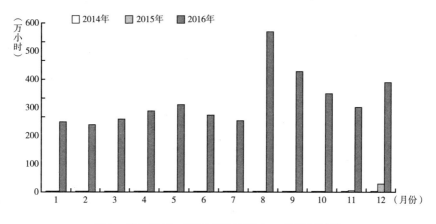

图 2 - 38　2014~2016 年爱动漫 App 月使用时长

资料来源：易观千帆（http://qianfan.analysys.cn/）。

因提供暴力、色情、恐怖等网络动漫，漫画岛于 2015 年被文化部勒令关停整改，随后活跃用户下降较快。一方面，关停期间，用户无法继续浏览平台内容；另一方面，整改后平台抓取的灰色（无版权）内容流失导致原作品粉丝转移了阅读平台。此后，漫画岛开始着力解决内容版权问题，并开通了征稿通道和签约作者机制，还成为"中国动漫金龙奖"唯一线上官方漫画征稿平台和"悟空杯"中日漫画大赛的承办方。2016 年第二季度，漫画岛推出的原创内容包括《鬼抬轿》《拂晓的花嫁》《天狐劫》《剃头匠》《战地圣修》等近 100 部作品，《鬼抬轿》和《拂晓的花嫁》等作品的市场表现较好。

Analysys易观千帆监测数据显示（见图2-39、图2-40、图2-41、图2-42），2014年1月，漫画岛日均活跃用户仅为2.57万人，至2014年5月达到21.78万人，在2015年7月快速上升至93.66万人，随后快速下降。直到2015年12月才改变颓势，当月日均活跃用户恢复至35.69万人，至2016年7月达到85.22万人。漫画岛在2016年第一季度和第二季度的用户渗透率分别为10.67%和27.99%，2016年第三季度活跃用户为553.67万人，位居行业第5。

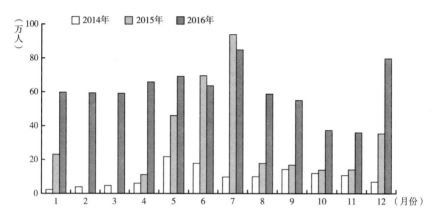

图2-39　2014~2016年漫画岛App日均活跃用户

资料来源：易观千帆（http://qianfan.analysys.cn/）。

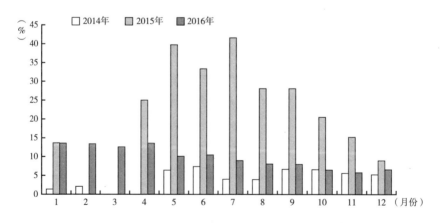

图2-40　2014~2016年漫画岛App月活跃用户渗透率

资料来源：易观千帆（http://qianfan.analysys.cn/）。

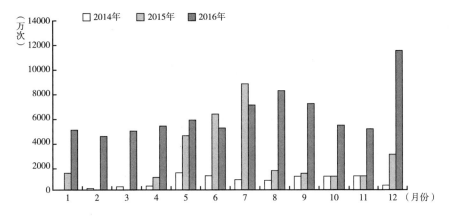

图 2 - 41　2014～2016 年漫画岛 App 月启动次数

资料来源：易观千帆（http：//qianfan. analysys. cn/）。

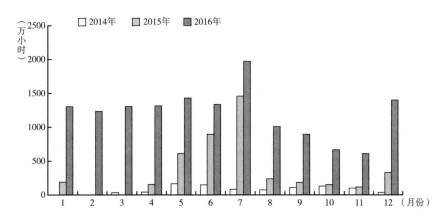

图 2 - 42　2014～2016 年漫画岛 App 月使用时长

资料来源：易观千帆（http：//qianfan. analysys. cn/）。

9. 童石网络 "大角虫漫画"

大角虫漫画是由上海童石网络科技股份有限公司推出的一款国产漫画内容平台，向用户提供原创漫画和轻小说服务。童石网络是一家致力于推动中国动漫泛娱乐产业的互联网公司，打造以漫画、小说、游戏、影视为主的泛娱乐产业链模式。联合爱奇艺、优酷、乐视等视频网站以及众多游戏研发合作伙伴，构成合作联盟，从内容平台向移动社交平台方向转化。

大角虫漫画于 2015 年 3 月上线，涵盖了 ACGN（即动画 Animation、漫画 Comic、游戏 Game、小说 Novel 的合并缩写）产业基础层日更漫画和日更轻小说，为整个中国 ACGN 产业提供源源不断的原创 IP，并构建社区化平台。目前，大角虫已签约国内独家作者和工作室近 500 家，包括孙渣、权迎升、壁水羽、兔 B、大叔酱、纳川、默、七月初七、猫哭无声等国内顶尖漫画作者，以及墨熊、海潮探长、墨三鸟、热晓等轻小说作者，推出了达到真正日更的作品近千部（见表 2 - 21）。著名网文大神蝴蝶蓝的作品《全职高手》漫画版、鱼人二代的作品《校花的贴身高手》漫画版也在大角虫漫画平台连载。此外，日本 Hero's、韩国 Mr. Blue 战略合作授权作品也连载于大角虫漫画平台。2015~2016 年大角虫漫画 App 日均活跃用户见图 2 - 43。

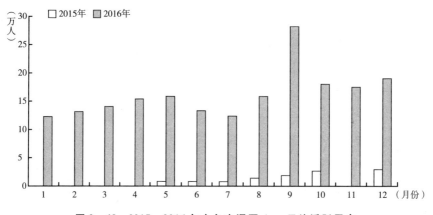

图 2 - 43　2015~2016 年大角虫漫画 App 日均活跃用户

资料来源：易观千帆（http：//qianfan. analysys. cn/）。

大角虫漫画专注于"PGC"原创漫画小说，致力于建设移动原创动漫内容的聚合平台。2016 年 3 月，大角虫漫画上线 2.0 版本，成为 ACGN 泛娱乐平台。除了提供优秀漫画和轻小说阅读外，还推出了广场、编辑器等功能，用户可随意编辑大角虫内所有漫画，创作自己的漫画作品；除了在广场上分享自己编辑的作品，还能一边看漫画一边吐槽。大角虫专注于打造移动端漫画平台，并首次提出适应移动时代阅读特点的"日更"概念，以此来壮大动漫产业的职业化和专业化力量。

表 2 - 21　大角虫漫画平台的代表作品

单位：亿次

作品名称	作者	作者代表作	作者作品网络点击率
《妹魔都》	兔 B	《黑瞳》，前有妖气前 10 作者	>23
《非常道先生》	权迎升	《中国惊奇先生》，腾讯动漫前 3 作者	>20
《仿魔围攻》	壁水羽	《端脑》，前有妖气人气排名第 1	>17.5
《民工勇者》	孙渣	《超有病》，微博漫画作者第 1 名	>16
《困病之笼》	大叔酱	《日渐崩坏的世界》，前有妖气前 10 作者	>15
《外星人饲养手册》	彩色蜡笔	《我的双修道侣》，腾讯动漫前 10	>11
《设计者》	深圳意念	《通职者》，腾讯动漫前 10	>10
《刺杀大圣》	默	《星迹》，有妖气排名前 10	>8
《猎魂达人》	千亮	《星 star》，有妖气月票排名第 1	>5.7
《生辰源代码》	Youth 小勇	《我的 XX 不见了》，有妖气排名前 10	>3

资料来源：百度百科（http：//baike. baidu. com/item/）大角虫漫画。

　　童石网络的核心业务是围绕"移动 IP"建设移动动漫全产业链，通过自有原创世界观"星纪元"、"异界大作战"、购买的网络小说 IP"全职高手"、购买的日本动漫 IP"初音"等，构建以 IP 为中心、线上线下结合的移动动漫全媒体产业链。大角虫漫画的热门代表作品有《民工勇者》《星梦偶像计划》《谜域行者》《困病之笼》等。大角虫漫画的签约作品 IP 运作权由童石网络独家永久享有，并在纸质出版、手机动漫、手机游戏、网络动画、动画电影、动漫形象授权、周边产品开发等领域构建一体化运营模式（见图 2 - 44）。

　　依托大角虫漫画，童石网络一方面通过大角虫漫画平台形成故事、IP、游戏的内部流量循环，直接将移动端的故事粉丝转化为游戏付费玩家；另一方面与各类外部动漫专业公司、平台合作，采取联合营运模式，实现动漫产品的完整开发产业链（见图 2 - 45）。与腾讯动漫、有妖气等漫画平台一样，通过原创内容获得具有强大粉丝支持的 IP，以 IP 为核心，构建出版、游戏、影视的全产业链运营。童石网络具备较高的产品设计开发能力，既能开发动漫小说、漫画，也能开发手机游戏和页游，众多优秀的人气 IP、丰富的游戏研发和运营经验，加之高效的资源整合能力，形成了童石网络相对突出的竞争优势。

（1）自主投稿作品

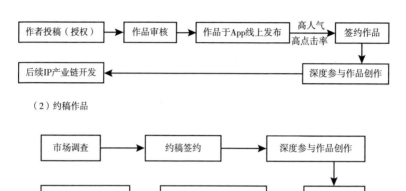

（2）约稿作品

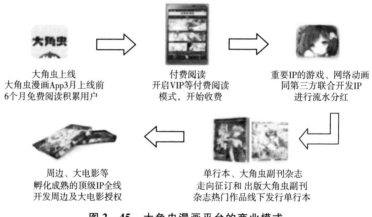

图 2 - 44　大角虫漫画平台的产品开发流程

资料来源：作者自制。

大角虫上线
大角虫漫画App3月上线前
6个月免费阅读积累用户

付费阅读
开启VIP等付费阅读
模式，开始收费

重要IP的游戏、网络动画
同第三方联合开发IP
进行流水分红

周边、大电影等
孵化成熟的顶级IP全线
开发周边及大电影授权

单行本、大角虫副刊杂志
走向征订和 出版大角虫副刊
杂志热门作品线下发行单行本

图 2 - 45　大角虫漫画平台的商业模式

资料来源：作者自制。

四　国内主要网络漫画平台竞争格局

（一）较具代表性的网络漫画平台

1. 腾讯动漫：背靠腾讯大生态，王者地位不易动摇

腾讯动漫是成立于 2012 年的网络漫画平台。经过多年发展，腾讯动漫

依托大量的优秀 IP（国产漫画 + 日漫），成为版权漫画数量最多、签约作者最多的平台。目前拥有最多正版日漫版权和最多全版权漫画作品，拥有作品总量超过 2 万，签约作品超过 6000 部，超过 40 部作品点击率过亿，超过 200 部作品点击率上千万。拥有最多签约作者，其中投稿作者超过 5 万人，认证作者超过 9000 人，签约作者超过 500 人（见图 2 - 46）。

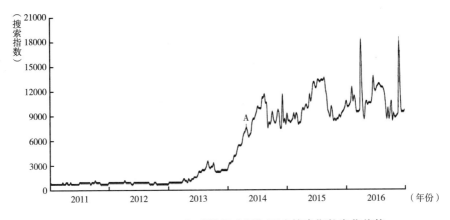

图 2 - 46　2011 ~ 2016 年"腾讯动漫"百度搜索指数变化趋势

资料来源：百度指数（http://index.baidu.com）。

"国产漫画 + 日漫"成为腾讯动漫平台最强的组合内容矩阵。如表 2 - 22 所示，腾讯动漫的漫画作品人气点击量前 10 名里国产漫画占 7 席，日漫占 3 席；国产漫画的人气点击量为 234.00 亿次，日漫为 216.18 亿次。日漫和国产漫画的对比关系非常类似好莱坞电影和国产电影的对比。日漫积累了大量人气，靠日漫的游戏改编权即可获得巨大回报。腾讯已经购买了日漫的版权，并且享有独家的游戏改编权。基于日漫积累的大量人气和腾讯在游戏领域的地位，日漫 IP 将有巨大的价值回报。

表 2 - 22　腾讯动漫漫画作品人气榜前 10 名

序号	作品名称	作者	人气（亿次）	评分	章节数量（话）	付费属性	受众	地区
1	《火影忍者》	岸本齐史	107.79	9.3	720	免费	少年	日本
2	《航海王》	尾田荣一郎	65.91	9.5	854	免费	少年	日本
3	《妖怪名单》	糖人家	49.68	9.6	363	免费	少年	中国

续表

序号	作品名称	作者	人气（亿次）	评分	章节数量（话）	付费属性	受众	地区
4	《中国惊奇先生》	权迎升	47.92	9.4	466	免费	青年	中国
5	《死神》	久保带人	42.49	9.4	719	免费	少年	日本
6	《狐妖小红娘》	夏天岛	37.23	9.6	285	付费	少年	中国
7	《王牌御史》	佟遥	32.39	9.6	252	免费	少年	中国
8	《斗破苍穹》	知音漫客	26.16	9.0	269	付费	少年	中国
9	《从前有座灵剑山》	鲜漫动漫	20.96	9.6	208	免费	少年	中国
10	《一人之下》	动漫堂	19.66	9.5	225	免费	少年	中国

资料来源：根据腾讯动漫网站（http://ac.qq.com/）数据整理，最后访问日期：2016 年 8 月 31 日。

国产漫画这几年飞速发展，超过日漫指日可待。在漫画风格中可以看出人气日漫的风格基本为热血冒险，宣扬友情和梦想。原创漫画的风格比较多变，但或多或少有搞笑吐槽的成分在里面。与日漫情况相似，原创漫画的人气也大部分集中在《尸兄》《中国惊奇先生》等顶级 IP 手中。

丰富的内容黏住大量用户。网站流量 PV 相对其他网站不高但 UV 相对较高。网站 PV 为 3347232 次，UV 为 836808 人。在共 PV 与 UV 平台中，UV 与 PV 比在高流量平台中排名第 1，说明优质内容获得众多读者的肯定。海量的论坛成员所具备的社区特征增加平台用户黏性。截止到 2015 年 7 月 23 日，腾讯动漫共有 2729767 名论坛成员，共有帖子 7509028 个，人均发帖 2.75 篇。腾讯动漫的论坛人数和活跃度都大大超过了有妖气。

会员增值服务提高平台变现能力，当前会员约 20806 人。会员 VIP 制度：每月收取 10 元的会费提供一些特权服务。主要增值服务包括：专属 VIP 漫画库，免费浏览其中的付费作品；QQ 面板点亮动漫图标，每月获得 5 张月票，专属 VIP 形象等。通过月票推算，估计会员数为 20806 人。（腾讯动漫 2015 年 6 月份月票估计为 104030 张，VIP 会员每月 5 张月票）

作为腾讯旗下的产业，腾讯动漫相较其他漫画平台有着无与伦比的优势：背靠大企鹅，钱多、人才多，养得起 IP。2015 年 7 月 10 日，腾讯动漫宣布 2015 追梦计划正式启动，并推出兼顾草根基础与精英作者、大众群体与核心受众、短期见效和长线运营等的五大改革措施，真正帮助国产漫画有梦者"追梦"。根据公布的作者激励计划，新作者只要上传作品并且通过审核，就可以得到最低 100 元的新建作品奖；有一定经验的作者只要每个月更新一定数量的漫画即可获得 800 元奖金；月票排行第 1~30 名可获得奖金 6000~400 元不等。同时为建立优胜劣汰的进出机制，腾讯动漫大幅度增加了对优秀作者的奖励机会，VIP 作品可获得多重高分成比例，并且只要获得编辑部一等奖，即可直接签约，成为职业漫画家。

大生态强化 IP 变现能力。腾讯生态链化的全面布局使它拥有广泛并且忠诚度极高的用户群体。腾讯的产品贯穿整个 85 后至 00 后的成长经历，社交（QQ、微信）、游戏（cf、lol）、音乐（QQ 音乐）、视频（腾讯视频）、动漫（腾讯动漫）、小说（腾讯文学）等，一个 QQ 号可以涵盖他们整个互联网上的娱乐生活。得益于腾讯产业的全面渗透，腾讯动漫可以像工厂一样源源不断地向腾讯视频、腾讯游戏输出精品 IP。

2. 有妖气：原创人气国内领先

有妖气成立于 2009 年，是国内最早的原创漫画平台。经过多年发展，如今已是原创类同人、耽美、少年、少女漫画的人气网站（见图 2-47）。在网站流量 PV、UV 方面，日均 PV 为 5970000 次，日均 UV 为 597000 人。迄今为止，网站超过 20000 名漫画家常驻创作，40000 部以上漫画作品正在连载。

原创国产漫画是有妖气最强的内容。作为纯原创的漫画平台，有妖气上面的漫画基本为中国原创漫画。有妖气前 10 名的原创漫画总人气是 156.55 亿次（见表 2-23），腾讯动漫前 10 名中的原创漫画总人气是 234.00 亿次。从原创前 10 名的人气对比可以看出，曾经作为国内人气最高的原创漫画平台的有妖气已被腾讯动漫在 2015~2016 年超越。

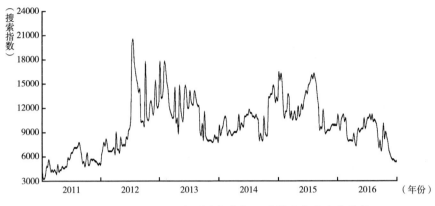

图 2 - 47　2011 ~ 2016 年 "有妖气" 百度搜索指数变化趋势

资料来源：百度指数（http://index.baidu.com）。

表 2 - 23　有妖气漫画作品人气榜前 10 名

序号	作品名称	作者	点击数（亿次）	类别	连载状态	授权状态
1	《黑瞳》	兔 B	25.50	少年/魔幻/动作	连载中	签约
2	《十万个冷笑话》	寒舞	23.33	少年/搞笑	连载中	签约
3	《镇魂街》	许辰	21.41	少年/魔幻	连载中	签约
4	《端脑》	壁水羽	21.05	少年/科幻/推理/恐怖	已完结	签约
5	《日渐崩坏的世界》	大叔酱	17.63	少年/生活/恐怖	连载中	签约
6	《雏蜂》	白猫 sunny	11.04	少年/动作/科幻/战争	连载中	签约
7	《拜见女皇陛下》	ZCloud	9.96	少年/生活	连载中	签约
8	《长歌行》	夏达	9.54	少女/战争	连载中	独家
9	《我,女机器人 1 + 2 部》	父子漫画组合	9.20	少年/动作/科幻	已完结	签约
10	《春哥传》	默	7.89	少年/搞笑	已完结	签约

资料来源：根据 "有妖气" 网站（http://www.u17.com）数据整理，最后访问日期：2016 年 8 月 31 日。

　　原创国产漫画的崛起将吸引更多读者。截止到 2015 年 8 月 2 日，有妖气论坛帖子 1082177 篇，会员 702551 人。虽然有妖气的会员数、帖子数远不如腾讯动漫，腾讯动漫提供的大量日本漫画现阶段仍是漫画读者的主流，但未来随着国内原创漫画的崛起（现已有 40000 部以上漫画作品正在连载），有妖气的国产原创漫画将吸引更多的用户。有妖气 VIP 会员制尝试会员变现。有妖气会员的月费为 10 元，年费为 90 元。购买 VIP 后用户拥有独享特权、漫画特权、服务特权、领妖果特权等。现阶段全平台日活跃用户突破 142 万人，日充值收入突破 500 万元。

顶级 IP 成长空间巨大，漫画、动画、电影、游戏大生态现雏形。《十万个冷笑话》作为有妖气的台柱漫画，尝试动画化后累计网络播放量超过 20 亿次；动画后进军大电影，成本百万的电影大卖 1.2 亿元；授权蓝港互动改编的手游上线第一天就进入苹果畅销榜前 15 名，上线 3 天 iPhone 免费榜第 8 名，畅销榜第 9 名，iPad 免费榜第 2 名，畅销榜第 14 名。有了《十万个冷笑话》的成功铺垫，人气漫画《雏蜂》《端脑》也开始动画化。

3. 漫客网：老牌线下漫画杂志转型线上漫画平台

线上转型中的老牌漫画杂志，面临左右手互博。漫客网的前身是国内知名漫画杂志《知音漫客》。《知音漫客》创刊于 2006 年，漫画平台中具备杂志、单行本发行商，以及线上平台的公司，曾创下中国漫画杂志历史销量最高纪录，被誉为"中国的《周刊少年 JUMP》"。所以，漫客网从事漫画时间较长，签约的职业漫画家较多。但同样因为杂志出身，漫客网精力主要投入于线下发行和漫画上，对于 IP 改编投入不大。同时，因为多年收费习惯，漫客网的热门漫画均为付费 VIP 漫画，提供的服务也是面向 VIP 用户。可以说，漫客网是一个为 VIP 用户而存在的网站，大部分资源只对 VIP 用户开放，导致众多无付费能力和付费习惯的用户流失（见图 2 - 48）。

从事漫画事业时间最长。知音动漫公司以期刊出版为起点，创办了《知音漫客》周刊，发行总量现已超过 2600 万册，成为国内发行过百万的动漫期刊。到现在，已经有 10 年的历史，正式成为中国第一、世界第三大漫画杂志。

职业漫画家最多。知名漫画家周洪滨的代表作《偷星九月天》是漫客网的签约作品，《暗夜协奏曲》《星海镖师》等优秀漫画也在漫客网上连载。漫客网原创漫画的整体质量比有妖气要高。

付费模式导致线上人气较低。漫客网的 VIP 用户费用同样是 10 元每月。享有免费阅读 VIP 漫画，每月领取银票（月票）和铜板，VIP 标识等特权。

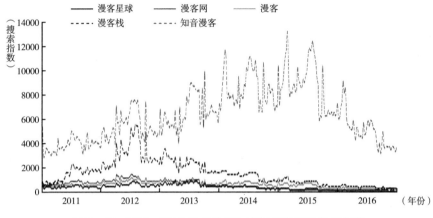

图 2 - 48   2011 ~ 2016 年 "漫客" 百度搜索指数变化趋势

资料来源：百度指数（http：//index.baidu.com）。

漫客网有个特色服务是美图，主要是精美的插画壁纸，只有 VIP 会员才可以下载。如表 2 - 24 所示，漫客网前 10 名的总点击量为 3.45 亿次，除《偷星九月天》突破亿次外，其他作品仅有数千万次点击量。漫客网前 10 名的人气相比于有妖气、腾讯动漫数百亿次的人气量要小很多。主要原因是漫客网前 10 名的漫画均为付费漫画，而有妖气、腾讯动漫则是免费漫画。

表 2 - 24   漫客栈漫画作品人气榜前 10 名

序号	作品名称	作者	点击量（亿次）	评分	题材	作品属性	VIP 作品
1	《偷星九月天》	潜艇工作室	1.10	94	魔幻/少女	签约	是
2	《我，女机器人》	父子漫画组合	0.50	84	搞笑/恋爱/动作		否
3	《暗夜协奏曲》	mk 魔王 S	0.39	93	魔幻/少年	签约	是
4	《早安地球》	极乐鸟	0.32	89	搞笑		否
5	《狐剑传》	七彩琉璃漫画	0.30	91	魔幻/动作/少年	签约	是
6	《萝莉杀手》	舒逸	0.26	88	魔幻/推理/校园	首发	否
7	《夜幕西饼屋》	宫缘乾	0.17	82	魔幻/生活/恋爱	签约	是
8	《拯救地球学院》	A4 漫业 - 滴水漫画	0.16	86	战争/科幻/动作	签约	是
9	《星海镖师》	颜开工作室	0.13	92	—	签约	是
10	《黑犬》	默天痕	0.12	93	生活/魔幻/少年	签约	是

资料来源：根据 "漫客栈" 网站（http：//www.mkzhan.com）数据整理，最后访问日期：2016 年 8 月 31 日。

论坛帖子最多，会员活跃度最高。帖子：14079018 篇，会员：4381781
人。在线会员总计 7898 人，在线最高纪录是 2013 年 6 月 2 日的 20757 人。
漫客网拥有所有漫画平台最多的会员数和发帖数。同时相对于腾讯 3166 人，
有妖气 778 人的在线会员总计，漫客网的在线人数几乎是腾讯、有妖气总和
的 2 倍。将会员基数去掉后看，漫客网平均 555 名会员中便有 1 人在线，有
妖气是 860.5，腾讯为 862.24。从人均论坛活跃度来看，漫客网 > 有妖气 >
腾讯动漫。

4. 动漫之家：转型中的大型动漫综合网站

动漫之家是国内最早的动漫综合类平台，面临向原创内容转型难题。
动漫之家网站创建于 2005 年，是国内最早的动漫综合类平台，历经 10 年
发展，在国内动漫平台中一直处于领先地位。动漫之家网站拥有国内最多
的漫画内容，网站分为原创漫画、动漫情报、动画频道、漫画频道、轻小
说、动漫之家论坛六大板块。动漫之家收录的漫画为数众多，但是有版权
的漫画和自己的原创漫画所占比重较少。根据近年来行业的发展趋势，IP
保护意识的不断增强，动漫之家的大部分业务受到重大冲击。目前，动漫
之家正在向原创漫画平台转型。2011 ~ 2016 年"动漫之家"百度搜索指数
变化趋势见图2 - 49。

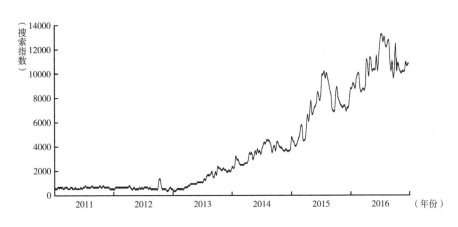

图 2 - 49　2011 ~ 2016 年"动漫之家"百度搜索指数变化趋势

资料来源：百度指数（http://index.baidu.com）。

平台由老牌非授权漫画龙头进入原创平台初见成效。如表 2 - 25 所示，动漫之家原创漫画作品人气榜前 10 名总点击量为 10.85 亿次，虽然和百亿级的腾讯动漫、有妖气还有很大的差距，但总点击量已经超过老牌的原创漫画网站漫客网。作为新转型的网站，前 10 名的原创漫画平均章节只有 85话，相对于其他网站动辄几百话的漫画来说仍处于起步阶段。

表 2 - 25 动漫之家原创漫画作品人气榜前 10 名

序号	作品名称	作者	点击量（亿次）	连载状态	类别	类型
1	《黑白无双》	于彦舒	3.34	连载中	少年漫画	冒险/格斗
2	《妖神记》	踏雪动漫	1.43	连载中	少年漫画	冒险/热血/奇幻
3	《魔王与勇者与圣剑神殿》	阿羊	1.40	连载中	少年漫画	冒险/奇幻
4	《我家大师兄脑子有坑》	剧象漫画	1.08	连载中	少年漫画	搞笑/仙侠/颜艺
5	《间谍女高》	海步子	1.01	连载中	少年漫画	格斗/科幻/伪娘/悬疑
6	《鬼王》	谢峰	0.74	连载中	少年漫画	恐怖
7	《仙侠世界》	肆叶动漫 - 涂秋	0.56	连载中	少年漫画	仙侠
8	《猫之茗》	糖人家	0.48	连载中	少女漫画	搞笑
9	《地狱的 19 层》	博洋大叔	0.41	已完结	少年漫画	悬疑
10	《哥变成魔法少女了?!》	周智延	0.40	连载中	少年漫画	冒险/魔法/搞笑/性转换

资料来源：根据"动漫之家"网站（http：//www. dmzj. com）数据整理，最后访问日期：2016年 8 月 31 日。

5. 中国电信"爱动漫"

2014 年，电信集团以 6000 万元出资设立了天翼爱动漫文化传媒有限公司。爱动漫通过整合互联网动画、漫画资源，向用户提供动漫及相关内容的浏览、订购等服务（见图 2 - 50）。爱动漫处于动漫产业链中游，立足于内容分发，旗下拥有"爱动漫"客户端及门户网站。同时，爱动漫向产业上游延伸，通过 IP 运营等方式布局产业链上游内容创作及下游数字衍生品、周边商品电商等业务。

爱动漫的主要产品及服务包括以下四个方面。①动漫数字阅读：爱动

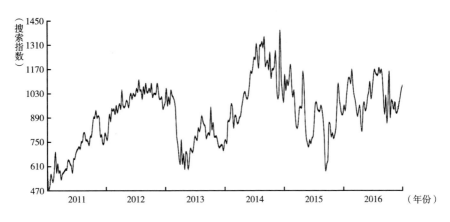

图 2 - 50　2011 ~ 2016 年 "爱动漫" 百度搜索指数变化趋势

资料来源：百度指数（http://index.baidu.com）。

漫整合动漫内容，通过 "爱动漫" 客户端和平台等向用户提供动画、漫画及相关内容的浏览、订购及社交互动服务。截至 2016 年 3 月底，"爱动漫" 客户端的注册用户超过 4000 万人，2016 年第一季度月均活跃用户达到 149 万人，月均观看量超过 3900 万次。②IP 运营：爱动漫开展以动漫IP 为核心的版权运营业务，主要业务包括 IP 版权产生、版权授权运营；IP 版权产生方面，一方面通过运营 "画客" 原创平台经营原创作者与工作室和文学改编漫画的形式培育自主 IP 版权，另一方面通过合作方版权转授的方式引进、积累优质 IP 版权；版权授权运营方面，爱动漫向移动互联网应用开发方、衍生品生产及推广合作方提供优质 IP 版权授权。③数字衍生品运营：爱动漫提供以动漫形象、内容、形式为载体的数字衍生产品，主要包括数字衍生品浏览、动漫表情等。④其他业务：爱动漫开展面向企业的视频广告业务，以及以动漫周边、创意类产品为主的动漫实物衍生品电商业务。

爱动漫的主要经营模式是立足动漫内容分发，通过自有平台、外部合作平台等渠道引导用户付费订购或者点播产生收入，并与内容提供方进行分成。此外，爱动漫还通过提供视频广告代理服务、动漫实物衍生品电商服务取得收入。①动漫画阅读：爱动漫建立动漫内容库汇聚动画、漫画内容，通过产品、运营、营销推广等进行用户市场规模拓展，向用户提供内容浏览、订购等服务。用户付费点播或者包月订购，爱动漫根据订购及收费渠道分为电信账单支付和第三方结算两种方式，按比例收取渠道费后再与内容方进行分成。②IP运营：爱动漫通过旗下"画客"原创平台、文学改编动漫内容以及合作方IP授权等方式汇聚IP版权。通过IP运营，与衍生品、应用开发方建立合作关系，进行IP授权。目前主要合作模式为应用收入合作分成，通过用户订购产生收入，并通过拓展衍生品授权销售取得收入。③数字衍生品运营：爱动漫以动漫形象、内容、形式为载体开展数字衍生产品开发与运营服务，目前主要为能力开放业务，通过为合作方提供业务支撑服务和标准化接口取得收入。④视频广告和周边电商：从2016年起，爱动漫开展面向企业用户的视频广告业务。此外，爱动漫也通过动漫实物衍生品电商业务取得收入。

根据未经审计数据（见表2-26），爱动漫2015年的营业收入较2014年增加119.91%，净利润较2014年下降133.36%。爱动漫成立于2014年6月，2014年收入为5个月收入（8~12月），2015年为全年收入，收入期间不同造成差异较大；净利润下降主要原因为2015年爱动漫发展能力开放业务，以较高分成比例吸引优质内容合作方。

表2-26 2014~2016年爱动漫的主要财务数据

单位：万元

利润表项目	2014年	2015年	2016年第一季度
营业收入	9402.01	20675.96	5546.53
利润总额	563.37	-178.82	349.57
净利润	419.79	-140.04	261.54
归属于母公司所有者的净利润	419.79	-140.04	261.54
扣除非经常损益后的净利润	442.46	-163.29	260.88
资产负债率(%)	80.04	78.47	78.69
毛利率(%)	20.18	13.21	15.67

注：资产负债率=总负债/总资产，毛利率=（营业收入-营业成本）/营业收入。

资料来源：号百控股股份有限公司：《发行股份及支付现金购买资产暨关联交易预案》，2016年7月。

爱动漫已经建立起完善的互联网化运营体系，在用户体验、自主研发、内容合作和运营、客户端推广、社会化营销等方面积累了丰富的经验，建立了基于用户体验导向的运营协同机制。爱动漫以"精品策略＋自制剧＋原创运营"的战略构建核心内容差异化竞争力，提供包含经典动漫画、原创动漫画及数字衍生品在内的全品类产品和服务。截至2016年3月31日，爱动漫平台聚集了高清动画50万分钟，高清漫画190万篇，聚合内容合作伙伴超300家，原创作者超1000人。截至2016年3月底，爱动漫平台和客户端累计注册用户分别达1.59亿人、4000万人，爱动漫客户端月活跃用户、日活跃用户分别约为129万人、11.6万人。

经近年来的积累和发展，爱动漫在同类应用中有较高的市场份额和领先的行业地位。根据易观国际数据，2016年1月，爱动漫的活跃用户数在移动端非幼儿类动漫应用中排名第2。根据艾瑞咨询数据，2016年2月，爱动漫的活跃用户数在动漫类客户端中排名第5。

（二）有妖气、腾讯动漫、快看漫画三足鼎立

目前，网络漫画平台的三强已经形成，依崛起次序分别为：有妖气、腾讯动漫和快看漫画。通过百度指数、App用户规模等多项指标可以看出，有妖气在2013年前强势占据了国内原创漫画网络发行市场；2014年腾讯动漫开始崛起，在2015年与有妖气一起形成了双强的局面；2016年快看漫画凭借在手机移动端形成的优势，与有妖气和腾讯动漫一起形成了三足鼎立的局面（见图2-51）。

腾讯动漫和有妖气模式略有区别，腾讯动漫采购了大量正版日漫，采取了"正版日漫养国产漫画"的模式，而有妖气是纯国产漫画平台。目前，腾讯动漫的流量高于有妖气，但是在原创内容的核心粉丝数量上面，两者没有明显差别。

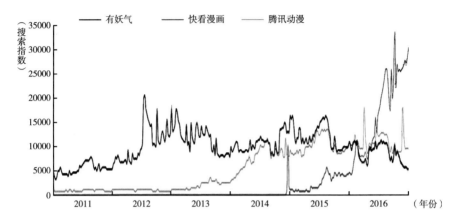

图 2 - 51　2011~2016 年"腾讯动漫"、"有妖气"和
"快看漫画"百度搜索指数变化趋势对比

资料来源：百度指数（http：//index. baidu. com）。

表 2 - 27　有妖气、腾讯动漫和快看漫画平台对比

项目	有妖气	腾讯动漫	快看漫画
成立时间	2009 年	2012 年	2014 年
代表性漫画作品	《十万个冷笑话》《端脑》《镇魂街》《雏蜂》《拜见女王陛下》等	《尸兄》《中国惊奇先生》《王牌御史》《妖怪名单》《狐妖小红娘》等	《整容游戏》《复仇高中》《快把我哥带走》等
作品数量	约 27000 部	约 22000 部	约 700 部
模式差别	自由上传模式	编辑约稿模式	编辑约稿模式
产品差别	纯国产漫画	大量购置日漫,同时力推国产漫画	纯国产漫画
主要优势	起步较早,模式成熟	用户规模大,产业协同强	移动端强,年轻用户多

资料来源：作者自制。

第三章

网络漫画作品发展现状

原创内容是漫画产业乃至整个动漫产业发展的基础，网络漫画创作具有门槛低、投入少、数量大、类型多等特点。网络漫画作品的繁荣不仅丰富了漫画产业的类型，还能支撑和促进动画、影视、游戏等相关产业的发展，成功打造动漫品牌。

一　网络漫画作品的主要特点

（一）网络漫画作品的主要特点

1.网络漫画的内容更具喜感

国产漫画逐渐形成独有的风格。随着漫画内容的不断积累，国产漫画逐渐形成了与日本漫画不一样的风格，作品内容与国内社会热点话题结合度高，更能引起用户的共鸣。

根据在艾瑞 iClick 社区的调研，"最近三个月内，对于日本漫画，您看过的漫画题材是？最经常看的漫画题材是?"这一问题，共获取到 445 份有效回复样本，热血（占 24.5%）、推理（占 13.7%）和搞笑（占 6.1%）排在最经常看的日本漫画题材前 3 位（见图 3 - 1）。"最近三个月内，对于国产漫画，您看过的漫画题材是？最经常看的漫画题材是?"这一问题，共获取到 360 份有效回复样本，恶搞（占 17.2%）、古风（11.9%）和搞笑（占 8.3%）排在最经常看的国产漫画题材前 3 位（见图 3 - 2）。由此可见，漫画用户对于中日漫画题材的喜好程度并不相同。

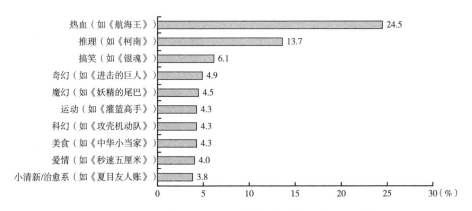

图 3 - 1 2016 年中国漫画用户最经常看的日本漫画类型

资料来源：《2016 年中国漫画行业报告》，于 2016 年 1 月通过艾瑞 iClick 社区联机调研获得。

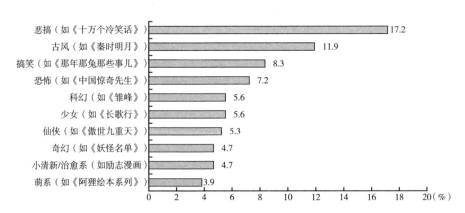

图 3 - 2 2016 年中国漫画用户最经常看的国产漫画类型

资料来源：《2016 年中国漫画行业报告》，于 2016 年 1 月通过艾瑞 iClick 社区联机调研获得。

2．从传统分页漫画到条漫的形态嬗变

传统分页漫画在纸媒时代独领风骚，随着移动互联网的兴起，适应手机等终端的条漫逐渐兴起。在纸媒时代，较为流行的分格方式有单幅、四格、多格分镜等，适应了报纸、杂志和图书等印刷出版物分页的需要。但随着移动互联网的兴起，越来越多的人喜欢在手机上阅读漫画。根据在艾瑞 iClick 社区的调研，"最近三个月内，您在哪些终端上看过漫画？最经常在哪个终端上看漫画？"这一问题，共获取到 573 份有效回复样本，有 33.3% 的用户最经常在手机上看漫画，使用电脑的人占 31.2%，使用平板电脑的也有 16.6%，而选择通过漫画书和漫画杂志看漫画的人分别占 10.3% 和 8.6%（见图 3－3）。

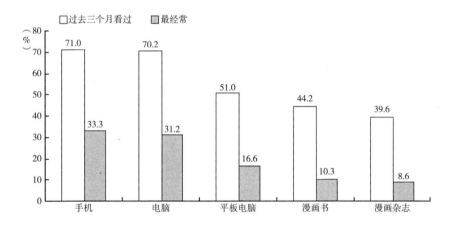

图 3－3　2016 年中国漫画用户观看漫画的终端

资料来源：《2016 年中国漫画行业报告》，于 2016 年 1 月通过艾瑞 iClick 社区联机调研获得。

移动互联网带动条漫的兴起，为条漫开辟了一定的发展空间。在移动互联网的环境中，传统分页漫画在手机端的展现效果一般，而切割再现方式既增加了额外工作，也难以取得较好的呈现效果，但条漫更适合在手机端阅读。四格漫画是以四个画面分格完成一个小故事的表现形式，由四格漫画衍生出来的条漫没有格数的限制，通常是一幅很长的以从上到下为顺序的大图。传统分页漫画和条漫各有优势、劣势，传统分页漫画发展年限长、作品质量高,适合印刷出版物;条漫发展时间短,在作品质量方面有待提高,更适合手机阅读,难以向印刷出版物拓展(见表 3-1)。未来,传统分页漫画和条漫应相互借鉴,弥补各自的不足,共同发展。

表 3-1　传统分页漫画和条漫对比

对比维度	传统分页漫画	条漫
适合媒介	纸质印刷出版物	手机、微博类社交媒体
内容特点	以长篇作品为主 更适用于少年、打斗热血等类型	内容短小精悍,不适用于复杂剧情的作品
优点	分镜艺术强,镜头感强 对漫画家的画技要求高	更新速度快,连载速度快 方便阅读,便于理解、阅读难度低 短平快,适用于碎片化场景下观看
不足	在手机上展现,字太小,观看体验不佳 阅读难度较大,不易开拓广泛用户	不适合直接出版成实体书 作品画面质量有待改进 内容简短,难以沉淀成经典作品
用户属性	用户较为重度,看漫画年限长,偏好传统分页漫画	内容便于理解,有利于传播 可面向大众网民

资料来源:作者自制。

3. 从黑白漫画扩展至彩色漫画

黑白漫画诞生于纸媒时代,在作品创作、质量等方面品质高;彩色漫画更符合年轻群体的阅读需求,对用户的视觉冲击力更强(见表 3-2)。

表 3-2　黑白漫画和彩色漫画对比

对比维度	黑白漫画	彩色漫画
主要面向人群	习惯看日漫的用户群体 对黑白漫画忠诚度高 以 80 后为主	以 95 后和 00 后等年轻群体为主 从小接触多媒体和彩色影像
成本	印刷成本低	印刷成本高
用户阅读行为	用户需要丰富的想象力,脑补画面 关注点在故事、分镜上	想象空间小,用户的注意力主要集中在内容和画风上面
创作特点	对创作功底要求更高,如构图、背景等	上色较耗费时间和人力 创作速度快,更新快

资料来源:作者自制。

4.好故事、好口碑、好画风的组合更讨巧

无论是从传统分页漫画扩展至条漫，还是从黑白漫画扩展至彩色漫画，都是在适应市场的变化。无论形式和颜色怎么变，在本质上，漫画作品的剧情、画风质量依旧是重中之重，唯有好故事、好画风才能吸引用户观看。根据艾瑞 iClick 社区的调研，"您选择一部漫画时，比较看重什么因素？最看重什么因素？"这一问题，共获取到 573 份有效回复样本，有 31.4% 的用户最看重漫画剧情/情节，有 12.6% 的用户最看重漫画题材（如搞笑、科幻等），有 9.1% 的用户最看重排行榜/网上火热程度，而最看重画风质量和漫画更新速度的分别占 8.7% 和 6.8%。特别是对于网络漫画作品来说，画风质量所占权重远低于纸质印刷出版物，即便是线条粗犷、画风较弱的《十万个冷笑话》、暴走漫画等作品仍旧能够风行网络。

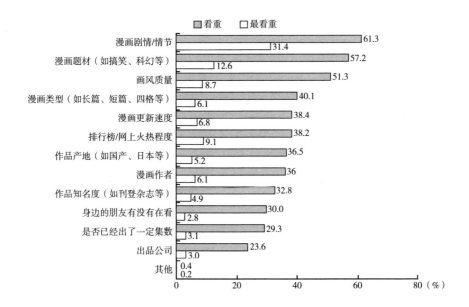

图 3－4　2016 年中国漫画用户对漫画作品的看重因素

资料来源：《2016 年中国漫画行业报告》，于 2016 年 1 月通过艾瑞 iClick 社区联机调研获得。

（二）网络漫画作品的主要属性

1.国产漫画作品占据主要份额

长期以来，国外漫画因其发展较早、根基深厚，在国内占据了近80%的市场份额。但进入21世纪以后，经过十多年的产业扶植和快速发展，我们已经形成了《偷星九月天》《十万个冷笑话》《中国惊奇先生》《王牌御史》《妖怪名单》等一批能与国外优秀漫画相抗衡的一线品牌、一大批漫画精品和二线品牌，以及众多有一定影响力的知名漫画产品。尽管《航海王》《火影忍者》《龙珠》《死神》《妖精的尾巴》等日本动漫作品在国内仍有较大影响，但国产漫画和国外漫画此起彼伏的竞争态势已经形成，国产漫画正努力在一线品牌领域抢夺更多市场份额。根据对国内外漫画产品网民关注度的分析，可以发现中国漫画产品与国外漫画产品相比有一条非常明显的长尾。这是由于国外漫画经过数十年的积累沉淀形成了大量优秀漫画品牌，但由二、三线品牌构成的尾部并不长；而国产漫画经过十多年的迅猛发展，呈现出一条长尾。

以囊括国内外漫画作品的腾讯动漫网站为例（见表3-3、表3-4、图3-5、图3-6），中国内地漫画作品在作品数量和章节数量上分别占93.68%和83.07%，在点击量和收藏数方面分别占75.03%和92.09%；而日本漫画作品在作品数量和章节数量上分别占2.15%和10.23%，在点击量和收藏数方面分别占23.12%和5.66%。这说明，国产漫画作品数量大、类型多、质量参差不齐、总体一般，而日本漫画作品数量少、篇幅长、质量高、头部精品力作较多。

表3-3　腾讯动漫全站漫画作品构成（按作品地域）

类型	作品数量（部）	章节数量（篇）	点击量（次）	收藏数（次）	评分（分）	评分人数（人）
中国内地	21063	213626	100987622372	89600568	5.09	1386720
日本	484	26306	31121546588	5506088	6.37	101445
韩国	389	11020	1523922268	1276992	7.50	41214

续表

类型	作品数量 （部）	章节数量 （篇）	点击量 （次）	收藏数 （次）	评分 （分）	评分人数 （人）
属性不详	374	3096	609093434	636504	5.22	8292
中国港台	174	3116	363101213	271580	6.48	7589
合计	22484	257164	134605285875	97291732	5.17	1545260

资料来源：根据腾讯动漫网站（http：//ac.qq.com/）数据整理，最后访问日期：2016 年 8 月 31 日。

表 3 - 4　腾讯动漫全站漫画作品构成（按作品地域比例）

单位：%

类　　型	作品数量	章节数量	点击量	收藏数	评分人数
中国内地	93.68	83.07	75.03	92.09	89.74
日　本	2.15	10.23	23.12	5.66	6.56
韩　国	1.73	4.29	1.13	1.31	2.67
属性不详	1.66	1.20	0.45	0.65	0.54
中国港台	0.77	1.21	0.27	0.28	0.49
合　计	100	100	100	100	100

资料来源：根据腾讯动漫网站（http：//ac.qq.com/）数据整理，最后访问日期：2016 年 8 月 31 日。

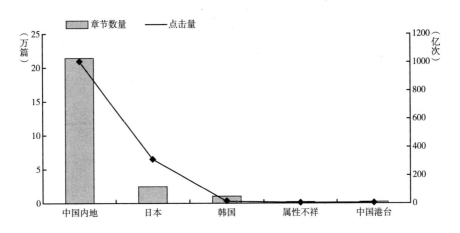

图 3 - 5　腾讯动漫全站漫画作品构成（按作品地域）

资料来源：根据腾讯动漫网站（http：//ac.qq.com/）数据整理，最后访问日期：2016 年 8 月 31 日。

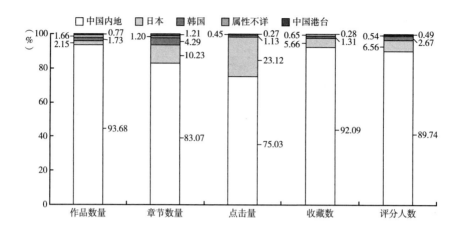

图 3 – 6　腾讯动漫全站漫画作品构成（按作品地域比例）

资料来源：根据腾讯动漫网站（http：//ac.qq.com/）数据整理，最后访问日期：2016 年 8 月 31 日。

2. 少年漫画作品具备超高人气

　　漫画作品按照接受对象可以分为少儿漫画、少年漫画、少女漫画、青年漫画、女性漫画、成人漫画等类别。少年漫画是以青少年为主要读者对象的漫画，内容一般以打斗、悬疑、冒险、科幻为主，剧情往往围绕一个或多个男性主角展开，大部分主角为远大的目标努力奋斗，经常以自我超越作为主题。由于题材内容的多元性，少年漫画的读者范围较广，很多少女，甚至成年人也是少年漫画的忠实读者。

　　以腾讯动漫网站为例（见表 3 – 5、表 3 – 6、图 3 – 7、图 3 – 8），少年漫画作品在作品数量和章节数量上分别占 15.96% 和 41.96%，在点击量和收藏数方面分别占 82.91% 和 79.24%；相较之下，青年漫画作品在作品数量和章节数量上分别占 21.11% 和 19.68%，在点击量和收藏数方面分别占 8.35% 和 4.92%。这说明，少年漫画作品数量少、篇幅长、创作成熟度高、质量高，而青年漫画作品数量多、人气偏低、读者满意度较低。

表 3 - 5　腾讯动漫全站漫画作品构成（按受众对象）

类型	作品数量 （部）	章节数量 （篇）	点击量 （次）	收藏数 （次）	评分 （分）	评分人数 （人）
属性不详	11198	68203	3031157770	4309373	4.63	75390
青年漫画	4746	50602	11234495100	4786041	4.78	237355
少年漫画	3589	107910	111607440209	77094507	7.17	1039192
少女漫画	2238	22009	8615734984	11048582	5.85	189536
少儿漫画	713	8440	116457812	53229	3.90	3787
合计	22484	257164	134605285875	97291732	5.17	1545260

资料来源：根据腾讯动漫网站（http://ac.qq.com/）数据整理，最后访问日期：2016年8月31日。

表 3 - 6　腾讯动漫全站漫画作品构成（按受众对象比例）

单位：%

类型	作品数量	章节数量	点击量	收藏数	评分人数
属性不详	49.80	26.52	2.25	4.43	4.88
青年漫画	21.11	19.68	8.35	4.92	15.36
少年漫画	15.96	41.96	82.91	79.24	67.25
少女漫画	9.95	8.56	6.40	11.36	12.27
少儿漫画	3.17	3.28	0.09	0.05	0.25
合计	100	100	100	100	100

资料来源：根据腾讯动漫网站（http://ac.qq.com/）数据整理，最后访问日期：2016年8月31日。

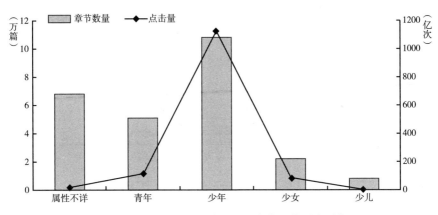

图 3 - 7　腾讯动漫全站漫画作品构成（按受众对象）

资料来源：根据腾讯动漫网站（http://ac.qq.com/）数据整理，最后访问日期：2016年8月31日。

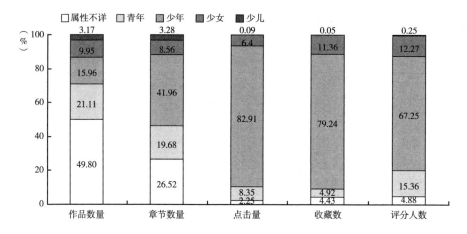

图 3 - 8 　腾讯动漫全站漫画作品构成（按受众对象比例）

资料来源：根据腾讯动漫网站（http：//ac. qq. com/）数据整理，最后访问日期：2016 年
8 月 31 日。

3. 用户付费漫画作品少而精

在传统漫画出版市场，纸质印刷出版物先天就是用户付费产品，出版社
以漫画产品的发行收入作为主要盈利手段。而网络漫画平台则普遍主打免费
策略，不少漫画平台甚至提供全免费的阅读服务。有妖气、腾讯动漫等大型
网络漫画平台，实行的是免费 + 收费增值服务的复合模式，而用户付费漫画
也是以精品漫画为主。

腾讯动漫网站（见表 3 - 7、表 3 - 8 和图 3 - 9、图 3 - 10）免费漫画作
品在作品数量和章节数量上分别占 96.10% 和 85.40% ，在点击量和收藏数方

表 3 - 7 　腾讯动漫全站漫画作品构成（按付费属性）

类型	作品数量 （部）	章节数量 （篇）	点击量 （次）	收藏数 （次）	评分 （分）	评分人数 （人）
免费漫画	21608	219609	97688384680	63215921	5. 12	1105064
付费漫画	514	34565	36308285721	33439787	7. 12	432158
属性不详	362	2990	608615474	636024	5. 14	8038
合计	22484	257164	134605285875	97291732	5. 17	1545260

资料来源：根据腾讯动漫网站（http：//ac. qq. com/）数据整理，最后访问日期：2016 年 8 月 31 日。

面分别占 72.57% 和 64.98%；相较之下，付费漫画作品在作品数量和章节数量上分别占 2.29% 和 13.44%，在点击量和收藏数方面分别占 26.97% 和 34.37%。这说明，付费漫画作品数量少、篇幅长、创作成熟度高、质量高，而免费漫画作品数量多、人气偏低、读者满意度较低。

表 3-8　腾讯动漫全站漫画作品构成（按付费属性比例）

单位：%

类型	作品数量	章节数量	点击量	收藏数	评分人数
免费漫画	96.10	85.40	72.57	64.98	71.51
付费漫画	2.29	13.44	26.97	34.37	27.97
属性不详	1.61	1.16	0.45	0.65	0.52
合计	100	100	100	100	100

资料来源：根据腾讯动漫网站（http：//ac.qq.com/）数据整理，最后访问日期：2016 年 8 月 31 日。

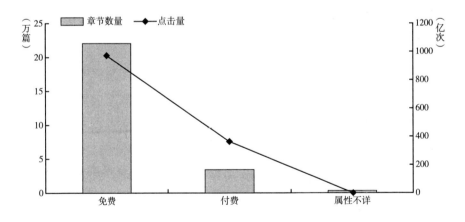

图 3-9　腾讯动漫全站漫画作品构成（按付费属性）

资料来源：根据腾讯动漫网站（http：//ac.qq.com/）数据整理，最后访问日期：2016 年 8 月 31 日。

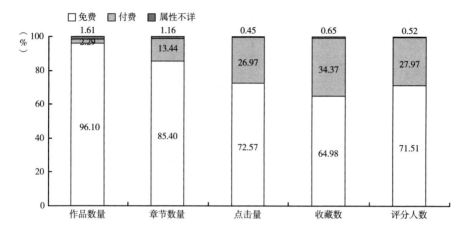

图 3 - 10 腾讯动漫全站漫画作品构成（按付费属性比例）

资料来源：根据腾讯动漫网站（http：//ac.qq.com/）数据整理，最后访问日期：2016 年8 月 31 日。

二 网络漫画作品的主要类型结构

（一）网络漫画作品的篇幅类型结构

根据构成篇幅的数量多少，漫画可以分为单幅漫画、多格漫画、连环漫画等。单幅漫画由单独一幅绘画作品组成，多格漫画由多格图画组成，常见的有三格、四格、六格等。漫画的出版形态包括报纸刊载、杂志刊载、图书（单行本或合订本）出版和网络出版等。

根据作品的篇幅，漫画可以划分为短篇漫画、中篇漫画和长篇漫画等。短篇漫画是指篇幅较短的漫画作品，在杂志上刊载的话，一般当期就会结束。中篇漫画是指篇幅较长的漫画作品，无法一次刊行完毕，需要连载几期，但一般无法达到出单行本的页数。长篇漫画是指长期推出的漫画作品，可以连载数年甚至数十年，能出版多册单行本图书。

1.有妖气漫画作品的篇幅类型结构

有妖气根据漫画属性和篇幅数量，把漫画作品分为故事漫画、绘本、四格多格漫画和图书四种类型。统计显示，故事漫画在作品数量、章节数量和图片数量上分别占 68.02%、49.56% 和 74.19%，在点击量上占 88.81%，其获得的月票也占到了总月票数量的 90.52%（见表 3－9、表 3－10、图 3－11）。

表 3－9　有妖气全站漫画作品构成（按类型）

类　型	作品数量（部）	总章节（篇）	图片数（张）	点击量（次）	总月票（张）	总收藏（次）	总推荐（次）	总吐槽（次）	总评论（次）	总感受（条）
故事漫画	18902	123921	1641373	38525416942	6129381	33721692	299629	26117668	4893583	8866501
绘　　本	4288	53320	298164	1981955165	238679	2290047	21495	1447324	339566	521166
四格多格	4580	72376	263660	2865429012	403172	4174677	32453	2980211	544956	1181584
图　　书	20	407	9305	8953510	177	9175	194	18334	1415	6171
合　　计	27790	250024	2212502	43381754629	6771409	40195591	353771	30563537	5779520	10575422

资料来源：根据有妖气网站（http://www.u17.com）数据整理，最后访问日期：2016 年 8 月 31 日。

表 3－10　有妖气全站漫画作品构成（按类型比例）

单位：%

类　型	作品数量	总章节	图片数	点击量	总月票	总收藏	总推荐	总吐槽	总评论	总感受
故事漫画	68.02	49.56	74.19	88.81	90.52	83.89	84.70	85.45	84.67	83.84
绘　　本	15.43	21.33	13.48	4.57	3.52	5.70	6.08	4.74	5.88	4.93
四格多格	16.48	28.95	11.92	6.61	5.95	10.39	9.17	9.75	9.43	11.17
图　　书	0.07	0.16	0.42	0.02	0.00	0.02	0.05	0.06	0.02	0.06

资料来源：根据有妖气网站（http://www.u17.com）综合整理，最后访问日期：2016 年 8 月 31 日。

2. 腾讯动漫漫画作品的篇幅类型结构

腾讯动漫根据漫画属性和篇幅数量，把漫画作品分为单幅漫画、四格漫画、故事漫画、绘本、连环画、条漫、轻小说、同人漫画等 8 种类型。统计显示（见表 3－11、表 3－12、图 3－12、图 3－13），故事漫画在作品数量、章节数量上分别占 49.48% 和 59.02%，在点击量上占 94.82%，其获得的收藏量也占到了总收藏数量的 94.25%。单幅漫画、四格漫画和绘本虽然作品

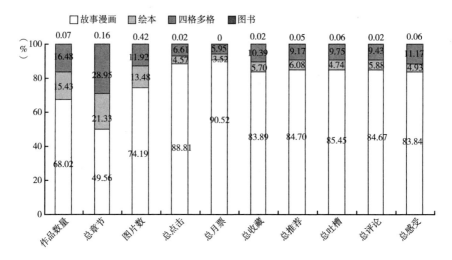

图 3－11　有妖气全站漫画作品构成（按类型）

资料来源：根据有妖气网站（http：//www.u17.com）数据整理，最后访问日期：2016年8月31日。

数量也较多，但在点击量方面所占比例并不高。相较之下，条漫虽然在作品数量、章节数量上分别占 0.48% 和 1.48%，但在点击量上占 2.15%，其获得的收藏量也占到了总收藏数量的 2.71%，而且总体平均分高达 7.86 分（十分制），居全类型之首。

表 3－11　腾讯动漫全站漫画作品构成（按作品类型）

类　　型	作品数量（部）	章节数量（篇）	点击量（次）	收藏数（次）	评分（分）	评分人数（人）
故事漫画	11124	151786	127627117783	91693243	6.07	1407277
单幅漫画	4354	15466	271877418	473179	3.51	16704
四格漫画	3566	59653	2731655545	1243001	4.98	73366
绘　　本	2408	12403	268974845	181374	3.86	15579
不详类型	394	7031	617574319	718672	5.32	8748
同人漫画	385	1904	96069192	178283	7.00	6226
连环画	113	1153	78426186	56683	4.52	3805
条　　漫	108	3816	2897132151	2636725	7.86	11924
轻小说	32	3952	16458436	110572	7.55	1631
合　　计	22484	257164	134605285875	97291732	5.17	1545260

资料来源：根据腾讯动漫网站（http：//ac.qq.com/）数据整理，最后访问日期：2016年8月31日。

表 3 − 12 腾讯动漫全站漫画作品构成（按作品类型比例）

单位：%

类 型	作品数量	章节数量	点击量	收藏数	评分人数
故事漫画	49.48	59.02	94.82	94.25	91.07
单幅漫画	19.36	6.01	0.20	0.49	1.08
四格漫画	15.86	23.20	2.03	1.28	4.75
绘 本	10.71	4.82	0.20	0.19	1.01
不详类型	1.75	2.73	0.46	0.74	0.57
同人漫画	1.71	0.74	0.07	0.18	0.40
连 环 画	0.50	0.45	0.06	0.06	0.25
条 漫	0.48	1.48	2.15	2.71	0.77
轻 小 说	0.14	1.54	0.01	0.11	0.11
合 计	100	100	100	100	100

资料来源：根据腾讯动漫网站（http：//ac. qq. com/）数据整理，最后访问日期：2016 年 8 月 31 日。

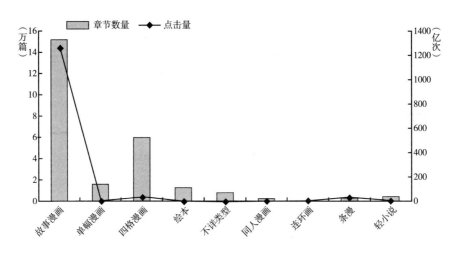

图 3 − 12 腾讯动漫全站漫画作品构成（按作品类型）

资料来源：根据腾讯动漫网站（http：//ac. qq. com/）数据整理，最后访问日期：2016 年 8 月 31 日。

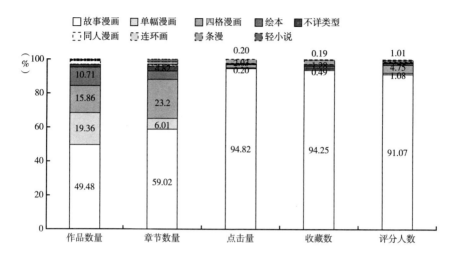

图 3 - 13　腾讯动漫全站漫画作品构成（按作品类型比例）

资料来源：根据腾讯动漫网站（http：//ac. qq. com/）数据整理，最后访问日期：2016
年 8 月 31 日。

（二）网络漫画作品的题材类型结构

根据作品表达的内容，漫画可以分为冒险漫画、科幻漫画、奇幻漫画、
恐怖漫画、历史漫画、武侠漫画、推理漫画、灾难漫画、校园漫画、运动漫
画、博弈漫画等（见表 3 - 13）。需要说明的是，由于各国法律体系和监管
政策不同，美国和日本漫画中还有一部分其他题材的漫画，如色情漫画、
BL 漫画、GL 漫画、萝莉漫画、正太漫画等。

表 3 - 13　国际上较为通行的漫画作品题材分类

类别	主要内容
冒险漫画	讲述惊险刺激的传奇故事的漫画
科幻漫画	以科幻故事为题材的漫画
奇幻漫画	以与现实完全不同的世界为舞台的漫画
恐怖漫画	以恐怖、惊吓、鬼怪为题材的漫画
历史漫画	以历史为背景进行发挥创作的漫画，其中大部分以架空历史为主
武侠漫画	以武侠为题材的漫画

类别	主要内容
推理漫画	以推理为故事主题,此类漫画多为通力合作,由推理故事的原作者及漫画人物的绘画者合力完成
灾难漫画	以灾难事件为题材的漫画
校园漫画	以校园为舞台、学生为中心人物的漫画
运动漫画	以运动为题材的漫画,如棒球漫画、篮球漫画、足球漫画等
博弈漫画	以棋类、牌戏、魔术为主题的漫画,其内容可能以竞赛或赌博为主
烹饪漫画	以烹饪为主题,在日本称为"料理漫画"
恋爱漫画	以恋爱为主题的漫画
色情漫画	以性爱为主题的漫画,多数以引起读者性兴奋为目的
正常向漫画	以青春期或成年角色的异性恋为主
BL 漫画	又称耽美,主要面向女性读者群体(也有一部分男生)创作其幻想中的男同性恋的漫画作品,最初出现在日本,后来席卷华人地区(包含中国大陆与台湾)
GL 漫画	又称百合,以女同性恋为内容的漫画作品
萝莉漫画	主角多半是未达青春期女性孩童的漫画作品
正太漫画	主角多半是未达青春期男性孩童的漫画作品

资料来源:维基百科 (https://zh. wikipedia. org/wiki/)。

1. 有妖气漫画作品的题材类型结构

有妖气把漫画作品划分为少年、少女、生活、魔幻、搞笑、动作、同人、耽美、恋爱、科幻、恐怖、战争、推理、体育等14种题材类型(见表3-14)。从数量上来看,少年、少女和生活题材漫画作品最多,少年题材在数量上占了一半以上;从点击量来看,少年、魔幻和少女题材漫画作品所占比例较大;从月票打赏数量来看,少年、魔幻和动作题材漫画作品居多(见表3-15和图3-14)。

表 3-14　有妖气全站漫画作品构成 (按题材类别)

类型	作品数量(部)	总章节(篇)	图片数(张)	点击量(次)	总月票(张)	总收藏(次)	总推荐(次)	总吐槽(次)	总评论(次)	总感受(条)
少年	15647	150934	1402951	31392007719	4842938	18021648	183249	20613778	3172576	6322929
少女	12153	99182	809924	11991398782	1928673	22174594	170536	9950634	2607224	4254043
生活	11966	119752	857796	9994975032	1826218	11575023	92207	8065609	1827981	2552352
魔幻	7595	61107	769504	16408469028	2766933	15542187	132184	10005789	2121722	3645902

续表

类型	作品数量（部）	总章节（篇）	图片数（张）	点击量（次）	总月票（张）	总收藏（次）	总推荐（次）	总吐槽（次）	总评论（次）	总感受（条）
搞笑	6161	87920	531272	10487099117	1472664	8071009	72599	8407565	1325382	3204133
动作	4248	34043	477849	11560501154	2112274	7560698	68428	7008964	1151380	2169931
同人	3809	24328	192961	2894385110	171211	3109108	42192	3249412	438459	1310068
耽美	3489	27318	226447	5783880157	921743	10770819	87033	5748775	1198419	2010041
恋爱	2787	20440	227451	3064425724	544708	7412404	38900	2470061	799162	994665
科幻	1167	9951	145316	6087464963	1340875	2696483	23976	2534205	484843	736041
恐怖	988	8488	109188	7039117074	914642	3184018	24857	4162107	611898	919897
战争	604	5134	69340	3096377567	500996	1776266	22744	1624221	262001	637576
推理	341	4441	49413	2929125896	584019	1398320	11338	1039298	235315	262777
体育	204	1802	28686	292476780	120230	191981	1527	126459	61309	31926

资料来源：根据有妖气网站（http://www.u17.com）数据整理，最后访问日期：2016 年 8 月 31 日。

表 3 - 15　有妖气全站漫画作品构成（按题材类别比例）

单位：%

类型	作品数量	总章节	图片数	点击量	总月票	总收藏	总推荐	总吐槽	总评论	总感受
少年	56.30	60.37	63.41	72.36	71.52	44.83	51.80	67.45	54.89	59.79
少女	43.73	39.67	36.61	27.64	28.48	55.17	48.21	32.56	45.11	40.23
生活	43.06	47.90	38.77	23.04	26.97	28.80	26.06	26.39	31.63	24.13
魔幻	27.33	24.44	34.78	37.82	40.86	38.67	37.36	32.74	36.71	34.48
搞笑	22.17	35.16	24.01	24.17	21.75	20.08	20.52	27.51	22.93	30.30
动作	15.29	13.62	21.60	26.65	31.19	18.81	19.34	22.93	19.92	20.52
同人	13.71	9.73	8.72	6.67	2.53	7.73	11.93	10.63	7.59	12.39
耽美	12.55	10.93	10.23	13.33	13.61	26.80	24.60	18.81	20.74	19.01
恋爱	10.03	8.18	10.28	7.06	8.04	18.44	11.00	8.08	13.83	9.41
科幻	4.20	3.98	6.57	14.03	19.80	6.71	6.78	8.29	8.39	6.96
恐怖	3.56	3.39	4.94	16.23	13.51	7.92	7.03	13.62	10.59	8.70
战争	2.17	2.05	3.13	7.14	7.40	4.42	6.43	5.31	4.53	6.03
推理	1.23	1.78	2.23	6.75	8.62	3.48	3.20	3.40	4.07	2.48
体育	0.73	0.72	1.30	0.67	1.78	0.48	0.43	0.41	1.06	0.30

资料来源：根据有妖气网站（http://www.u17.com）数据整理，最后访问日期：2016 年 8 月 31 日。

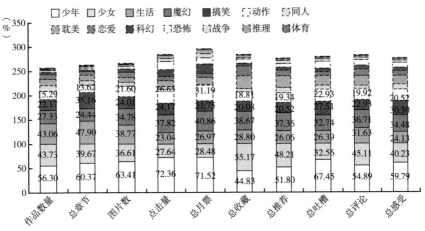

图 3-14 有妖气全站漫画作品构成（按题材类别比例）

资料来源：根据有妖气网站（http://www.u17.com）数据整理，最后访问日期：2016 年 8 月 31 日。

2. 腾讯动漫漫画作品的题材类型结构

腾讯动漫把漫画作品划分为搞笑、热血、冒险、恐怖、科幻、魔幻、玄幻、校园、悬疑、推理、萌系、穿越、后宫、都市、恋爱、武侠、格斗、战争、历史、耽美、同人、竞技、励志、百合、治愈、机甲、纯爱、美食、血腥、僵尸、恶搞、虐心、生活、动作、惊险、唯美、震撼、复仇、侦探、其他等 40 种类型（见表 3-16）。从数量上来看，搞笑、其他和生活题材漫画在作品数量上最多，搞笑、生活和冒险题材漫画在章节数量上最多；从人气点击量来看，搞笑、冒险和热血题材漫画作品所占比例较大；从收藏数量来看，搞笑、玄幻和热血题材漫画作品居多；从各类作品平均分来看，百合、耽美和血腥等小众题材漫画作品偏高（见表 3-17、图 3-15、图 3-16）。

表 3-16 腾讯动漫全站漫画作品构成（按题材类别）

类型	作品数量（部）	章节数量（篇）	点击量（次）	收藏数（次）	评分（分）	评分人数（人）
搞笑	8812	124618	56872011588	35599033	4.99	669764
其他	5719	31161	2760986846	1142809	4.52	71550
生活	4641	66631	4024013872	3467682	5.56	103058
纯爱	2322	18998	2846601396	3505712	5.80	87633

续表

类型	作品数量 （部）	章节数量 （篇）	点击量 （次）	收藏数 （次）	评分 （分）	评分人数 （人）
魔幻	1904	27897	15398833645	13463570	7.20	183549
冒险	1590	38759	53116134856	26201362	6.85	391366
动作	1459	19739	25774769338	10144773	6.80	180297
热血	1240	34742	50948046796	27962860	6.93	351503
治愈	1220	10459	1089950616	1196204	3.52	22262
恋爱	968	20276	20448909850	18496337	7.01	277481
萌系	963	15542	6803704890	5071392	4.53	112801
校园	892	22721	13293779233	12485150	6.89	148810
玄幻	871	30126	42775166151	35154858	7.69	539440
恐怖	735	11443	16458789129	11416099	7.73	179225
科幻	625	10282	8371909354	6363471	7.13	91380
励志	522	8255	1523981018	2405501	4.41	23218
都市	473	12565	12447986335	12792293	5.99	167710
悬疑	414	10339	7023488558	7588542	7.44	64294
战争	407	4367	1272817840	1229688	6.53	23144
历史	400	5929	658889422	862207	6.08	11737
唯美	391	3689	1468418479	2536228	4.68	45840
耽美	388	3199	1738977615	2099897	8.01	36782
推理	380	11394	8376302314	7083128	7.52	98043
恶搞	289	6200	1270414267	868835	6.04	17441
格斗	283	6468	6394526193	4489002	6.64	50542
武侠	174	3653	1304603457	1354473	6.51	16611
同人	174	1245	68646609	128503	6.95	1914
穿越	165	4800	6190165316	6168877	7.68	76863
惊险	158	8924	12619092447	9172739	7.34	138552
虐心	126	1704	1616715396	1521065	7.00	14573
竞技	116	4722	1568053538	2261945	5.60	29381
后宫	85	3394	12894256417	8724821	7.43	159545
血腥	73	609	484751745	381396	7.78	2571
僵尸	71	1695	1916717456	1327316	7.60	22058
复仇	65	1228	1042821406	1237295	7.54	15096
美食	58	2178	3208806932	1348741	7.43	23535
震撼	57	1360	621163742	689383	6.80	7938
百合	49	411	174135671	255866	8.16	2698
侦探	46	1656	603347792	739109	6.41	11362
机甲	46	605	194427900	405133	6.93	3963
合计	22484	257164	134605285875	97291732	5.17	1545260

资料来源：根据腾讯动漫网站（http：//ac.qq.com/）数据整理，最后访问日期：2016 年 8 月 31 日。

表 3 - 17 腾讯动漫全站漫画作品构成（按题材类别比例）

单位：%

类型	作品数量	章节数量	点击量	收藏数	评分人数
搞笑	39.19	48.46	42.25	36.59	43.34
其他	25.44	12.12	2.05	1.17	4.63
生活	20.64	25.91	2.99	3.56	6.67
纯爱	10.33	7.39	2.11	3.60	5.67
魔幻	8.47	10.85	11.44	13.84	11.88
冒险	7.07	15.07	39.46	26.93	25.33
动作	6.49	7.68	19.15	10.43	11.67
热血	5.52	13.51	37.85	28.74	22.75
治愈	5.43	4.07	0.81	1.23	1.44
恋爱	4.31	7.88	15.19	19.01	17.96
萌系	4.28	6.04	5.05	5.21	7.30
校园	3.97	8.84	9.88	12.83	9.63
玄幻	3.87	11.71	31.78	36.13	34.91
恐怖	3.27	4.45	12.23	11.73	11.60
科幻	2.78	4.00	6.22	6.54	5.91
励志	2.32	3.21	1.13	2.47	1.50
都市	2.10	4.89	9.25	13.15	10.85
悬疑	1.84	4.02	5.22	7.80	4.16
战争	1.81	1.70	0.95	1.26	1.50
历史	1.78	2.31	0.49	0.89	0.76
唯美	1.74	1.43	1.09	2.61	2.97
耽美	1.73	1.24	1.29	2.16	2.38
推理	1.69	4.43	6.22	7.28	6.34
恶搞	1.29	2.41	0.94	0.89	1.13
格斗	1.26	2.52	4.75	4.61	3.27
武侠	0.77	1.42	0.97	1.39	1.07
同人	0.77	0.48	0.05	0.13	0.12
穿越	0.73	1.87	4.60	6.34	4.97
惊险	0.70	3.47	9.37	9.43	8.97
虐心	0.56	0.66	1.20	1.56	0.94
竞技	0.52	1.84	1.16	2.32	1.90
后宫	0.38	1.32	9.58	8.97	10.32
血腥	0.32	0.24	0.36	0.39	0.17

续表

类型	作品数量	章节数量	点击量	收藏数	评分人数
僵尸	0.32	0.66	1.42	1.36	1.43
复仇	0.29	0.48	0.77	1.27	0.98
美食	0.26	0.85	2.38	1.39	1.52
震撼	0.25	0.53	0.46	0.71	0.51
百合	0.22	0.16	0.13	0.26	0.17
侦探	0.20	0.64	0.45	0.76	0.74
机甲	0.20	0.24	0.14	0.42	0.26
合计	100	100	100	100	100

资料来源：根据腾讯动漫网站（http：//ac.qq.com/）数据整理，最后访问日期：2016 年 8 月 31 日。

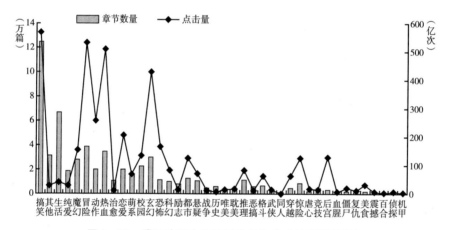

图 3 - 15　腾讯动漫全站漫画作品构成（按题材类别）

资料来源：根据腾讯动漫网站（http：//ac.qq.com/）数据整理，最后访问日期：2016 年 8 月 31 日。

（三）网络漫画作品的授权类型结构

著作权是指创作者对于其在文学、艺术和科学领域内具有独创性并能以某种有形形式复制的智力成果所享有的权利，包括著作人身权和著作财产权。著作人身权是指作者通过创作表现个人风格的作品而依法享有获得名誉、声望和维护作品完整性的权利，包括发表权、署名权、修改权和保护作

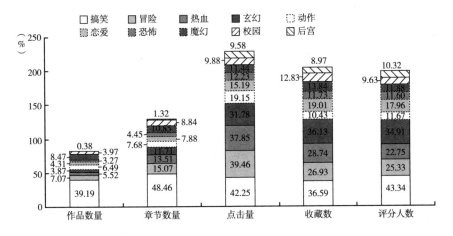

图 3-16 腾讯动漫全站漫画作品构成（按主要题材类别比例）

资料来源：根据腾讯动漫网站（http://ac.qq.com/）数据整理，最后访问日期：2016年8月31日。

品完整权。著作财产权是作者对其作品的自行使用和被他人使用而享有的以物质利益为内容的权利，具体包括复制权、发行权、出租权、展览权、表演权、放映权、广播权、信息网络传播权、摄制权、改编权、翻译权、汇编权、追续权以及应当由著作权人享有的其他权利。网络漫画平台可以通过创作者上传作品取得一般性发布权，与创作者签署授权协议获得相应的授权，或者通过协议受让取得著作权。

1. 有妖气漫画作品的授权类型结构

有妖气主要通过以下三种方式取得作品的著作权：①通过签署授权协议获得相应的授权，又可细分为签约作品、独家作品和合作作品3种类型；②少量著作权通过协议受让取得；③通过用户上传作品进行一般性发布取得。统计显示，有妖气漫画作品主要包括首发作品、独家刊载作品、授权刊载作品、合作作品、VIP作品、订阅作品、签约作品、小苗计划作品、商务作品等9种类型（见表3-18）。

从数量上来看，首发作品最多，在作品数量上占了一半以上，而章节数量和图片数量约占总体的30%。从人气点击量和月票打赏数量来看，独家刊载作品、VIP作品、签约作品所占比例较高（见表3-19、图3-17）。

表 3 - 18　有妖气全站漫画作品构成（按作品属性）

类型	作品数量（部）	总章节（篇）	图片数（张）	点击量（次）	总月票（张）
有妖气首发	14715	77735	643380	2882415719	288048
有妖气独家刊载作品	4044	69719	707817	32944322143	5491581
有妖气授权刊载作品	2799	36380	286653	3143054316	531113
有妖气合作作品	552	18621	237736	2895255477	331566
有妖气 VIP 作品	359	22575	239915	24251097216	4270535
有妖气订阅作品	270	13169	183410	3500558103	473342
有妖气签约作品	124	7909	129468	22288886700	3582734
有妖气小苗计划作品	1	18	244	527237	286
有妖气商务作品	1	40	382	4408000	165

类型	总收藏（次）	总推荐（次）	总吐槽（次）	总评论（次）	总感受（条）
有妖气首发	5136500	50110	3105147	802601	1553274
有妖气独家刊载作品	22773832	204412	21163868	3565984	6301750
有妖气授权刊载作品	4817907	48650	3369042	742212	1496195
有妖气合作作品	4122291	25488	1405021	297101	576501
有妖气 VIP 作品	13112616	111786	14437348	2132339	3746562
有妖气订阅作品	2684860	17099	1197295	295058	396437
有妖气签约作品	9518061	99956	12835943	1682136	3536060
有妖气小苗计划作品	1063	9	404	293	35
有妖气商务作品	3812	14	753	240	67

资料来源：根据有妖气网站（http：//www.u17.com）数据整理，最后访问日期：2016 年 8 月 31 日。

表 3 - 19　有妖气全站漫画作品构成（按作品属性比例）

单位：%

类型	作品数量	总章节	图片数	点击量	总月票
有妖气首发	52.95	31.09	29.08	6.64	4.25
有妖气独家刊载作品	14.55	27.88	31.99	75.94	81.10
有妖气授权刊载作品	10.07	14.55	12.96	7.25	7.84
有妖气合作作品	1.99	7.45	10.75	6.67	4.90
有妖气 VIP 作品	1.29	9.03	10.84	55.90	63.07
有妖气订阅作品	0.97	5.27	8.29	8.07	6.99
有妖气签约作品	0.45	3.16	5.85	51.38	52.91
有妖气小苗计划作品	0.00	0.01	0.01	0.00	0.00
有妖气商务作品	0.00	0.02	0.02	0.01	0.00

资料来源：根据有妖气网站（http：//www.u17.com）数据整理，最后访问日期：2016 年 8 月 31 日。

续表

类型	总收藏	总推荐	总吐槽	总评论	总感受
有妖气首发	12.78	14.16	10.16	13.89	14.69
有妖气独家刊载作品	56.66	57.78	69.25	61.70	59.59
有妖气授权刊载作品	11.99	13.75	11.02	12.84	14.15
有妖气合作作品	10.26	7.20	4.60	5.14	5.45
有妖气 VIP 作品	32.62	31.60	47.24	36.89	35.43
有妖气订阅作品	6.68	4.83	3.92	5.11	3.75
有妖气签约作品	23.68	28.25	42.00	29.11	33.44
有妖气小苗计划作品	0.00	0.00	0.00	0.01	0.00
有妖气商务作品	0.01	0.00	0.00	0.00	0.00

资料来源：根据有妖气网站（http：//www.u17.com）数据整理，最后访问日期：2016 年 8 月 31 日。

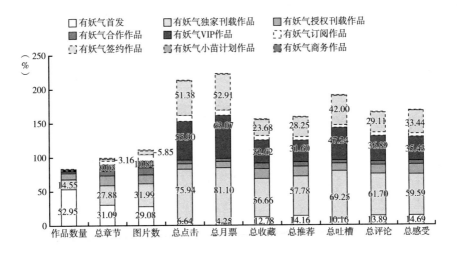

图 3 – 17 有妖气全站漫画作品构成（按作品属性比例）

资料来源：根据有妖气网站（http：//www.u17.com）数据整理，最后访问日期：2016 年 8 月 31 日。

根据作品标识的授权状态，漫画又分为授权刊载、签约和独家 3 种类型（见表 3 – 20），合计在作品数量上约占总体的 25%，在章节数量和图片数量上约占 45%，但在人气点击量和月票打赏数量方面占 80% 以上（见表3 – 21、图 3 – 18）。

表 3 – 20　有妖气全站漫画作品构成（按授权状态）

类型	作品数量（部）	总章节（篇）	图片数（张）	点击量（次）	总月票（张）	总收藏（次）	总推荐（次）	总吐槽（次）	总评论（次）	总感受（条）
无	20942	143867	1217147	7289306515	746596	12584400	100598	6026377	1469055	2775721
独家	3925	61868	579234	10660507098	1910966	13275223	104567	8332175	1886117	2767446
签约	124	7909	129468	22288886700	3582734	9518061	99956	12835943	1682136	3536060
授权刊载	2799	36380	286653	3143054316	531113	4817907	48650	3369042	742212	1496195

资料来源：根据有妖气网站（http：//www.u17.com）数据整理，最后访问日期：2016 年 8 月 31 日。

表 3 – 21　有妖气全站漫画作品构成（按授权状态比例）

单位：%

类型	作品数量	总章节	图片数	点击量	总月票	总收藏	总推荐	总吐槽	总评论	总感受
无	75.36	57.54	55.01	16.80	11.03	31.31	28.44	19.72	25.42	26.25
独家	14.12	24.74	26.18	24.57	28.22	33.03	29.56	27.26	32.63	26.17
签约	0.45	3.16	5.85	51.38	52.91	23.68	28.25	42.00	29.11	33.44
授权刊载	10.07	14.55	12.96	7.25	7.84	11.99	13.75	11.02	12.84	14.15

资料来源：根据有妖气网站（http：//www.u17.com）数据整理，最后访问日期：2016 年 8 月 31 日。

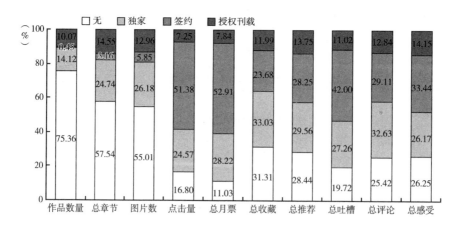

图 3 – 18　有妖气全站漫画作品构成（按授权状态比例）

资料来源：根据有妖气网站（http：//www.u17.com）数据整理，最后访问日期：2016 年 8 月 31 日。

2.腾讯动漫漫画作品的授权类型结构

腾讯动漫将漫画作品分为无授权、签约、独家、热门、精品5个类别（见表3-22）。统计显示，精品漫画在作品数量、章节数量上分别占总体的6.18%和35.74%，在点击量上占92.00%，其获得的收藏量也占到了总收藏数量的87.59%。同时，签约作品在作品数量、章节数量上分别占总体的2.05%和15.20%，在点击量上占56.81%，其获得的收藏量也占到了总收藏数量的66.26%，平均分达到了惊人的9.06分。这些漫画属于典型的头部热门作品，彰显了爆款产品的强大影响力（见表3-23、图3-19、图3-20）。

表3-22　腾讯动漫全站漫画作品构成（按授权状态）

类型	作品数量（部）	章节数量（篇）	点击量（次）	收藏数（次）	评分（分）	评分人数（人）
无授权	10294	68139	4875191930	5945983	4.52	96649
独家	7755	104575	84451988274	69698831	5.35	1055876
热门	5342	72345	11553880434	9315787	6.19	196983
精品	1390	91913	123830841707	85221833	8.05	1268151
签约	461	39088	76475495000	64462581	9.06	879837
合计	22484	257164	134605285875	97291732	5.17	1545260

资料来源：根据腾讯动漫网站（http：//ac.qq.com/）数据整理，最后访问日期：2016年8月31日。

表3-23　腾讯动漫全站漫画作品构成（按授权状态比例）

单位：%

类型	作品数量	章节数量	点击量	收藏数	评分人数
无授权	45.78	26.50	3.62	6.11	6.25
独家	34.49	40.66	62.74	71.64	68.33
热门	23.76	28.13	8.58	9.58	12.75
精品	6.18	35.74	92.00	87.59	82.07
签约	2.05	15.20	56.81	66.26	56.94
合计	100	100	100	100	100

资料来源：根据腾讯动漫网站（http：//ac.qq.com/）数据整理，最后访问日期：2016年8月31日。

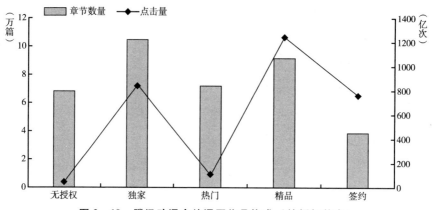

图 3 - 19　腾讯动漫全站漫画作品构成（按授权状态）

资料来源：根据腾讯动漫网站（http：//ac. qq. com/）数据整理，最后访问日期：2016
年 8 月 31 日。

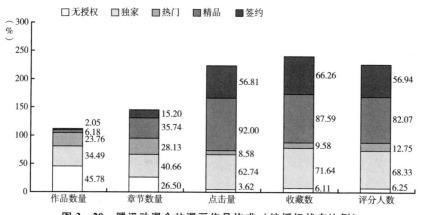

图 3 - 20　腾讯动漫全站漫画作品构成（按授权状态比例）

资料来源：根据腾讯动漫网站（http：//ac. qq. com/）数据整理，最后访问日期：
2016 年 8 月 31 日。

三　网络漫画作品的更新

（一）网络漫画作品的更新类型结构

1. 有妖气漫画作品的更新类型结构

相对于一次性刊载的单幅漫画作品，中长篇漫画作品往往需要多次连载

才能发布完毕。按照作品的连载进度划分，漫画作品包括连载中和已完结两
类（见表3-24）。关于有妖气网站漫画作品连载进度的统计显示，连载中
的作品数量较多，作品数量、章节数量和图片数量分别占总体的72.68％、
84.60％和80.82％，而在点击量上占78.01％，在月票打赏数量上占
86.66％。相反，已完结作品的作品数量、章节数量和图片数量分别占总体
的27.32％、15.40％和19.18％，在人气点击量和月票打赏数量上分别占
21.99％和13.34％（见表3-25和图3-21）。

表3-24　有妖气全站漫画作品构成（按连载进度）

类型	作品数量（部）	总章节（篇）	图片数（张）	点击量（次）	总月票（张）
连载中	20197	211523	1788116	33840573424	5868356
已完结	7593	38501	424386	9541181205	903053
类型	总收藏（次）	总推荐（次）	总吐槽（次）	总评论（次）	总感受（条）
连载中	34521049	244987	23225431	4615260	7211716
已完结	5674542	108784	7338106	1164260	3363706

资料来源：根据有妖气网站（http://www.u17.com）数据整理，最后访问日期：2016年8月
31日。

表3-25　有妖气全站漫画作品构成（按连载进度比例）

单位：％

类型	作品数量	总章节	图片数	点击量	总月票	总收藏	总推荐	总吐槽	总评论	总感受
连载中	72.68	84.60	80.82	78.01	86.66	85.88	69.25	75.99	79.86	68.19
已完结	27.32	15.40	19.18	21.99	13.34	14.12	30.75	24.01	20.14	31.81

资料来源：根据有妖气网站（http://www.u17.com）数据整理，最后访问日期：2016年8月
31日。

进一步分析发现，周更作品数量较少，人气度和好评度却很高（见表
3-26）。统计显示（见表3-27、图3-22），周更作品在作品数量、章节
数量和图片数量上分别占总体的1.04％、7.16％和8.20％，在点击量和月
票打赏数量上分别占16.81％和20.91％。虽然周更作品对于创作质量和连
载进度的要求较高，但也能获得更高的人气度和好评度。

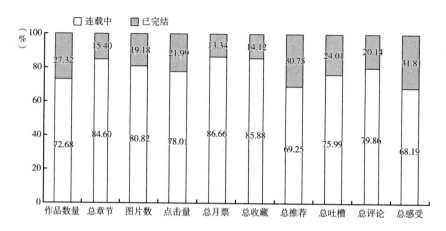

图 3 – 21　有妖气全站漫画作品构成（按连载进度比例）

资料来源：根据有妖气网站（http：//www.u17.com）数据整理，最后访问日期：2016 年 8 月 31 日。

表 3 – 26　有妖气全站漫画作品构成（按周更与否）

类型	作品数量（部）	总章节（篇）	图片数（张）	点击量（次）	总月票（张）
否	27500	232119	2031161	36090089419	5355419
是	290	17905	181341	7291665210	1415990

类型	总收藏（次）	总推荐（次）	总吐槽（次）	总评论（次）	总感受（条）
否	33224526	324148	26435877	5076906	9748987
是	6971065	29623	4127660	702614	826435

资料来源：根据有妖气网站（http：//www.u17.com）数据整理，最后访问日期：2016 年 8 月 31 日。

表 3 – 27　有妖气全站漫画作品构成（按周更与否比例）

单位：%

类型	作品数量	总章节	图片数	点击量	总月票	总收藏	总推荐	总吐槽	总评论	总感受
否	98.96	92.84	91.80	83.19	79.09	82.66	91.63	86.49	87.84	92.19
是	1.04	7.16	8.20	16.81	20.91	17.34	8.37	13.51	12.16	7.81

资料来源：根据有妖气网站（http：//www.u17.com）数据整理，最后访问日期：2016 年 8 月 31 日。

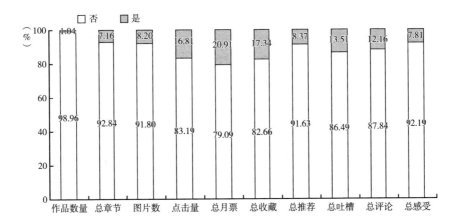

图 3-22 有妖气全站漫画作品构成（按周更与否比例）

资料来源：根据有妖气网站（http：//www.u17.com）数据整理，最后访问日期：2016 年 8 月 31 日。

2.腾讯动漫漫画作品的更新类型结构

关于腾讯动漫网站漫画作品连载进度的统计显示，连载中的作品数量较多，在作品数量和章节数量上分别占总体的 68.71% 和 76.45%，在点击量和收藏数量上分别占 89.89% 和 89.61%；已完结的作品数量在作品数量和章节数量上分别占总体的 31.29% 和 23.55%，在点击量和收藏数量上分别占 10.11% 和 10.39%；而且，连载中作品总体 5.37 的平均分也高于已完结作品的 4.73 分（见表 3-28、表 3-29、图 3-23、图 3-24）。长期连载的漫画作品能够持续获得更高的人气度和好评度。

表 3-28 腾讯动漫全站漫画作品构成（按连载进度）

类型	作品数量（部）	章节数量（篇）	点击量（次）	收藏数（次）	评分（分）	评分人数（人）
连载中	15448	196610	120997235673	87185573	5.37	1286604
已完结	7036	60554	13608050202	10106159	4.73	258656
合 计	22484	257164	134605285875	97291732	5.17	1545260

资料来源：根据腾讯动漫网站（http：//ac.qq.com/）数据整理，最后访问日期：2016 年 8 月 31 日。

表 3-29　腾讯动漫全站漫画作品构成（按连载进度比例）

单位：%

类型	作品数量	章节数量	点击量	收藏数	评分人数
连载中	68.71	76.45	89.89	89.61	83.26
已完结	31.29	23.55	10.11	10.39	16.74
合计	100	100	100	100	100

资料来源：根据腾讯动漫网站（http：//ac.qq.com/）数据整理，最后访问日期：2016 年 8 月 31 日。

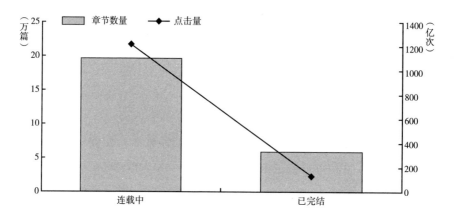

图 3-23　腾讯动漫全站漫画作品构成（按连载进度）

资料来源：根据腾讯动漫网站（http：//ac.qq.com/）数据整理，最后访问日期：2016 年 8 月 31 日。

（二）网络漫画作品的更新频率

为掌握网络漫画作品首发状况，课题组以有妖气网站为例，研究了其 2010~2016 年的作品首发情况。

1. 有妖气漫画作品的年度更新数量

根据 2016 年 7 月 28 日对 2010~2015 年全年及 2016 年 1 月 31 日至 6 月 30 日半年数据的访问统计，7.5 年共发布漫画作品 31001 部，平均每年 4769 部。为更好地进行逐年对比，课题组于 2017 年 1 月 3 日对 2010~2016

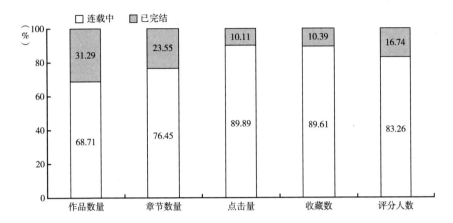

图 3 - 24 腾讯动漫全站漫画作品构成（按连载进度比例）

资料来源：根据腾讯动漫网站（http：//ac. qq. com/）数据整理，最后访问日期：2016 年 8 月 31 日。

年全年数据重新进行最后访问，统计显示 7 年来发布漫画作品 33641 部，平均每年 4806 部（见表 3 - 30）。对比发现，在 2016 年下半年有 171 部在 2010 ~ 2015 年首发的作品被删除。

表 3 - 30 2010 ~ 2016 年有妖气新增作品数量

年份	2016 年 7 月 28 日监测		2017 年 1 月 3 日监测		数量差异
	作品数量（部）	所占比例（%）	作品数量（部）	所占比例（%）	
2010	2881	9. 29	2872	9. 26	- 9
2011	4916	15. 86	4902	15. 81	- 14
2012	5286	17. 05	5270	17. 00	- 16
2013	4993	16. 11	4969	16. 03	- 24
2014	5051	16. 29	5017	16. 18	- 34
2015	5367	17. 31	5293	17. 07	- 74
2016	2507	8. 09	5318	17. 15	2811
合计	31001	100. 00	33641	108. 52	2640

资料来源：根据有妖气网站（http：//comic. u17. com/update/t3. html）数据整理，2016 年 7 月 28 日最后访问范围为 2010 ~ 2015 年全年及 2016 年 1 月 31 日至 6 月 30 日半年数据，2017 年 1 月 3 日最后访问范围为 2010 ~ 2016 年全年数据。

统计显示，有妖气网站在上线第二年（2010 年）发布新创作品 2872 部，2011 年增长到 4902 部，增长率高达 70.68%，随后的几年里每年发表作品 5000 部左右，2016 年发表作品 5318 部（见图 3 - 25）。

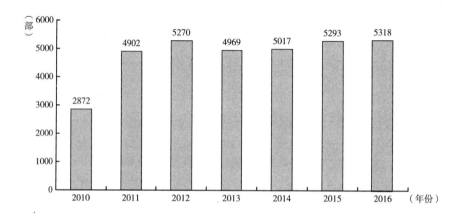

图 3 - 25　2010 ~ 2016 年有妖气发表作品数量

资料来源：根据有妖气网站（http://comic.u17.com/update/t3.html）数据整理，最后访问日期：2017 年 1 月 3 日。

2. 有妖气漫画作品的月份更新数量

对有妖气网站 2010 ~ 2016 年全部发表作品的统计显示，发表作品最多的是 8 月，有 3733 部，占总体的 11.10%；其次是 7 月，有 3392 部，占总体的 10.08%；9 月以 2908 部居第 3 位，占总体的 8.64%（见图 3 - 26、图 3 - 27）。可见，7 ~ 8 月的暑期是发表作品的关键时期。

3. 有妖气漫画作品的季度更新数量

对有妖气网站 2010 ~ 2016 年全部发表作品的统计显示，发表作品最多的是第三季度，有 10033 部，占总体的 29.82%；其次是第二季度，有 8141 部，占总体的 24.20%；第四季度以发表作品 7797 部居第 3 位，占总体的 23.18%（见图 3 - 28、图 3 - 29）。可见，第三季度的暑期是发表作品数量的关键时期，第一季度和第四季度发表作品数量相对较少。

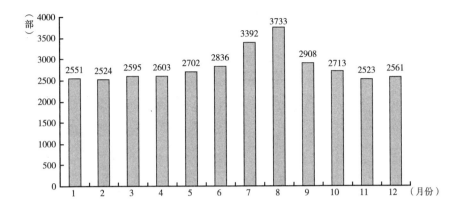

图 3 - 26　2010～2016 年有妖气发表作品数量（月份分布）

资料来源：根据有妖气网站（http：//comic. u17. com/update/t3. html）数据整理，最后访问日期：2017 年 1 月 3 日。

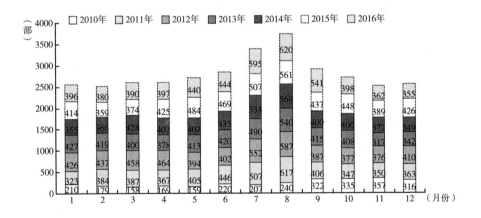

图 3 - 27　2010～2016 年有妖气发表作品数量（年份和月份分布）

资料来源：根据有妖气网站（http：//comic. u17. com/update/t3. html）数据整理，最后访问日期：2017 年 1 月 3 日。

4. 有妖气漫画作品的日期更新数量

对有妖气网站 2010～2016 年全部发表作品的统计显示，发表作品最多的日期是 1 日，有 1335 部，占总体的 3.97%；发表作品最少的日期是 31日，有 662 部，占总体的 1.97%（见图 3 - 30）。这既受到 31 日天数较少的

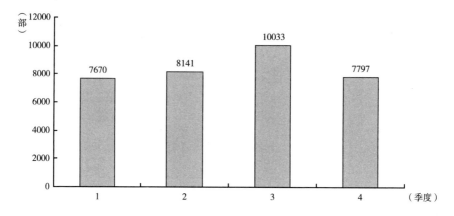

图 3 - 28 2010～2016 年有妖气发表作品数量（季度分布）

资料来源：根据有妖气网站（http：//comic. u17. com/update/t3. html）数据整理，最后访问日期：2017 年 1 月 3 日。

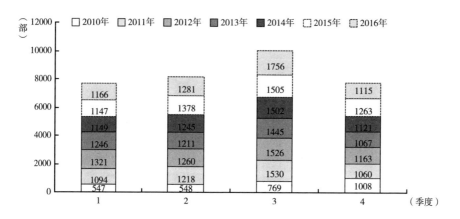

图 3 - 29 2010～2016 年有妖气发表作品数量（年份和季度分布）

资料来源：根据有妖气网站（http：//comic. u17. com/update/t3. html）数据整理，最后访问日期：2017 年 1 月 3 日。

影响，也与临近月底读者的心理因素有关。

5. 有妖气漫画作品的星期日更新数量

对有妖气网站 2010～2016 年全部发表作品的统计显示，发表作品最多的是周六，有 5026 部，占总体的 14.94%；其次是周五，有 4953 部，占总

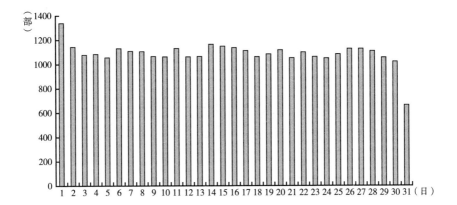

图 3 - 30　2010 ~ 2016 年有妖气发表作品数量（日期分布）

资料来源：根据有妖气网站（http：//comic. u17. com/update/t3. html）数据整理，最后访问日期：2017 年 1 月 3 日。

体的 14. 72% ；周日以发表作品 4939 部居第 3 位，占总体的 14. 68% （见图 3 - 31、图 3 - 32）。可见，用户周末休息娱乐时段也是发表漫画作品的关键时期。

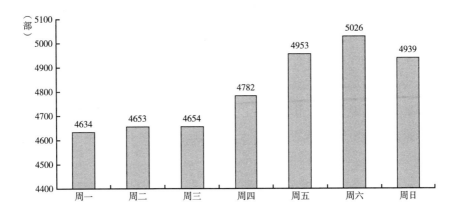

图 3 - 31　2010 ~ 2016 年有妖气发表作品数量（星期日分布）

资料来源：根据有妖气网站（http：//comic. u17. com/update/t3. html）数据整理，最后访问日期：2017 年 1 月 3 日。

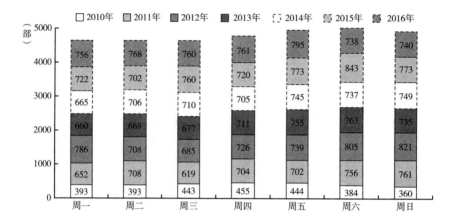

图 3 - 32　2010~2016 年有妖气发表作品数量（年份和星期日分布）

资料来源：根据有妖气网站（http://comic.u17.com/update/t3.html）数据整理，最后访问日期：2017 年 1 月 3 日。

四　主要网络漫画作品 IP

（一）网络漫画热门人气作品

百度搜索风云榜以数亿网民的单日搜索行为作为数据基础，以关键词为统计对象建立起权威全面的各类关键词排行榜，以榜单形式向用户呈现基于百度海量搜索数据的排行信息，线上覆盖十余个行业类别、一百多个榜单，发现和挖掘互联网最有价值的信息、资讯，直接、客观地反映网民的兴趣和需求，盘点中国最新最热的人、事、物信息，为最具代表性的"网络风向标"。

在包含动漫在内的多个榜单类别中，搜索指数源于网友通过百度网页搜索对该关键词的检索次数，按搜索量排名，准确权威地呈现广大网民搜索行为。关键词指用户搜索时所用的词；排名指该关键词搜索量在该分类中的当天排名，搜索指数指以品牌或产品的一类关键词作为研究对象，通过科学的分析和计算得出该关键词在百度上的搜索频次加权后得到的数据。

课题组自2013年4月5日起，对百度搜索风云榜的动漫类搞笑、益智、冒险、情感、国产、日本、欧美等8个榜单每日定时访问，并对2013年4月5日至2016年12月31日的全部上榜关键词进行统计分析，从中筛选出网络漫画关键词。

统计显示，在2013~2016年百度搜索风云榜动漫榜单上榜的网络漫画关键词中，按照搜索指数的大小排序，十大网络漫画关键词依次为：尸兄、十万个冷笑话、中国惊奇先生、王牌御史、妖怪名单、偷星九月天、狐妖小红娘、勇者大冒险、从前有座灵剑山、超神游戏（见表3－31）。

表3－31　2013~2016年百度搜索风云榜动漫榜单上榜网络漫画关键词

序号	关键词	2013年	2014年	2015年	2016年
1	尸兄	13239419	19564547	14592550	7849263
2	十万个冷笑话	12529304	6364648	4042503	2349251
3	中国惊奇先生	—	6359221	9996238	6513300
4	王牌御史	—	620928	3563744	3160185
5	妖怪名单	—	84783	4161623	2615410
6	偷星九月天	3266041	1844867	962229	646013
7	狐妖小红娘	—	—	745857	3399906
8	勇者大冒险	25181	83359	1951571	1145039
9	从前有座灵剑山	—	—	—	2753356
10	超神游戏	—	502604	1122377	645780
11	武庚纪	—	—	—	1398486
12	天行九歌	—	—	—	1218657
13	一人之下	—	—	—	1138825
14	雏蜂	—	—	733365	—
15	凹凸世界	—	—	—	671945
16	鬼王	—	43242	177943	240514
17	灵契	—	—	—	323611
18	长歌行	—	—	—	182454
19	十万个冷笑话第三季	—	—	—	180944
20	双生灵探	—	—	—	96116
21	戒魔人	—	—	—	75538
22	爱神巧克力	—	—	20031	20713

资料来源：根据百度搜索风云榜动漫榜单（http://top.baidu.com/category? c=5）每日提供的基础数据汇总。2013年数据从4月5日至12月31日，2014年、2015年和2016年为全年数据。因个别日期访问遗漏，可能与官方实际数据略有出入。

根据各关键词的年度变化趋势可以看出（见图 3 - 33），目前居榜单首位的"尸兄"正在步入衰退期，2013 年搜索指数为 1324 万次，2014 年增至 1956 万次，2015 年下降至 1459 万次，2016 年进一步下降至 785 万次。居第 2 名的"十万个冷笑话"同样如此，2013 年搜索指数为 1253 万次，2014 年下降至 636 万次，2015 年继续下降至 404 万次，2016 年进一步下降至 235 万次。居第 3 名的"中国惊奇先生"2014 年为 636 万次，2015 年增长至 1000 万次，2016 年下降至 651 万次。与之类似的还有"王牌御史"和"妖怪名单"，前者 2014 年为 62 万次，2015 年增长至 356 万次，2016 年下降至 316 万次；后者 2014 年为 8 万次，2015 年增长至 416 万次，2016 年下降至 262 万次。2016 年呈现增长趋势的关键词有"狐妖小红娘"等；2016 年新上榜的关键词有"从前有座灵剑山""武庚纪""天行九歌""一人之下"等。

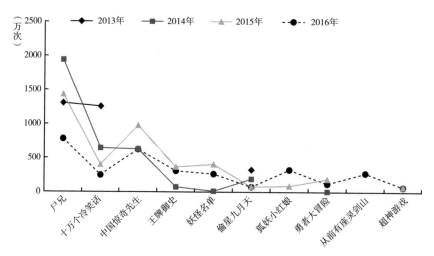

图 3 - 33　2013 ～ 2016 年百度搜索风云榜动漫榜单
上榜网络漫画关键词前 10 名

资料来源：百度搜索风云榜动漫榜单（http：//top. baidu. com/catagory？c = 5）。

（二）主要网络漫画作品 IP

1.《尸兄》

《尸兄》是由七度鱼绘制的搞笑、僵尸类网络漫画，为腾讯动漫独家签约连载作品。《尸兄》讲述了一代痴情男白小飞为了找寻女友小薇，和城内因自来水而变异的僵尸斗智斗勇的故事。独特的选题、精致的手法、深厚的内涵和重口味的表现形式，使得《尸兄》自2011年上线以来人气不断高涨，2012年9月成为腾讯动漫平台首部点击量破亿次的国产漫画，2013年3月点击量突破5亿次，2013年6月突破10亿次，2013年11月突破20亿次，2014年3月突破30亿次，2015年5月突破50亿次。《尸兄》百度搜索风云榜每日搜索值见图3-34。

　　漫画《尸兄》还被改编成动画、游戏、网络小说、舞台剧和电影等。《尸兄》动画第一季41集，由卢恒宇和李姝洁工作室制作，发行于2013年1月至2015年3月；《尸兄》动画第二季39集，由彩色铅笔工作室和绘梦者联盟制作，发行于2015年4月至2016年3月。同名小说由新锐作家路人飞执笔，于2014年5月8日登陆腾讯文学旗下创世中文网。《尸兄》的手游改编权由腾讯于2014年独家授权给中清龙图，授权费高达5000万元。舞台剧《我叫白小飞》由腾讯影业、上海开心麻花共同出品，于2016年7月在上海演出。《尸兄》电影从2014年开始投入制作。

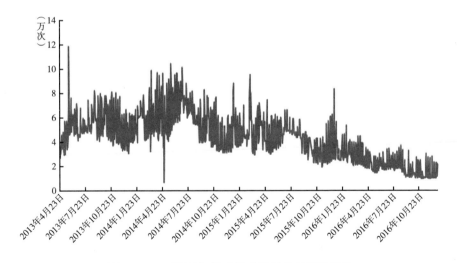

图3-34　《尸兄》百度搜索风云榜每日搜索值

　　资料来源：根据百度搜索风云榜动漫榜单（http：//top. baidu. com/category？ c = 5）每日提供的基础数据汇总，最后访问时段自2013年4月5日至2016年12月31日。因个别日期访问遗漏，可能与官方实际数据略有出入。

2.《十万个冷笑话》

《十万个冷笑话》（见图 3 - 35）由寒舞创作，自 2010 年 6 月 28 日起在有妖气上独家连载。漫画内容包括女娲造人篇、封神榜篇、西游篇、福禄篇、一代宗师篇、侦探篇、匹诺曹篇、光之国灭亡篇、世界末日篇、大便超人篇、见鬼篇、亚基篇等。作品为无厘头搞笑风格，运用了大量中国网民所熟悉的动漫及流行元素，剧情常在不同时空间穿插切换，人物则常常"自带吐槽"功能，甚至连对话框、绘画格等外围元素都可能被用来营造搞笑效果。

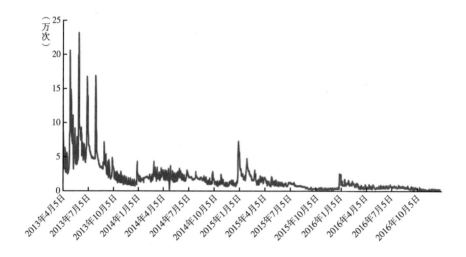

图 3 - 35　《十万个冷笑话》百度搜索风云榜每日搜索值

资料来源：根据百度搜索风云榜动漫榜单（http：//top. baidu. com/category？c = 5）每日提供的基础数据汇总，最后访问时段自 2013 年 4 月 5 日至 2016 年 12 月 31 日。因个别日期访问遗漏，可能与官方实际数据略有出入。

同名网络动画于 2012 年 7 月 11 日开始在视频网站播放，每月 1 集，每集约 5 分钟。第一季 12 集，发行于 2012 年 7 月至 2013 年 8 月；第二季 13 集，发行于 2013 年 12 月至 2014 年 12 月；第三季 14 集，发行于 2015 年 12 月至 2016 年 7 月。

《十万个冷笑话》动画电影于 2015 年 1 月 1 日上映，由有妖气原创漫画梦工厂、上海炫动传播股份有限公司和万达影业联合出品，由卢恒宇和李姝洁工作室制作。首周 5 天收获票房 8500 万元列第 3 位，次周取得 2500 万元列第 5 位，最终取得总票房 11990 万元。

《十万个冷笑话》还被改编为舞台剧和手游。同名舞台剧于 2014 年 9 月在上海大剧院进行首轮演出，近千名观众观看了演出，近 400 人参加现场弹幕吐槽发送了近万条评论，并实现了数万人的网上互动，开创了网络舞台剧虚拟现实互动的第一例。同名官方正版授权手游由蓝港互动重磅推出，为一款 3D 回合制卡牌手游，于 2015 年 3 月 18 日正式登陆百度移动游戏首发，获得了第 12 届中国动漫金龙奖"最佳动漫改编奖"。

3.《中国惊奇先生》

《中国惊奇先生》是权以升连载于腾讯动漫的恐怖、推理题材漫画作品，讲述道法传人王小二、警花、老警察组成的"驱魔铁三角"侦破各种灵异系列案件的故事。《中国惊奇先生》根植于博大精深的中国文化以及市井生活，以写实的风格，用黑色幽默讽喻社会现实，对强拆、职场黑幕、酒桌权术等社会热点的描述引发了大众的情感共鸣。

《中国惊奇先生》自 2013 年 8 月上线就以近乎爆炸式的姿态迅速走红（见图 3-36），刷新国产漫画网络人气纪录：2013 年 10 月，仅用时 3 个月，点击量就突破 1 亿次，刷新中国漫画最快破亿记录；2014 年 8 月，点击量突破 10 亿次；2015 年 5 月，点击量突破 20 亿次；2015 年 5 月，点击量突破 30 亿次。《中国惊奇先生》于 2013 年 12 月获得 Next idea 2013 腾讯互动娱乐青年创意大赏"最佳原创漫画大奖"，于 2015 年 7 月获得"2015 第四届动漫北京"年度最佳动漫作品奖"金翼奖"。

2013 年 11 月，腾讯动漫正式宣布《中国惊奇先生》动画化，并向社会公开招募制作方。网络动画《中国惊奇先生》由上海绘梦文化传播工作室制作，于 2014 年 2 月 28 日在腾讯视频、ACFun 弹幕网和 bilibili 首播，于 2016 年 5 月 17 日正式完结。2015 年 11 月 20 日，火谷网络宣布制作《中国惊奇先生》手机游戏。

4.《王牌御史》

《王牌御史》（前称《干活啦！御史大人》）是佟遥继《真红游侠》之后创作的搞笑、玄幻、校园、都市题材漫画作品，讲述了昼夜颠倒的时代，

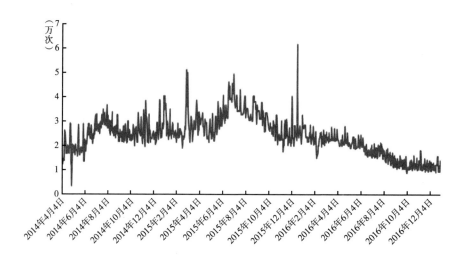

图 3－36　《中国惊奇先生》百度搜索风云榜每日搜索值

　　资料来源：根据百度搜索风云榜动漫榜单（http：//top. baidu. com/category？ c = 5）每日提供的基础数据汇总，最后访问时段自 2013 年 4 月 5 日至 2016 年 12 月 31 日。因个别日期访问遗漏，可能与官方实际数据略有出入。

一群以少年与暴躁少女为核心的青年降妖除魔打怪兽的故事。漫画作品从 2014 年 1 月开始在腾讯动漫平台上线，并成为签约作品独家首发，获"星漫奖" 2014 年 6 月热度奖亚军（见图 3 - 37）。

　　2014 年，腾讯宣布将《王牌御史》动画化。《王牌御史》是腾讯继《尸兄》《超神游戏》《中国惊奇先生》之后第四部动画化的漫画作品。39 集同名网络动画由绘梦动画公司制作，于 2014 年 6 月 27 日开播，于 2016 年 1 月 20 日完结。根据漫画改编的奇幻、动作题材网络电影《王牌御史之猎妖教室》，由啊哈娱乐出品，由周德元、黄明升执导，郑业成、姜春琦、柴浩伟、古铭瀚等出演，于 2016 年 12 月 16 日在爱奇艺上线播放。

　　5.《妖怪名单》

　　《妖怪名单》（原名《亮兵器吧，妖怪！》）是糖人家创作的热血、恋爱、都市、校园、搞笑、玄幻题材漫画，从 2014 年 4 月开始在腾讯动漫连载，每周二、周四、周日更新（见图 3 - 38）。作品讲述了大学生封夕某日和室友买望远镜想偷看女生宿舍，没想到却看到校花苏九儿的头上有狐狸耳

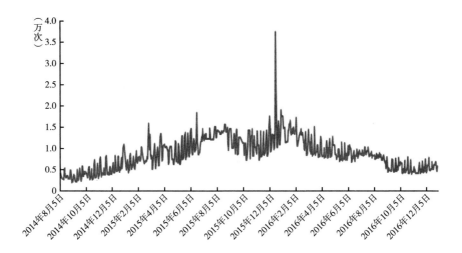

图 3 - 37   《王牌御史》百度搜索风云榜每日搜索值

资料来源：根据百度搜索风云榜动漫榜单（http：//top. baidu. com/category？ c = 5） 每日提供的基础数据汇总，最后访问时段自 2013 年 4 月 5 日至 2016 年 12 月 31 日。因个别日期访问遗漏，可能与官方实际数据略有出入。

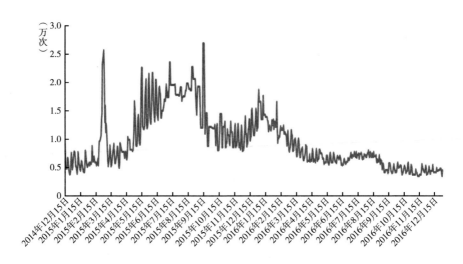

图 3 - 38   《妖怪名单》百度搜索风云榜每日搜索值

资料来源：根据百度搜索风云榜动漫榜单（http：//top. baidu. com/category？ c = 5） 每日提供的基础数据汇总，最后访问时段自 2013 年 4 月 5 日至 2016 年 12 月 31 日。因个别日期访问遗漏，可能与官方实际数据略有出入。

朵的离奇故事。

网络动画《妖怪名单》改编自同名漫画，由腾讯动漫和爱奇艺共同出品，由上海绘梦动画公司制作。《妖怪名单》于 2014 年 8 月 11 日宣布动画化，2014 年 12 月 12 日开始在爱奇艺、腾讯视频开播，于 2015 年 9 月 11 日完结，共 18 集。

6.《偷星九月天》

《偷星九月天》（见图 3 - 39）是潜艇工作室的荣誉漫画作品，由周洪滨、范晓松（小松）创作。作品讲述了大盗九月天盗走主人公琉星家紫微星宝石后，琉星在追逐九月天的过程中与千年古国古悉兰、各种神秘组织的冒险故事。《偷星九月天》是在《知音漫客》连载的超高人气漫画，现已完结，共 459 话。单行本图书由二十一世纪出版社、中国致公出版社出版发行50 册。

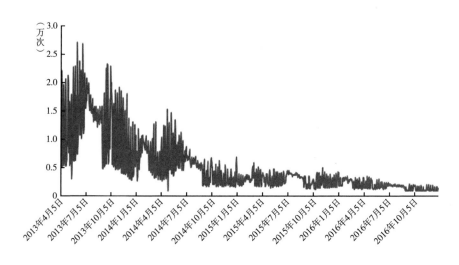

图 3 - 39　《偷星九月天》百度搜索风云榜每日搜索值

资料来源：根据百度搜索风云榜动漫榜单（http：//top. baidu. com/category？c = 5）每日提供的基础数据汇总，最后访问时段自 2013 年 4 月 5 日至 2016 年 12 月 31 日。因个别日期访问遗漏，可能与官方实际数据略有出入。

由湖北知音传媒股份有限公司投资创排、根据漫画改编的舞台剧于2013 年 8 月在北京海淀剧院演出。《偷星九月天》还由周洪滨授权昆仑游戏出品了一款动作类 RPG 手机网络游戏。

　　7.《狐妖小红娘》

　　《狐妖小红娘》（见图 3 - 40）是由庹小新编绘、盘丝大仙上色的漫画作品，自 2012 年 5 月起在漫画杂志《漫画 SHOW》连载，在 2013 年因杂志休刊而转移到腾讯动漫平台"独家"签约连载。作品主要讲述了以红娘为职业的狐妖在为前世恋人牵红线过程中发生的一系列有趣、神秘的故事，包括千年御水珠篇、尾生抱柱篇、王权篇、红月篇、北山妖帝篇、颜如玉篇、南国篇、东方准竹篇等。中国文史出版社 2016 年 4 ~ 9 月共出版单行本图书6 册。

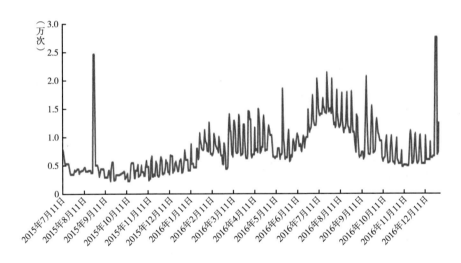

图 3 - 40　《狐妖小红娘》百度搜索风云榜每日搜索值

资料来源：根据百度搜索风云榜动漫榜单（http：//top. baidu. com/category？c = 5）每日提供的基础数据汇总，最后访问时段自 2013 年 4 月 5 日至 2016 年 12 月 31 日。因个别日期访问遗漏，可能与官方实际数据略有出入。

　　网络动画《狐妖小红娘》改编自网络漫画，由上海绘梦动画公司负责制作。第一季《千年御水珠篇》于 2015 年 6 月 26 日起每周五全网更新，第二季《王权富贵篇》于 2016 年 1 月 8 日起每周五全网更新，第三季《月红篇》于 2016 年 6 月 24 日起每周五全网更新，第四季《北山妖帝篇》于2016 年 11 月 18 日起每周五全网更新。《狐妖小红娘》动画于 2015 年 9 月获得第 12 届中国动漫金龙奖"系列动画铜奖"。

电影《狐妖小红娘》由腾讯影业于 2015 年宣布投资制作。

8.《勇者大冒险》

《勇者大冒险》（见图 3－41）是由北京像素软件科技股份有限公司于 2013 年开发并由腾讯游戏代理运营的一款全球冒险题材网络游戏，融合了动作（ACT）、第三人称射击（TPS）、角色扮演（MMORPG）等多类游戏的多元玩法和元素，以移动射击为核心战斗模式。

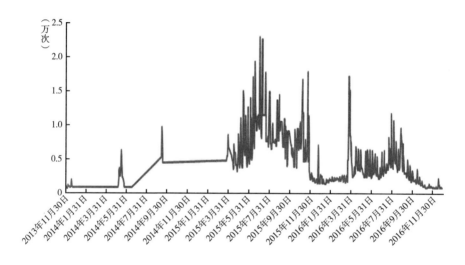

图 3－41　《勇者大冒险》百度搜索风云榜每日搜索值

资料来源：根据百度搜索风云榜动漫榜单（http：//top. baidu. com/category？c = 5）每日提供的基础数据汇总，最后访问时段自 2013 年 4 月 5 日至 2016 年 12 月 31 日。因个别日期访问遗漏，可能与官方实际数据略有出入。

2015 年，腾讯集团副总裁程武在 UP2015 腾讯互娱发布会上，宣布腾讯互娱泛娱乐升级开启全新泛娱乐明星 IP 打造模式。《勇者大冒险》成为全球首个全新泛娱乐明星 IP 打造模式的实践者，将首次采用"在一个世界观内核的基础上，多领域平行演绎，同时互动共建同一明星 IP"的 IP 构建模式。《勇者大冒险》明星 IP 由腾讯游戏、腾讯动漫、像素软件、南派三叔联合打造，由南派三叔担任该 IP 世界观的总架构师，并撰写世界观小说《断章》和同名小说《勇者大冒险：黄泉手记》。《勇者大冒险》

通过端游、手游、电视游戏等产品形态为玩家提供多端多屏互动的游戏体验，并同步推出同名动画、漫画、电影作品，为用户带来全方位的冒险体验。

2015 年 3 月 26 日，《勇者大冒险》手游开始公测，同步登陆安卓、iOS平台，并顺利斩获应用宝飙升榜、苹果商店免费榜的"双榜第一"。《勇者大冒险》是一款由像素软件开发、腾讯游戏代理发行的以宝藏猎人全球冒险为题材，包含猎人培养、夺宝闯关内容，与 PC 端、电视端等共同打造的首款多端多屏概念游戏。《勇者大冒险》客户端网游是由像素软件研发、腾讯游戏代理运营的一款闯关冒险类网络游戏，于 2016 年 7 月 21 日开启大暑不删档测试，融合了动作元素、第三人称射击、RPG 成长等不同游戏类型的多元化玩法。

2015 年 3 月 31 日，由腾讯动漫和像素软件出品的三维网络动画《勇者大冒险》开始网络首播，作品主打冒险、猎奇、科幻、惊悚。第一季于2015 年 3 ~ 10 月在优酷网、爱奇艺、搜狐视频、土豆网、乐视网等网站播放，全 26 集；第二季于 2016 年 3 ~ 10 月播放，全 25 集。

《勇者大冒险》漫画由火山研创作，自 2015 年 10 月 16 日在腾讯动漫频道正式连载，采取周更的方式。故事内容紧接动画第一季完结后的剧情，又与动画第二季的内容不同。故事从安岩被 THA 组织驱逐后，携手王胖子、张天师、江小猪寻找失踪的神荼开始，以探索神荼的身世之谜为主线展开。这段冒险横跨充满异域风情的欧洲，走入满是未知的百慕大三角，深入危机四伏的以色列王国，探索禅意围绕的印度，解密至今仍是谜的无字碑，剧情环环相扣，带领粉丝进行一次惊心动魄的环球之旅。漫画虽然是全新剧情，但与动画环环相扣，相对独立的剧情降低了新用户的理解成本，使漫画可以吸纳更多的新用户。

9.《从前有座灵剑山》

《从前有座灵剑山》（见图 3 - 42）是国王陛下创作的仙侠类小说，于2013 年 8 月 19 日至 2015 年 7 月 26 日在创世中文网连载。作品讲述了因彗星陨落、末法大劫而降临的奇才王陆，怀着千年未有的空灵根，踏入灵剑派山门，走上了一条成为绝世逗逼强者的不寻常路。网络小说由台湾铭显文化事业有限公司出版发行单行本图书 16 册。

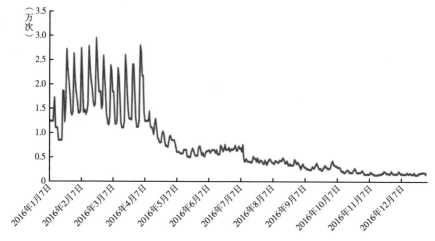

图 3 - 42　《从前有座灵剑山》百度搜索风云榜每日搜索值

资料来源：根据百度搜索风云榜动漫榜单（http：//top. baidu. com/category？ c = 5）每日提供的基础数据汇总，最后访问时段自 2013 年 4 月 5 日至 2016 年 12 月 31 日。因个别日期访问遗漏，可能与官方实际数据略有出入。

腾讯动漫 2014 年宣布将《从前有座灵剑山》网络漫画化，并根据漫画在 2016 年改编成电视动画。《从前有座灵剑山》漫画改编自网络小说，由鲜漫动漫旗下猪画、小莫绘制，自 2014 年 8 月 8 日起连载于腾讯动漫，每周一、周五更新。漫画作品由长江出版社于 2016 年 9 月出版单行本图书 2 册。

电视动画《从前有座灵剑山》改编自国王陛下原作、猪画和菌小莫改编的同名网络漫画，由日本动画公司 Studio DEEN 负责制作。日本电视版于 2016 年 1 月 8 日起每周五 23：00 在日本电视台 AT - X 首播，全 12 集；中国于 1 月 15 日起每周五 10：00 在腾讯视频、优酷网、乐视网、爱奇艺、PPTV 等网站播放。

电影《从前有座灵剑山》是一部由同名小说和漫画改编拍摄的影片，由腾讯影业于 2015 年宣布投资制作。

10.《超神游戏》

《超神游戏》（原名《这不是 DOTA》）（见图 3 - 43）是瑜亮创作的科幻、

热血、搞笑、冒险题材网络漫画，于 2012 年 5 月 24 日开始在腾讯动漫连载，每周五更新。作品讲述了两个小伙伴翘课去网吧打游戏被泼辣的女班长抓了个正着，在回家路上拐去碟片店闲逛时收到了美艳的女老板娘递来的神秘游戏光盘，然后被吸到一个可以自由上线下线的三次元游戏空间的故事。

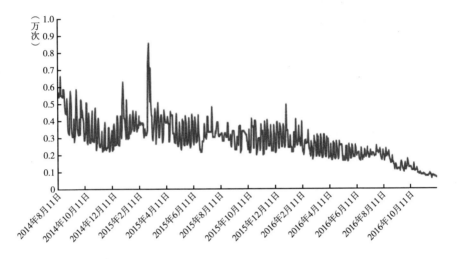

图 3 - 43 《超神游戏》百度搜索风云榜每日搜索值

资料来源：根据百度搜索风云榜动漫榜单（http://top. baidu. com/category？c = 5）每日提供的基础数据汇总，最后访问时段自 2013 年 4 月 5 日至 2016 年 12 月 31 日。因个别日期访问遗漏，可能与官方实际数据略有出入。

网络动画《超神游戏》改编自瑜亮创作的同名漫画，由成都谛听文化传播有限公司制作，于 2013 年 11 月 15 日至 2014 年 10 月 17 日在腾讯视频、爱奇艺、bilibili、AcFun、搜狐视频等网站双周更新，全 25 集。

五 网络漫画作品的长尾理论研究

（一）长尾理论的基本内容

1. 帕累托分布（Pareto distributions）的幂律（Power Laws）曲线

1897 年，意大利经济学者维弗雷多·帕累托（Vilfredo Pareto）在研究

19 世纪英格兰的财富和收入结构时，发现大部分的财富流向了少数人的手里，英格兰的财富分配并不公平。他还发现其他许多国家和地区的财富分配比例与英格兰一致。帕累托由此得出一个结论：在财富和人口的分配结构上存在一种可预测的数字关系，他称之为"重要少数法则"。自此以后，其他研究者将这个法则扩展到了所有领域，结果都符合幂律分布，也就是帕累托在财富曲线中观察到的 $1/x$ 形态。人们发现，在自然界与社会生活中存在各种各样、性质迥异的幂律分布现象。只要存在不同事物，某事物优于其他事物，而且像声誉这样的口头传播效应进一步推广好事物、压制坏事物，幂律曲线就会出现。幂律分布表现为一条斜率为幂指数的负数曲线，由于幂律曲线的值域无限接近但永远不会下降至零，它也被称为"长尾"曲线。

帕累托分布最著名的体现之一就是"80/20 法则"（又称二八定律）。人们常用它来解释 20% 的产品带来 80% 的收益，20% 的 VIP 客户带来 80% 的利润，或是其他任何小比例付出创造大比例成果的现象。"80/20 法则"是一种量化的实证法，被用以计量投入和产出之间可能存在的关系。习惯上，"80/20 法则"讨论的是头部的 20%，而非尾部的 80%。

2. 娱乐和传媒业的大热门现象

在经济管理领域，许多管理者奉行"80/20 法则"，认为企业 80% 的销售额来自 20% 的商品，80% 的销售收入由 20% 的重要客户创造。克里斯·安德森认为，大热门是供给匮乏的产物，容量有限的营销渠道青睐于能带来足够大销量的流行产品，这就是热门中心主义零售经济学。热门中心主义把稀缺的资源分配给最值得的最流行的东西，渠道自然会选择最流行的产品，赋予它们优先地位。超市货架上的产品都是根据仓储算法和市场需求弹性精密计算和科学陈列的，以便利用最小的空间和最低的成本实现最大的销量和最高的效益。

媒体和娱乐业同样受到频率、频道、银幕等传播资源的限制和成本约束，也是围绕着寻找、投资和创造大热门的模式运转的。热门节目不仅能聚合和集中观众群，高效地利用匮乏的传播资源，还能获益于营销上的网络效应，也就是人们所说的口头传播效应。因此，媒体和娱乐业热衷于制造大片、畅销书、流行金曲等热门产品，最大限度地利用宝贵的传播渠道，吸引足够多的观众。热门中心主义媒体和娱乐文化的基本特征是拼命地寻找适合所有人的大众化产品，试图预测需求，将"失败者"撤出市场，提供有限选择。

从大众接受心理来看，大热门现象是社会潮流和口头传播效应共同造就的。制造热门有两种基本方法：第一，四处撒网，通过星探、编辑等"事前过滤器"，寻找难得一见的天才；第二，使用流行产品制造公式来推出某种很容易卖掉的东西。以音乐行业为例，制造大热门的秘密公式就是把魅力四射的年轻男人（如猫王、贾斯汀等）卖给年轻的女人。大众传媒塑造的主流文化、大众文化事件的话题讨论，以及流行排行榜，共同推动形成了大一统的主流文化。

3.长尾理论的主要观点

"长尾"是对统计学中幂律和帕累托分布特征的一个口语化表达。"长尾"这一概念由《连线》杂志前主编克里斯·安德森（Chris Anderson）于2004年提出，用来描述诸如Netflix、iTunes、Google AdWords等网站的商业和经济模式。长尾理论认为，受成本和效率影响，当商品储存、流通、展示的场地和渠道足够宽广，商品生产成本急剧下降以至于个人都可以进行生产，并且商品的销售成本急剧降低时，几乎任何以前看似需求极低的产品，只要有人卖，就会有人买。这些需求和销量不高的产品所占据的共同市场份额，和主流产品的市场份额相当，甚至更大。

安德森认为，现实世界中的幂律曲线会被有限货架空间或可用传播资源这样的供给瓶颈残忍地截断。以电影票房为例，少数热门大片统治了左侧的高端部分，大批其他影片构成了右侧的低端部分（见图3-44）。经济学研究的是稀缺资源下的选择，整个经济学是围绕利益权衡和权衡方法建立起来的。而网络拥有充足的货架空间、充足的流通渠道和充足的选择，催生了"丰饶经济学"。互联网把商品条形码、关系型数据库、信用卡、快递等非

155

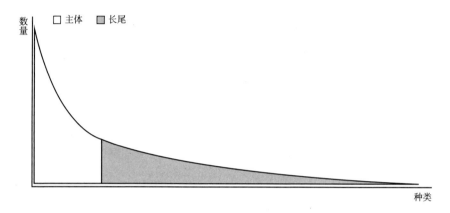

图 3 - 44 长尾理论模型

资料来源：〔美〕克里斯·安德森：《长尾理论：为什么商业的未来是小众市场》，乔江涛、石晓燕译，中信出版社，2015。

互联网要素创新性地融合在一起，推动了供应链革命。20 世纪 90 年代以来，以商品分类目录模式为基础的电子商务开始在互联网上崛起，商品订购更加便利，选择范围更广，价格也更加低廉，满足了消费者一站式购物的需求。不同于原子形态的有形产品，以字节形式存在的数字娱乐内容产品可以在几乎毫无成本的前提下复制和传输，传统经济学的两个重要的稀缺性函数——边际生产成本和边际销售成本正在趋近于零。数字产品消除了有形的壁垒，拥有了无限的货架空间，提供了无穷无尽的产品选择。当供需瓶颈开始消失，所有产品都能被人取得的时候，长尾自然显现出来。长尾诞生于上百万个利基产品，意味着丰富、廉价和无穷无尽的品牌以及充足、廉价的传播渠道。

安德森认为，技术正在将大规模市场转化为无数的利基市场。"我们的文化和经济重心正在加速转移，从需求曲线头部的少数大热门（主流产品和市场）转向需求曲线尾部的大量利基产品和市场。"① 在没有货架空间限

---

① 〔美〕克里斯·安德森：《长尾理论：为什么商业的未来是小众市场》，乔江涛、石晓燕译，中信出版社，2015，第 55 页。

制和其他供应瓶颈的时代，面向特定小群体的产品和服务可以和主流热点具有同样的经济吸引力。他提出了长尾时代的六个要点：①在任何市场中，利基产品都远远多于热门产品。②获得这些利基产品的成本正在显著下降，许多市场已经有能力供应空前丰富的产品。③自动推荐、产品排名等工具和技术帮助消费者找到适合他们的特殊需求和兴趣的利基产品，这些过滤器可以把需求推向长尾的后端。④空前丰富的品种和用来做出选择的过滤器改变了热门产品和利基产品的流行度，推动需求曲线趋向扁平化。⑤数不胜数的利基产品聚合起来，将共同形成一个可与大热门市场相抗衡的大市场。⑥当以上几点全部实现，需求曲线的天然形状就会显现出来，不受供给瓶颈、信息匮乏和有限货架空间的限制。

安德森提出，在美国市场上观察到这样一个规律：在以物理为基础的"短头"经济中，20%的热门产品带来80%的收入，并且带来100%的利润，非热门产品带来20%的收入和几乎为零的利润；而在以知识为基础的"长尾"经济中，线下的热门和非热门产品集中为线上10%的热门产品，其进一步分化为2%的大热门产品和8%的次热门产品，2%的大热门产品带来50%的收入和33%的利润，8%的次热门产品带来25%的收入和33%的利润；剩下的90%网络独有利基产品带来25%的收入和33%的利润。从利润上看，大热门产品、次热门产品和利基产品各自贡献了1/3，大热门产品创造的利润竟然同冷门产品（"长尾"利基产品）创造的利润相等，显示出小批量多品种冷门产品集合的价值。

（二）网络漫画长尾的实证研究

为验证长尾理论在网络漫画中的适用情况，本课题组特选择对有妖气和腾讯动漫两个平台中的漫画作品进行统计分析。

1. 有妖气漫画作品的长尾

截止到2016年8月31日，有妖气共发布漫画作品27792部，全部作品点击量为433.82亿次，共获得用户月票打赏677.14万张（见表3–32）。根据统计，按点击量排序的前5000部作品占全部作品的17.99%，点击量为 423.76 亿次，占总点击量的 97.68%（见图 3 - 45）；前 500 部作品占全部作品的 1.80%，点击量为 366.91 亿次，占总点击量的 84.58%（见图 3 - 46）；前 200 部作品占全部作品的 0.72%，点击量为 330.13 亿次，占总点击量的 76.10%；前 100 部作品占全部作品的 0.36%，点击量为 297.95 亿次，占总点击量的 68.68%。同样，按照前 278 部作品来统计，占总体 1% 的作品点击量为 344.74 亿次，占总点击量的 79.47%。在有妖气平台上，头部 1% 的漫画作品获得了近 80% 的点击量，其远远超出了"80/20"的范畴。

表 3 - 32　有妖气平台漫画作品的集中度

类别	作品数量（部）	作品比例（%）	点击量（次）	点击比例（%）	月票数量（张）	月票比例（%）
全部	27792	100	43381754629	100	6771409	100
前 5000 部	5000	17.99	42376445070	97.68	6723843	99.30
前 500 部	500	1.80	36690842000	84.58	6085647	89.87
前 200 部	200	0.72	33013390000	76.10	5476223	80.87
前 100 部	100	0.36	29795320000	68.68	4862237	71.81
前 1%	278	1.00	34473630000	79.47	5734714	84.69

资料来源：根据有妖气网站（http：//www.u17.com）数据整理，最后访问日期：2016 年 8 月 31 日。

以作品获得的用户打赏月票来统计，按月票数量排序的前 5000 部作品占全部作品的 17.99%，月票数量为 672.38 万张，占总月票数量的 99.30%（见图 3 - 47）；前 500 部作品占全部作品的 1.80%，月票数量为 608.56 万张，占总月票数量的 89.87%；前 200 部作品占全部作品的 0.72%，月票数量为 547.62 万张，占总月票数量的 80.87%（见图 3 - 48）；前 100 部作品占全部作品的 0.36%，月票数量为 486.22 万张，占总月票数量的 71.81%。同样，按照前 278 部作品统计，占总体 1% 的作品获得的月票数量为 573.47 万张，占总月票数量的 84.69%。在有妖气平台上，头部 1% 的漫画作品获得了近 85% 的月票数量，在分布上更向头部集中。

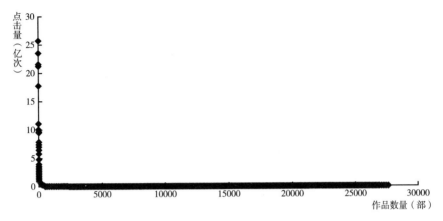

图 3 - 45　有妖气漫画作品点击量和作品数量的对应关系（全站作品）

资料来源：根据有妖气网站（http：//www.u17.com）数据整理，最后访问日期：2016年 8 月 31 日。

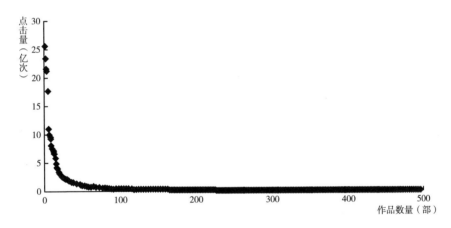

图 3 - 46　有妖气漫画作品点击量和作品数量的对应关系
（前 500 部作品）

资料来源：根据有妖气网站（http：//www.u17.com）数据整理，最后访问日期：2016年 8 月 31 日。

2.腾讯动漫平台漫画作品的长尾

截止到 2016 年 8 月 31 日，腾讯动漫共发布漫画作品 22484 部，全部作品点击量为 1346.05 亿次，共获得用户月票打赏 651.23 万张（见表 3 - 33）。根据统计，按点击量排序的前 5000 部作品占全部作品的 22.24%，点击量为

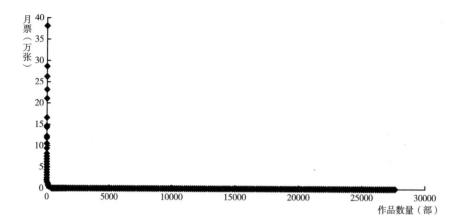

图 3 - 47　有妖气漫画作品月票量和作品数量的对应关系（全站作品）

资料来源：根据有妖气网站（http：//www. u17. com）数据整理，最后访问日期：2016 年 8 月 31 日。

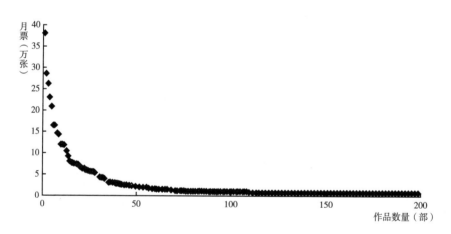

**图 3 - 48　有妖气漫画作品月票量和作品数量的对应关系
（前 200 部作品）**

资料来源：根据有妖气网站（http：//www. u17. com）数据整理，最后访问日期：2016 年 8 月 31 日。

1345. 32 亿次，占总点击量的 99. 95%（见图 3 - 49）；前 500 部作品占全部作品的 2. 22%，点击量为 1263. 45 亿次，占总点击量的 93. 86%（见图 3 - 50）；前 200 部作品占全部作品的 0. 89%，点击量为 1099. 89 亿次，占总点击量的

81.71%；前100部作品占全部作品的0.44%，点击量为933.70亿次，占总点击量的69.37%。同样，按照前225部作品统计，占总体1%的作品获得的点击量为1124.83亿次，占总点击量的83.56%。在有妖气平台上，头部1%的漫画作品获得了近84%的点击量，与有妖气相比更为集中。

表3－33　腾讯动漫平台漫画作品的集中度

类别	作品数量（部）	作品比例(%)	点击量（次）	点击比例(%)	月票数量（张）	月票比例(%)
全部	22484	100	134605285875	100	6512256	100
前5000部	5000	22.24	134531933000	99.95	6467510	99.31
前500部	500	2.22	126345131000	93.86	5855798	89.92
前200部	200	0.89	109988620000	81.71	5274029	80.99
前100部	100	0.44	93369550000	69.37	4693208	72.07
前1%	225	1.00	112482717000	83.56	5364863	82.38

资料来源：根据腾讯动漫网站（http://ac.qq.com/）数据整理，最后访问日期：2016年8月31日。

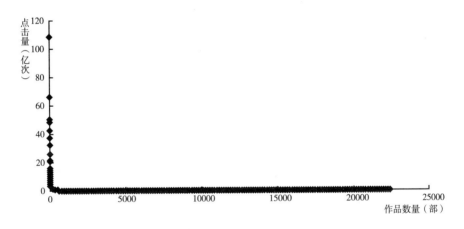

图3－49　腾讯动漫平台漫画作品点击量和作品数量的对应关系（全站作品）

资料来源：根据腾讯动漫网站（http：//ac.qq.com/）数据整理，最后访问日期：2016年8月31日。

以作品获得的用户打赏月票来统计，按月票数量排序前5000部作品占全部作品的22.24%，月票数量为646.75万张，占总月票数量的99.31%

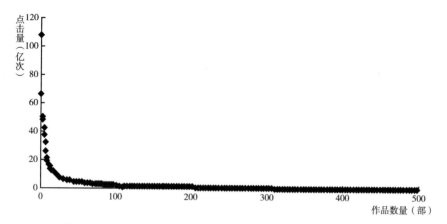

图 3 - 50   腾讯动漫平台漫画作品点击量和作品数量的对应关系
（前 500 部作品）

资料来源：根据腾讯动漫网站（http：//ac. qq. com/）数据整理，最后访问日期：2016
年 8 月 31 日。

（见图 3 - 51）；前 500 部作品占全部作品的 2.22%，月票数量为 585.58 万
张，占总月票数量的 89.92%；前 200 部作品占全部作品的 0.89%，月票数
量为 527.40 万张，占总月票数量的 80.99%（见图 3 - 52）；前 100 部作
品占全部作品的 0.44%，月票数量为 469.32 万张，占总月票数量的

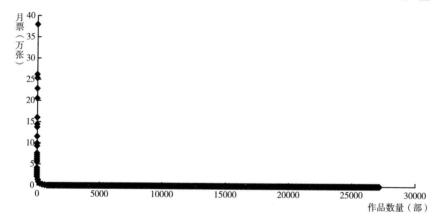

图 3 - 51   腾讯动漫平台漫画作品月票量和作品数量的对应关系（全站作品）

资料来源：根据腾讯动漫网站（http：//ac. qq. com/）数据整理，最后访问日期：
2016 年 8 月 31 日。

72.07%。同样，按照前 225 部作品统计，占总体 1% 的作品获得的月票数量为 536.49 万张，占总月票数量的 82.38%。腾讯动漫平台的作品虽然在点击量方面较之有妖气平台数量更大、集中度更高，但在月票数量和集中度方面与有妖气基本相当。腾讯动漫平台头部 1% 的漫画作品获得了近 83% 的月票数量。

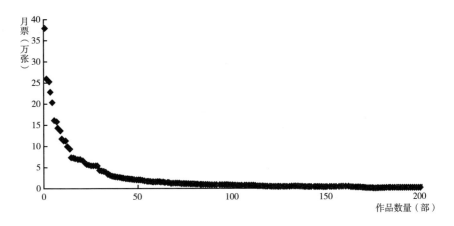

图 3－52　腾讯动漫平台漫画作品月票量和作品数量的对应关系
（前 200 部作品）

资料来源：根据腾讯动漫网站（http：//ac.qq.com/）数据整理，最后访问日期：2016 年 8 月 31 日。

（三）长尾理论的失效和生效分析

1.集中和分散相关理论

综合"80/20 法则"和长尾理论来看，幂律曲线中的"短头"就是品种越少，成本越低的规模经济，主张单一品种大规模生产；"长尾"就是品种越多，成本越低的范围经济，倡导小批量多品种生产。"规模经济"与"范围经济"是微观经济学中的两个重要概念。规模经济即规模的"报酬递增现象"，指的是随着生产经营规模的扩大，在给定技术的条件下产出增加的倍数高于投入要素增加的倍数。规模经济理论的核心是经济活动达到适当的经营规模后，大规模生产经营比小规模生产经营成本更低、效率更高、收益更多。范围经济是针对关联产品的生产而言的，指的是在相同的投入下，由一个厂商生产多种产品，对生产要素或生产设备的共同使用、联合市场计划或共同管理所产生的成本节约。任何一个产业都可以实现生产经营的规模经济和范围经济。

在西方微观经济学中，"市场结构"是反映市场竞争和垄断关系的概念。按照不同产业的市场垄断与竞争程度，垄断竞争理论把市场结构分为完全竞争、完全垄断、垄断竞争、寡头垄断四种基本类型。完全竞争又称纯粹竞争，是说市场上不存在任何垄断因素。完全垄断与完全竞争相反，指只有一个买者或卖者的市场。垄断竞争市场是指垄断性较弱，竞争性较强的市场形态。寡头垄断市场是指少数大企业控制着产业市场大部分产品的供给，它们具有较高的市场份额。完全竞争和完全垄断都是一种非常罕见的市场结构；垄断竞争是一种比较接近现实经济状况的市场结构，它介于完全竞争和完全垄断之间，且偏向于完全竞争；寡头垄断也介于完全竞争和完全垄断之间，但其以垄断因素为主同时又具有竞争因素。

经济学家认为，决定市场结构的因素很多，主要包括：市场集中度、产品差异化、进入和退出壁垒、市场需求的价格弹性、市场需求的增长率、短期成本结构等。市场集中度的衡量指标有：行业集中度、洛伦兹曲线、基尼系数、赫芬达尔－赫希曼指数等。

2. 集中和分散的几种定律

关于市场集中度，除了绝对集中和绝对分散（平均）两种极端形态之外，围绕集中和分散的不同程度至少还存在长尾理论、80/20 法则、马太效应和赢家通吃效应等几种不同定律。80/20 法则和长尾理论可以视为"一体两面"的关系，80/20 法则强调头部的 20%，而长尾理论则强调长尾的80%；马太效应（两极分化）显现了强者愈强、弱者愈弱的倾向，并最终导致了赢家通吃现象。也就是说，长尾理论并非对幂律的唯一解释，80/20法则、马太效应和赢家通吃效应同样是对幂律的通俗化解释。

（1）马太效应

马太效应指的是强者愈强、弱者愈弱，反映的是两极分化现象。马太效应由美国科学史研究者罗伯特·莫顿（Robert K. Merton）在 1968 年正式提出，即任何个体、群体或地区，在某一个方面（如金钱、名誉、地位等）获得成功和进步，就会产生一种积累优势，就会有更多的机会取得更大的成功和进步。这一术语后被经济学界所借用，反映赢家通吃的经济学中收入分配不公的现象，并被广泛应用于社会心理学、教育、金融以及科学领域。马太效应在社会中广泛存在，其对于领先者来说是一种优势的累积，因为他们将有更多的机会取得更大的进步。

（2）赢家通吃

赢家通吃是指市场竞争的最后胜利者获得所有的或绝大部分的市场份额，失败者往往被淘汰出市场而无法生存。赢家通吃产生的原因是信息产品存在"锁定"效应。由于信息处理与传播网络日新月异，那些占据高位的有智之士握有的筹码日益增长，留给他人的利益空间相对而言也就愈来愈小。"赢家通吃"已经渗透到社会里其他众多层面上。

美国经济学家罗伯特·弗兰克（Robert Frank）和菲利普·库克（Philip Cook）在《赢家通吃的社会》一书中提出，广泛、快捷的通信技术和复制的便利性会形成这样一种模式：热门产品可以给供应商带来丰厚的利润，而消费者的品位和购买习惯更易于趋同。美国社会学家威廉·麦克菲（William McPhee）在《大众行为理论模式》一书中提出了自然垄断法则：占相当大比例的流行产品爱好者由边缘消费者（不会经常购买某一特殊类型的产品）构成，而相当大比例的冷门产品爱好者则由忠实消费者（经常购买该类型产品）构成。换言之，冷门产品的少数忠实消费者往往了解多种并存的替代性产品，而热门产品的消费主体却很少知道其他替代性产品的存在，所以，少数头部产品（大热门产品）往往垄断了多数人群，且冷门产品的消费者对该类产品的欣赏程度也不如对热门产品高。

3. 长尾理论的假定前提条件

安德森的长尾理论实际上讲的是如何从单纯依靠规模经济逐步转向依靠范围经济，认为品种多样化会带来更多用户选择，能更好地满足用户的个性化需求。长尾理论指出，在资源共享的前提条件下，品牌越多，成本越低，长尾经济便具备了品种经济性。因此，他主张通过长尾针对小众用户提供更多品种上的选择，同时通过分类检索、个性推荐等过滤机制帮助他们便利地搜寻商品并做出选择。

细读长尾理论，不难发现长尾的实现需要同时满足三个前提条件，也就是安德森提出的推动长尾出现的三种力量（见表3-34）。普及生产工具是第一种力量，是它让长尾壮大起来；普及传播工具是第二种力量，是它将长尾变得人尽可得；直到第三种力量发挥作用，帮助人们在数不尽的选择中找到自己的最爱，长尾市场的潜力才会真正发挥出来。内容越多，长尾越长；获得利基产品的途径越多，长尾越扁平化；连接供给与需求，最终将用户需求从大热门推向利基产品。

表3-34　"长尾"的奥秘

力量	企业类型	范例
生产普及	工具制造者、生产者	数字摄像机、桌面音乐和视频编辑软件、博客工具
传播普及	集合器	eBay、iTunes、Netflix
供需相连	过滤器	Google、博客、Rhapsody 的自动推荐、畅销榜

资料来源：〔美〕克里斯·安德森：《长尾理论：为什么商业的未来是小众市场》，乔江涛、石晓燕译，中信出版社，2015。

在《长尾理论：为什么商业的未来是小众市场》中，第一种力量是普及生产工具，个人电脑把每个人都变成了创作生产者，成倍地扩大了可选产品的阵营。

第二种力量是普及传播工具，把每个人都变成传播者，降低了消费的成本，有效地提高了长尾市场的流动性。集合器能将数不尽的种类产品集合起来，使它们易于寻找、唾手可得。每一个集合器都可以降低市场的进入门槛，允许越来越多的产品跨过那道障碍，找到属于自己的顾客群。销售成本越低，销量就越大。商业集合器主要包括有形产品（如 Amazon、eBay）、数字产品（如 iTunes、iFilm）、广告/服务（如 Google、Craigslist）、信息（如 Google、维基百科）、网上社区/用户自创内容（如 MySpace、Bloglines）五个类别。

第三种力量是连接供给与需求，搜索引擎、自动推荐、口头传播效应等过滤器将产品介绍给消费者，扩大了消费者对利基市场的需求，推动需求曲线向右移动。被放大的口头传播效应就是利用消费者的情绪来连接供给与需求。在长尾市场中，过滤器的主要作用在于一种转变：帮助人们沿着一条既舒适又符合个人品位的道路从已知世界（大热门）走向未知世界（利基产品）。好的过滤器有推动需求向尾部移动的作用，它们可以发现新的产品和服务，而这些新事物比传统大规模传播渠道中的那些千篇一律的东西更有吸引力。

生产工具的普及使生产者的队伍急剧壮大；高效的数字经济学创造了新的市场和新的交流中心；最终，利用群体智慧连接供给与需求的能力带来了崭新的推荐和营销方式，本质上扮演了新时尚领军人的角色。

安德森把繁荣长尾市场的秘诀归结为两句话：提供所有产品，帮助用户找到它。他提出，成功制造长尾集合器的九大法则有：第一，让存货集中或分散，特别是利用数字存货来降低成本；第二，让顾客参与生产，以众包的形式协同生产；第三，建立多重传播渠道，提供丰富、便捷的传播；第四，产品细分化，提供更加主题化的组合，以多种产品适合所有人；第五，制定灵活的定价策略，以可变价格模式适合所有人；第六，分享信息，有助于用户选择；第七，丰富存储数量和传播渠道，提供不同版本；第八，利用群体智慧的评测能力，让市场自行筛选出适合的产品；第九，利用免费商业模式，以增值服务争取部分付费用户。

4. 长尾理论在中国网络漫画市场的失效

综上所述，可见长尾理论在包括数字内容产品在内的市场中得以实现存在一些前提条件。的确，互联网具有跨时空性，网络漫画平台打破了漫画书刊出版周期的限制，提供了全时间段的内容产品；打破了地理位置的限制，形成了统一的全国性消费市场；还在一定程度上摆脱了专业作者的束缚，增加了大量业余创作者的作品（UGC），并以无限空间提供了数万部规模以上漫画作品。但正如美国社会心理学教授巴里·施瓦茨（Barry Schwartz）在

《选择的悖论：用心理学解读人的经济行为》一书中所言，太多的选择不仅会令人迷惑，也会令人不堪重负。施瓦茨提出：幸福意味着拥有自由和选择，但更多的自由和选择并不能带来更大的幸福，相反，选择越多，幸福越少。施瓦茨认为，首先，当人们面对更多的选择时，反而不能做出明智的选择，因为我们的选择总是受到锚定效应、框架效应、可获得性启发等心理因素的影响。其次，人们即使做出了正确的选择，也不一定会感到满足，因为适应效应、比较、机会成本等因素会影响我们的主观感受。

尽管安德森提出可以通过过滤器井然有序地组织选择，帮助消费者做出选择，但网络漫画平台显然没有实现这一愿景。事实上，网络漫画平台的搜索引擎、自动推荐等过滤器也很难对题材雷同的同质化内容产生作用。的确，网络以其固有的去中心化特性有能力把大众文化转化成无数种同步平行的小众文化，但在看似碎片的网络文化中仍存在着主导性的文化消费潮流，正如网络节点的集散能力并不相同，除了以 BAT 为代表的少量巨头网站外，大量的互联网站则沦落为信息时代的孤岛。除了内容产品在类型、题材和风格上的横向区别之外，产品与产品之间在水平、等级或质量上的纵向区别更易于在网络上显现。时尚流行风潮在全国性统一市场上的共振效应，造就了《尸兄》《十万个冷笑话》《中国惊奇先生》《王牌御史》《偷星九月天》等少量头部漫画作品在较长时期内霸占国内网络漫画市场的现象。

在有妖气和腾讯动漫平台的作品人气和月票集中度分布图中，均可以观察到非常陡峭的下滑状幂律曲线。这是因为强大的口头效应反馈环夸大了消费者的喜恶倾向，让有名气的东西更有名气，没名气的东西更没名气。这就是所谓的成功带来更多成功的马太效应，这类积极反馈环很容易创造一种赢家通吃现象。网络中的排行榜、转发推荐等互动机制作为导引风向标，进一步加大了口头传播效应的威力，放大了大热门和冷门的差别，使得用户更加青睐头部的大热门产品，而非像长尾理论所期望的从大热门向冷门利基产品转移。

第四章

网络漫画用户发展现状

一　网络漫画用户的研究分析

（一）网络漫画用户概述

1. 网络文化娱乐全面渗透青少年的日常生活

随着对经济生活的逐步渗透，互联网已经成为当前青少年重要的信息获取途径、交流沟通桥梁和休闲娱乐平台。青少年网民对网络娱乐类应用存在明显偏好，青少年群体对各类网络娱乐类应用的使用率均高于网民总体水平。截至 2015 年 12 月，青少年网民网络音乐、游戏、视频、文学的使用率分别为 80.2%、66.5%、75.4% 和 44.6%，均高于网民总体水平。

通过对 25 岁以下青少年网络动漫用户的在线调查问卷进行分析可以发现，青少年网民对搞笑和热血类动漫关注度更高，使用率分别达到 50.6% 和 46.0%，这主要是由于搞笑和热血类的动漫作品不仅最容易被用户接受，而且内容较为轻松愉快,可以在一定程度上缓解青少年的学习生活压力。此外,在网络文学中使用率最高的爱情和校园类内容在动漫领域有所下降,分别为33.3%和34.5% (见图4-1)。

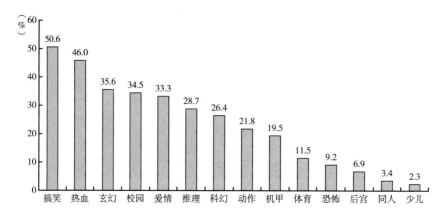

图4-1 2015年青少年偏好的网络动漫内容

资料来源:中国互联网络信息中心 (CNNIC):《2015年中国青少年上网行为研究报告》。

随着互联网在青少年群体中的普及,网络文化娱乐行为在青少年的日常生活中扮演的角色越来越重要,而随之产生的如贴吧文化、二次元文化等网络文化类型也日益受到重视。在过去几年中,以具有架空世界观的小说、漫画、动画、游戏作为主要载体的"二次元"网络文化通过各类互联网娱乐应用在青少年网民中快速渗透。此外,二次元文化传播载体的覆盖范围十分广泛。数据显示,截至2015年12月,作为二次元文化传播载体的网络小说、视频、游戏的青少年用户规模分别达到1.3亿人、2.2亿人和1.9亿人,可以说为二次元文化的传播提供了良好的基础。

二次元文化在国内青少年互联网群体中的快速发展,主要得益于以下四点。第一,互联网终端设备在青少年群体中的快速普及为二次元文化传播提供了物质基础。截至2015年12月,青少年互联网普及率为85.3%,相比2014年提高了5.7个百分点。第二,社交平台为二次元文化的繁荣提供了土壤。80后是国内接触日本动漫的最早一批用户,但由于传播平台的缺失,二次元文化并未在当时的青少年群体中快速发展，而当代高度发达的社交网络为90后、00后青少年网民提供了传播二次元信息的平台，微博、微信公众号、QQ群等社交网络成为二次元文化的重要发展空间。第三，用户付费能力的提升为二次元文化产业发展奠定了经济基础。随着年龄的增长，90后青少年群体逐渐有了收入来源，其消费能力随之提高，被用于二次元内容的消费作为内在动力推动了二次元内容的商业化发展。用户的消费不但反哺了网络文学、游戏等二次元文化载体，甚至还催生了Cosplay、游戏动漫周边产品等新业态。第四，互联网企业成为二次元文化发展的重要外部推手。2015年，很多互联网文化娱乐企业注意到二次元内容的巨大变现潜力，因而开始积极与内容版权方展开合作并进行内容推广，这成为推动二次元内容商业化进程的外部动力。

2.网络漫画用户规模不断扩大

随着网络漫画作品数量的不断增加和产品质量的大幅提升，以及网络漫画平台的快速发展，我国网络漫画用户数量也在快速增加。根据艾瑞咨询的估测，2016年在最近半年内每周至少在网上看过一次漫画（不包括儿童漫画，如少儿类图书）的年龄在12岁以上的约有7074.7万人，2017年达到9725.3万人（见图4-2）。

图4-2　2013~2017年中国网络漫画用户规模

资料来源：艾瑞咨询：《2016年中国漫画行业报告》。

2013 年和 2014 年，网络漫画用户以看日本漫画用户为主，有两三千万人，这一群体比较庞大，主要在论坛、贴吧上看盗版日本漫画。2015 年各大平台开始在漫画领域"跑马圈地"，2016 年漫画内容日益丰富，用户规模日益扩大。现阶段，网络漫画用户以年轻群体为主，看漫画的氛围浓，未来可开拓空间大。

3. 新生代网络漫画用户的阅读习惯

伴随着互联网的飞速发展，以 90 后、00 后为代表的新生代成为社会的中坚群体。相对于改革开放初期环境下成长的 80 后，90 后深受欧美日韩等各类文化的影响，00 后则延续了 90 后个人主义的特性，思想更加天马行空，网络表现更趋自我，圈层文化意识更加强烈。

受从小的阅读习惯和周围环境的影响，传统的 80 后和年轻的 95 后、00 后对网络漫画的消费呈现不同的行为习惯（见表 4 - 1）。95 后和 00 后以学生群体为主，涵盖初中生、高中生和大学生，他们从小接触多媒体和彩色影像，尤其喜欢彩色漫画。随着年龄的增长，新生代网络漫画用户喜欢观看的漫画题材类型也发生了一定的变化，如从少年、热血扩展到惊悚恐怖、悬疑等题材，需要提供更加多样化的漫画类型，才能够满足这部分用户群体的需求。

表 4 - 1　80 后漫画用户和 95 后、00 后漫画用户属性对比

对比维度	传统的 80 后漫画用户	年轻的 95 后、00 后漫画用户
行为特点	以日本漫画为主； 受日本漫画启蒙熏陶，更偏好黑白漫画、传统分页漫画	从小接触多媒体和彩色影像，以彩色漫画为主； 随着年龄增大，观看的类型也发生了一定的变化，如从少年、热血扩展到惊悚、恐怖、悬疑等
发展空间	以青春情怀为主，对经典漫画的衍生品情怀深，难以接受新作品； 漫画群体已固化甚至在流失，难以开拓新用户	在 95 后、00 后学生群体中，看漫画氛围浓，新用户的开拓空间大

资料来源：作者自制。

（二）网络漫画的粉丝效应

网络漫画具有典型的"粉丝"经济特征，创作者可以从用户的情感角

度出发，利用用户对虚拟形象（品牌符号）的注意力和喜爱，达到情绪资本增值的目的。

1. 粉丝经济的概念

粉丝（Fans，又称爱好者、拥趸、迷）是指对于某些人物、团体、俱乐部、公司、产品、艺术品、信念或流行趋势极度喜爱与支持的人。从广义层面上看，粉丝是指对特定事物有较大兴趣的人；从狭义层面上看，粉丝不仅仅对这些事物有浓厚的兴趣，而且对其有较为深入的了解。从社会学角度看，粉丝就是一类特殊的社会群体，它具备社会群体的一般特征：①有明确的成员关系；②有持续的相互交往；③有一致的群体意识和规范；④有一定的分工协作；⑤有一致行动的能力。

粉丝所喜欢的人物通常被称为偶像，被关注者多为明星、行业名人和虚拟形象等。粉丝群体从娱乐演艺圈溢出，渗透到文化、体育、科技、政治等与人们生活相关的其他领域，并在消费主义与媒介合谋的工业体系下促生了新的文化经济形态——粉丝经济。粉丝经济泛指架构在粉丝和被关注者关系之上的经营性创收行为，是一种通过提升用户黏性并以口碑营销形式获取经济利益与社会效益的商业运作模式。《粉丝力量大》一书的作者张蔷提出：粉丝经济以情绪资本（Emotional Capital）[1] 为核心，以粉丝社区为营销手段增值情绪资本。粉丝经济以消费者为主角，由消费者主导营销手段，从消费者的情感出发，企业借力使力，达到为品牌与偶像增值情绪资本的目的。

在后工业社会，消费者真正需要的是独一无二的体验，那种刹那间的心动才是他们心甘情愿付费的关键因素。粉丝在情绪资本中找到共鸣，产生欲望与内心的情感，在品牌与偶像身上看见认同，并加入接纳自己的群体，投入情感与互信。因此，情感才是消费行为背后的契机，粉丝是企业梦寐以求的优质客户。随着体验经济时代的到来，以情绪（情感）为基础的"体验

---

① "情绪资本"是英国管理学者凯文·汤姆森（Kevin Thomson）提出的一个概念，他认为情绪是可以累积的，能形成影响企业优势的资本。情绪资本分为外在情绪资本（存在于外部顾客的内心感受，譬如品牌价值、商誉等）和内部情绪资本（存在于企业内部的员工的感受、信念和价值观等），内部情绪资本其实就是外部顾客心目中的品牌价值的企业内部化。

型经济"将逐步替代以知识（理智）为基础的"客户关系管理"。如何与顾客建立关系营销，如何建立积极的气氛、共同的语言和品牌价值，已成为企业在知识经济时代需要思考的关键性问题。

2. 漫画的粉丝效应

在泛娱乐多领域的跨界连接过程中，IP 是实现连接一切、将数字价值变现的核心元素。不同于产品型公司和平台型公司，生态型公司养眼于生态产业链，将流量经济变为粉丝经济，利用粉丝的情绪资本形成共振化的粉丝社区，最终为 IP 衍生品埋单。

相对于传统的大众产品，粉丝经济产品具有以下优势：粉丝韧性高，后期付费坚挺，带来的社会效应更强；产品生命周期长，因为产品个性化强，不容易被复制；对产品质量有较高要求，兼顾个性化的同时，产品本身不存在短板；粉丝圈强大的包容能力。

关于漫画的粉丝经济效应，有一个数据可以看出虚拟形象品牌的巨大价值。在《福布斯》2004 年推出的"虚构形象富豪榜"（见表 4-2）中，米老鼠、维尼熊、蜘蛛侠等前 10 名虚构形象创造的年度收入超过了 250 亿美元。

表 4-2 2004 年《福布斯》全球"虚构形象富豪榜"前 10 名

排名	虚拟形象名称	商业价值（亿美元）
1	米老鼠和它的朋友们	58
2	维尼熊和它的朋友们	56
3	《指环王》中的佛罗多	29
4	哈利·波特	28
5	《海底总动员》中的尼莫	20
6	游戏王	16
7	海绵鲍勃	15
8	蜘蛛侠	13
9	《X 战警》中的金刚狼	9
10	《数码宝贝》中的皮卡丘	8.25

资料来源：作者自制。

（1）美国漫画公司漫威的商业价值

美国漫画巨头漫威公司始建于 1939 年，作为美国最老牌的漫画公司之一，每个月大约发行 60 种期刊，每年发行 100~300 套漫画小说，力求每个漫画系列都能赢利。经过长期积累，漫威拥有 5000 多名漫画形象，包括蜘蛛侠、金刚狼、绿巨人、神奇四侠、X 战警、夜魔侠、恶灵骑士、惩罚者、艾丽卡、铁人、雷神、银影侠、美国上尉、刀锋战士等众多口碑甚佳的漫画英雄。漫威的业务体系包括电影、版权许可、玩具、漫画书出版和互联网等，通过与好莱坞合作，既利用科幻电影的影响来扩大其漫画书的发行，又获得了不菲的授权收入，利润率很高，2008 年利润率高达 30.40%（见图 4-3、表 4-3）。

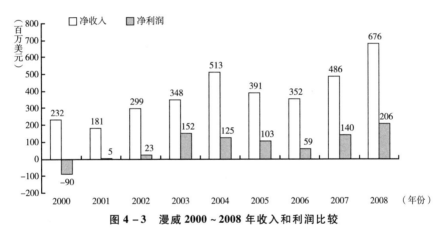

图 4-3　漫威 2000~2008 年收入和利润比较

资料来源：根据漫威公司历年财报整理。

表 4-3　根据漫威漫画改编拍摄的电影北美票房

单位：万美元

序号	片名	上映年份	票房	序号	片名	上映年份	票房
1	《复仇者联盟》	2012	62336	21	《X 战警前传：金刚狼》	2009	17988
2	《复仇者联盟：奥创时代》	2015	45901	22	《美国队长》	2011	17665
3	《钢铁侠 3》	2013	40901	23	《X 战警》	2000	15730
4	《蜘蛛侠》	2002	40371	24	《神奇四侠》	2005	15470
5	《蜘蛛侠 2》	2004	37359	25	《X 战警：第一战》	2011	14641
6	《死侍》	2016	35911	26	《无敌浩克》	2008	13481

续表

序号	片名	上映年份	票房	序号	片名	上映年份	票房
7	《蜘蛛侠3》	2007	33653	27	《金刚狼2》	2013	13256
8	《银河护卫队》	2014	33318	28	《绿巨人》	2003	13218
9	《钢铁侠》	2008	31841	29	《神奇四侠2:银影侠来袭》	2007	13192
10	《钢铁侠2》	2010	31243	30	《灵魂战车》	2007	11580
11	《超凡蜘蛛侠》	2012	26203	31	《超胆侠》	2003	10254
12	《美国队长2:冬日战士》	2014	25977	32	《刀锋战士2》	2002	8235
13	《X战警:背水一战》	2006	23436	33	《刀锋战士》	1998	7009
14	《X战警:逆转未来》	2014	23392	34	《神奇四侠》	2015	5612
15	《超能陆战队》	2014	22253	35	《刀锋战士3》	2004	5241
16	《X战警2》	2003	21495	36	《灵魂战车2:复仇时刻》	2012	5177
17	《雷神2:黑暗世界》	2013	20636	37	《惩罚者》	2004	3381
18	《超凡蜘蛛侠2》	2014	20285	38	《艾丽卡》	2005	2441
19	《雷神》	2011	18103	39	《天降神兵》	1986	1630
20	《蚁人》	2015	18020	40	《惩罚者2:战争特区》	2008	805

资料来源：Box Office Mojo（http://www.boxofficemojo.com/），最后访问日期：2016年4月15日。

漫威对于旗下漫画IP的商业化开发已经非常成熟，超级IP已经展示出充分的商业空间。《钢铁侠》系列，整个漫画销售1130万册，3部电影共计贡献24.23亿美元票房，此外游戏、DVD和玩具的销售收入也非常可观（见表4-4）。

表4-4 钢铁侠IP的商业价值变现

类别	市场规模
漫画	1130万册,3746万美元
电影	3部,共计票房24.23亿美元
游戏	603万份
DVD	4.94亿美元
玩具	授权费2.85亿美元(2006~2020年)

资料来源：三文娱（http://www.3wyu.com/）。

（2）"暴走漫画"粉丝社区的共振效应

"暴走漫画"是时下非常流行的一种开放式新漫画形式。在国内流行的"暴走"一词是年轻人释放自我、表达强烈情绪和情感的代名词，因而"暴走漫画"也是人们强烈情绪的一种表达方式。暴走漫画形象简单，画面饱满，表情夸张，粗糙却通俗易懂，有强烈的视觉冲击感，令人印象深刻；强烈的对比让简短的故事跌宕起伏，故事情节颇具共鸣性。由西安摩摩信息技术有限公司于 2012 年推出的"暴走漫画"，自上线以来深受广大年轻人喜爱，成为网民喜闻乐见的动漫形象。

"暴走漫画"采用自媒体 UGC 的运营模式，微博粉丝超 1000 万人，移动客户端装机量上千万，视频产品总点击量数十亿次，出版图书单册销量数万册。在这些数字的背后，隐藏着一个以 90 后和 00 后为代表的粉丝社区。"暴走漫画"是以社区推动的粉丝经济产品，用户年龄主要集中在 14～22 岁，男女比例为 3∶1，深度用户每天的观看时间是半小时，而活跃用户平均每天的观看时间为 8 分钟。

不同于传统的粉丝经济，"暴走漫画"更加注重作为标准的第一代互联网原住民——90 后和 00 后的参与感和认同感，其开发的"暴走漫画制作器"能让普通网友将发生在自己身边的趣事制作成暴走漫画。用户在粉丝社区内发布作品后可获得其他粉丝的即时反馈，可以找到归属感和兴趣点，并加入自己喜欢的交流圈。暴走漫画运营商除了推出制作器之外，还设置了网站内容分类、网站专区活动、表情中心、作者级别胸章、尼玛币（暴走漫画专属虚拟代币）、论坛等，形成社区感，吸引更多用户参与。这种模式打破了观众与作者之间的界限，由社区的粉丝共同推动作品的发展和经营，将自己融入角色之中，将作品融入生活中，而不是被灌输某种价值观，也不是单纯地追星。

二　网络漫画用户的使用情况

（一）网络漫画关键词的用户关注情况

百度指数是以百度海量网民行为数据为基础的数据分析平台，主要功能模块有：基于单个词的趋势研究、需求图谱、舆情管家、人群画像；基于行业的整体趋势、地域分布、人群属性、搜索时间特征。百度指数能够洞察某个关键词在百度的搜索规模有多大；一段时间内的涨跌态势以及相关的新闻舆论变化；关注这些词的网民是什么样的，分布在哪里，搜了哪些相关的词等。

搜索指数是以网民在百度的搜索量为数据基础，以关键词为统计对象，科学分析并计算出各个关键词在百度网页搜索中搜索频次的加权和。根据使用百度搜索来源的不同，搜索指数分为 PC 搜索指数和移动搜索指数。关键词的人群属性，是根据百度用户搜索数据，采用数据挖掘方法，对关键词的人群属性进行聚类分析，给出性别比例、年龄分布、兴趣分布等社会属性信息。

1. 行业类关键词的搜索用户属性

课题组利用百度指数平台，对"漫画"、"网络漫画"和"手机漫画"等关键词的用户属性进行了挖掘。数据显示（见图 4-4），2016 年利用百度 PC 端搜索"漫画"关键词的用户在年龄分布上，主要集中在 20~29 岁（占 42%）、30~39 岁（占 30%）和 19 岁及以下（占 17%）；与之相比，"网络漫画"关键词的搜索用户更加集中在 20~29 岁，占到了总体的 63%，

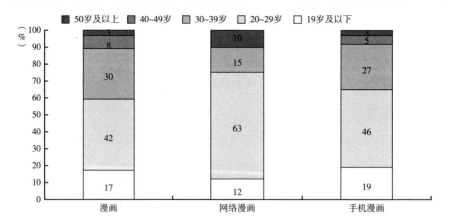

图 4-4 2016 年百度搜索"漫画"、"网络漫画"
和"手机漫画"关键词的人群年龄分布

资料来源：百度指数（http://index.baidu.com）。

可见"网络漫画"更受年轻人喜爱;"手机漫画"关键词的搜索用户与"漫画"的搜索用户近似,29 岁以下群体"手机漫画"多出 6 个百分点。

在搜索用户的性别比例方面,2016 年利用百度 PC 端搜索"漫画"关键词的男女用户比例为 68∶32,而搜索"网络漫画"关键词的男女用户比例为 94∶6,搜索"手机漫画"关键词的男女用户比例为 76∶24(见图 4 - 5)。需要注意的是,课题组经过对化妆品、服饰类多个关键词的核查,发现百度指数在性别比例上存在男性倾向的失真现象,但仍可大致比较不同关键词的比例差异。

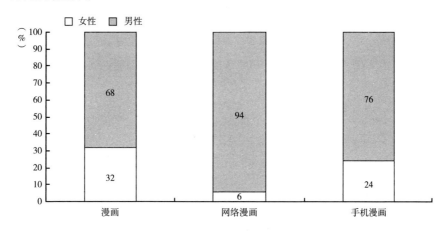

图 4 - 5　2016 年百度搜索"漫画"、"网络漫画"
和"手机漫画"关键词的人群性别分布

资料来源:百度指数(http://index.baidu.com)。

在搜索用户的地域分布上,搜索"漫画"关键词的用户主要分布在广东、浙江、江苏、北京、上海等省份(见图 4 - 6),以及北京、上海、广州等城市(见图 4 - 7),明显以东部沿海经济发达地域和一线城市关注者居多。相较之下,搜索"网络漫画"关键词的用户主要分布在广东、北京、浙江、上海、江苏等省份(见图 4 - 8),以及北京、上海、广州、天津、深圳等城市(见图 4 - 9);搜索"手机漫画"关键词的用户主要分布在广东、浙江、北京、山东、福建、江苏等省份(见图 4 - 10),以及北京、广州、上海、深圳等城市(见图 4 - 11)。

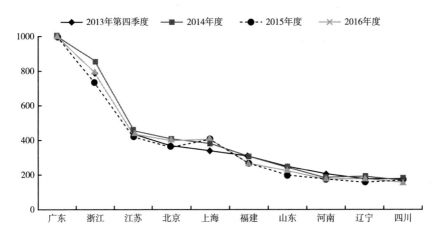

图 4 - 6　2013 ~ 2016 年百度搜索"漫画"关键词的人群地域分布（省份）

说明：以第 1 名取值 1000 作为基数，等比例换算其他地域的搜索指数。
资料来源：百度指数（http：//index. baidu. com）。

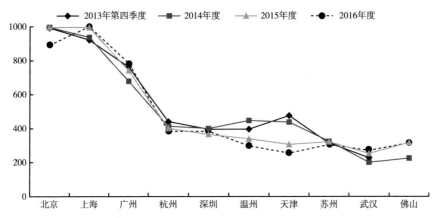

图 4 - 7　2013 ~ 2016 年百度搜索"漫画"关键词的人群地域分布（城市）

资料来源：百度指数（http：//index. baidu. com）。

2. 产品类关键词的搜索用户属性

除了对"漫画"、"网络漫画"和"手机漫画"等行业性关键词研究分析人群画像之外，课题组还以"腾讯动漫""有妖气""快看漫画""暴走漫画"等主要漫画平台作为关键词，对其用户属性进行了挖掘。数据显示，2016 年利用百度 PC 端搜索"腾讯动漫"关键词的用户在年龄分布上，主

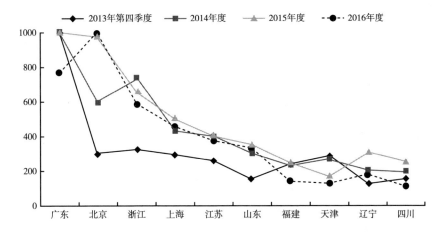

图 4 - 8　2013 ~ 2016 年百度搜索"网络漫画"关键词的人群地域分布（省份）

资料来源：百度指数（http：//index. baidu. com）。

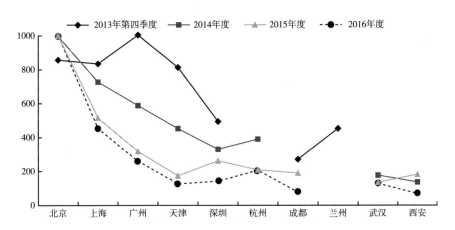

图 4 - 9　2013 ~ 2016 年百度搜索"网络漫画"关键词的人群地域分布（城市）

资料来源：百度指数（http：//index. baidu. com）。

要集中在 20 ~ 29 岁（占 47%）、19 岁及以下（占 27%）和 30 ~ 39 岁（占 18%）；"有妖气"关键词的搜索用户与"腾讯动漫"的搜索用户近似，不同之处主要是 19 岁及以下群体多出 4 个百分点，而 20 ~ 29 岁群体少了 5 个百分点；"暴走漫画"关键词的搜索用户与"有妖气"的搜索用户较为相似。最值得注意的是，"快看漫画"的关注者要年轻得多，19 岁及以下群体

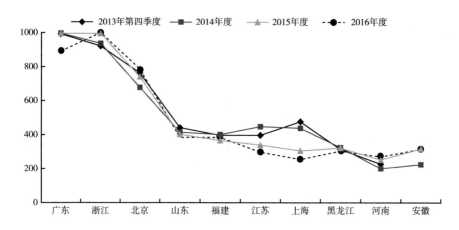

图4-10 2013~2016年百度搜索"手机漫画"
关键词的人群地域分布（省份）

资料来源：百度指数（http://index.baidu.com）。

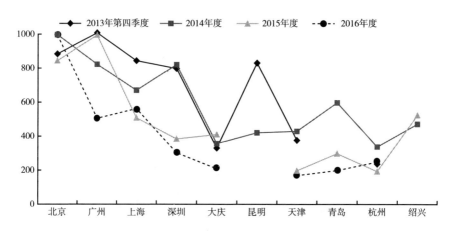

图4-11 2013~2016年百度搜索"手机漫画"
关键词的人群地域分布（城市）

资料来源：百度指数（http://index.baidu.com）。

占总体的54%，20~29岁群体占45%，30~39岁群体占1%，40岁以上群体关注者基本为零（见图4-12）。

在搜索用户的性别比例方面，2016年利用百度PC端搜索"腾讯动漫"关键词的男女用户比例为75∶25，搜索"有妖气"关键词的男女用户比例为

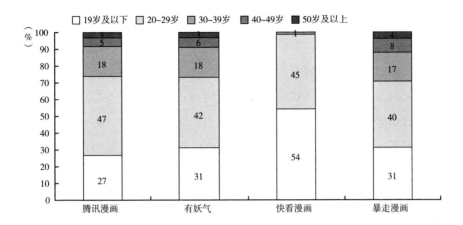

图 4－12　2016 年百度搜索"腾讯动漫""有妖气""快看漫画""暴走漫画"关键词的人群年龄分布

资料来源：百度指数（http：//index. baidu. com）。

66∶34，搜索"快看漫画"关键词的男女用户比例为 56∶44，搜索"暴走漫画"关键词的男女用户比例为 78∶22。由此可见，以搜索"快看漫画"关键词的女性用户比例最高，而以搜索"暴走漫画"关键词的男性用户比例最高（见图 4－13）。

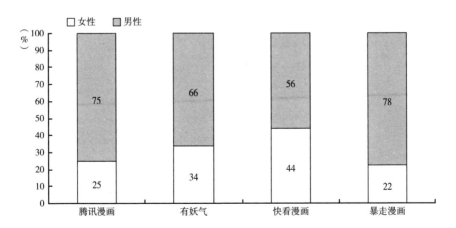

图 4－13　2016 年百度搜索"腾讯动漫""有妖气""快看漫画""暴走漫画"关键词的人群性别分布

资料来源：百度指数（http：//index. baidu. com）。

在搜索用户的地域分布上，搜索"腾讯动漫"关键词的用户主要分布在广东、浙江、北京、江苏等省份（见图 4 - 14），以及北京、上海、广州、天津、杭州等城市（见图 4 - 15），也是以东部沿海经济发达地域和一线城市关注者居多。搜索"有妖气"关键词的用户主要分布在广东、浙江、北京、江苏等省份（见图 4 - 16），以及北京、上海、广州、天津、杭州、深圳、苏州等城市（见图 4 - 17）。搜索"快看漫画"关键词的用户主要分布在广东、浙江、北京、江苏等省份（见图 4 - 18），以及北京、上海、广

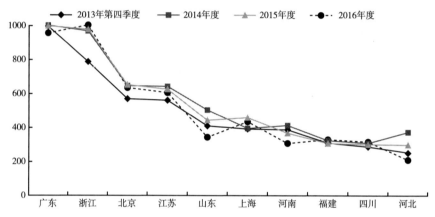

图 4 - 14　2013～2016 年百度搜索"腾讯动漫"关键词的人群地域分布（省份）

资料来源：百度指数（http：//index. baidu. com）。

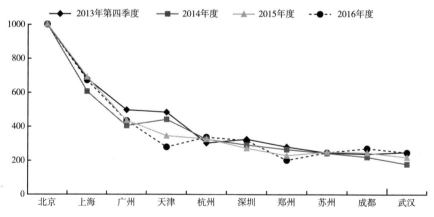

图 4 - 15　2013～2016 年百度搜索"腾讯动漫"关键词的人群地域分布（城市）

资料来源：百度指数（http：//index. baidu. com）。

州、深圳、苏州、杭州等城市（见图 4 - 19）。搜索"暴走漫画"关键词的用户主要分布在广东、浙江、江苏等省份（见图 4 - 20），以及北京、上海、广州、深圳、杭州等城市（见图 4 - 21）。由此可见，各网络漫画平台在地域分布上极其相似，在互联网的推动下，网络漫画形成全国统一的大市场，已经很难再像传统纸质印刷出版物时代那样存在地域性的区域市场了。

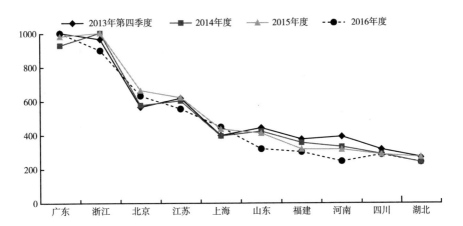

图 4 - 16　2013～2016 年百度搜索"有妖气"关键词的人群地域分布（省份）

资料来源：百度指数（http：//index. baidu. com）。

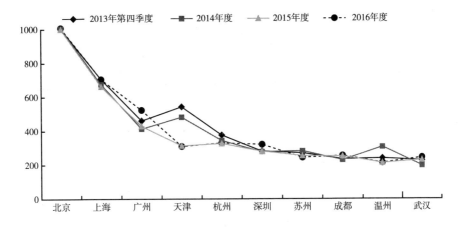

图 4 - 17　2013～2016 年百度搜索"有妖气"关键词的人群地域分布（城市）

资料来源：百度指数（http：//index. baidu. com）。

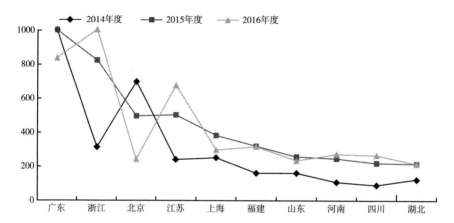

图 4 - 18　2014 ~ 2016 年百度搜索 "快看漫画" 关键词的人群地域分布 (省份)

资料来源：百度指数（http：//index. baidu. com）。

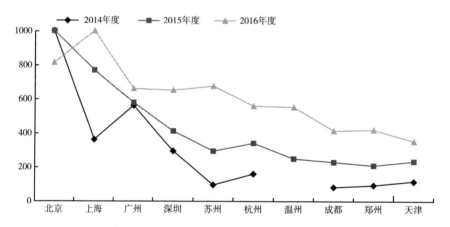

图 4 - 19　2014 ~ 2016 年百度搜索 "快看漫画" 关键词的人群地域分布 (城市)

资料来源：百度指数（http：//index. baidu. com）。

（二）漫画 App 用户的使用情况

1. 漫画 App 用户的总体和日均指标

Analysys 易观千帆监测数据显示，2016 年第三季度中国手机漫画市场整体活跃人数达到 4823.34 万。其中，腾讯动漫活跃用户达到 937.69 万人，渗透率为 19.44%，位居行业第 1；快看漫画紧随其后，以 716.47 万人位居第 2；

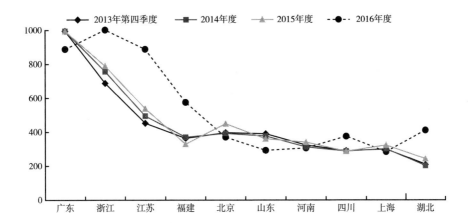

图4－20 2013～2016年百度搜索"暴走漫画"关键词的人群地域分布（省份）

资料来源：百度指数（http://index.baidu.com）。

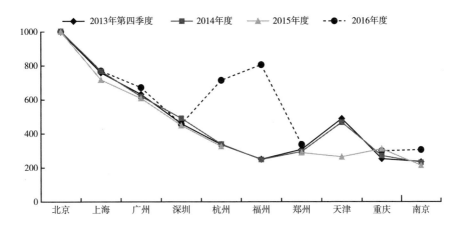

图4－21 2013～2016年百度搜索"暴走漫画"关键词的人群地域分布（城市）

资料来源：百度指数（http://index.baidu.com）。

背靠运营商资源的咪咕动漫本季度上升明显，活跃用户达到638.04万人。

从手机漫画领域月度平均数据来看，2016年4月漫画领域91个App活跃用户量平均值为48.89万人，至2016年7月100个App活跃用户平均值上升为52.67万人，月度复合增长率（CAGR）为2.51%。2016年7月，全部漫画App日均活跃用户平均值为9.98万人，启动次数平均值为1364.15万次，使用时长平均值为279.14万小时（见表4－5、图4－22、图4－23、图4－24）。

表4-5　2016年4~7月漫画App总体平均指标情况

时段	活跃用户（万人）	日均活跃用户（万人）	启动次数（万次）	日均启动次数（万次）	使用时长（万小时）	日均使用时长（万小时）
2016年4月	48.89	9.82	1200.4	40.01	245.4	8.18
2016年5月	50.62	10.96	1400.11	45.16	282.9	9.13
2016年6月	52.50	10.18	1238.22	41.27	255.43	8.51
2016年7月	52.67	9.98	1364.15	44.00	279.14	9.00

资料来源：易观千帆（http：//qianfan. analysys. cn/）。

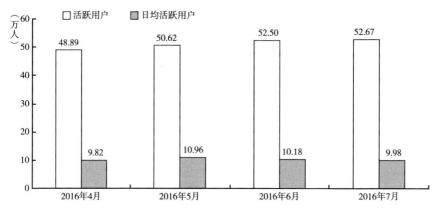

图4-22　2016年4~7月漫画App活跃用户数量平均值

资料来源：易观千帆（http：//qianfan. analysys. cn/）。

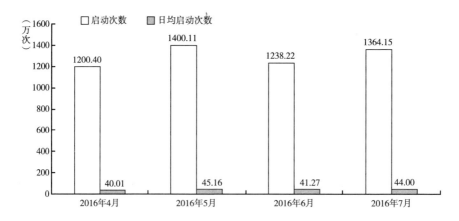

图4-23　2016年4~7月漫画App启动次数平均值

资料来源：易观千帆（http：//qianfan. analysys. cn/）。

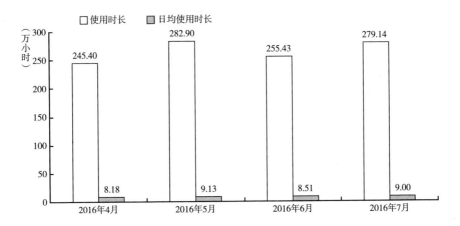

图 4 - 24　2016 年 4 ~ 7 月漫画 App 使用时长平均值

资料来源：易观千帆（http：//qianfan. analysys. cn/）。

2. 漫画 App 用户使用的人均指标

Analysys 易观千帆监测数据显示，2016 年第三季度手机漫画领域人均单日启动次数均值为 4.09 次，人均单日使用时长均值为 37.68 分钟。其中，网易漫画的人均单日启动次数为 9 次，人均单日使用时长为 83.39 分钟，用户黏性最高。从整体数据来看，人均单日的行为数据分段明显，网易漫画、快看漫画、动漫之家和腾讯动漫的用户黏性较高。

从手机漫画领域月度平均数据来看，2016 年 4 月漫画领域 91 个 App 人均启动次数平均值为 24.55 次，至 2016 年 7 月 100 个 App 人均启动次数平均值上升为 25.90 次，月度复合增长率（CAGR）为 1.80%。2016 年 7 月，全部漫画 App 人均单日启动次数平均值为 5.35 次，人均使用时长平均值为 5.30 小时，人均单日使用时长平均值为 1.06 小时，约合 63.42 分钟（见表 4 - 6、图 4 - 25、图 4 - 26）。

3. 漫画 App 用户分时使用情况

在分时指标中，将每日时间细分为 24 小时的时段来监测用户在一天中使用 App 的情况。分时活跃人数指 App 在 24 个时段的分别活跃用户数量，分时启动次数指 App 在 24 个时段的分别启动次数，分时使用时长指 App 在 24 个时段的分别使用时长；分时人均启动次数指 App 在 24 个时段的分别人

表 4 - 6　2016 年 4~7 月漫画 App 平均人均指标情况

时段	人均启动次数（次）	人均单日启动次数（次）	人均使用时长（小时）	人均单日使用时长（小时）	人均单日使用时长（分钟）
2016 年 4 月	24.55	5.09	5.02	1.01	60.47
2016 年 5 月	27.66	5.56	5.59	1.10	66.15
2016 年 6 月	23.59	5.41	4.87	1.08	64.75
2016 年 7 月	25.90	5.35	5.30	1.06	63.42

资料来源：易观千帆（http：//qianfan. analysys. cn/）。

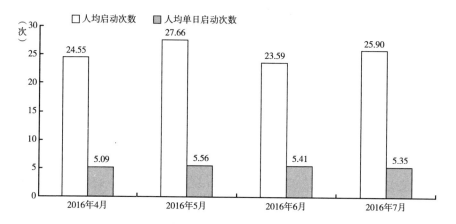

图 4 - 25　2016 年 4~7 月漫画 App 总体人均启动次数

资料来源：易观千帆（http：//qianfan. analysys. cn/）。

均启动次数，分时人均使用时长指 App 在 24 个时段的分别人均使用时长。

　　从手机漫画领域月度总体分时活跃用户数量平均值来看，2016 年 4 月漫画领域分时活跃人数平均值最高的时段集中在 21~24 时，5 月和 6 月的使用高峰都出现在 20~23 时，处于暑假期间的 7 月的使用高峰则出现在 12~15 时。总体来看，漫画 App 的主要高峰时段为每日的 20~23 时，次峰时段为 12~14 时，而低谷时段则都集中在每日的 2~5 时（见表 4 - 7、图 4 - 27）。

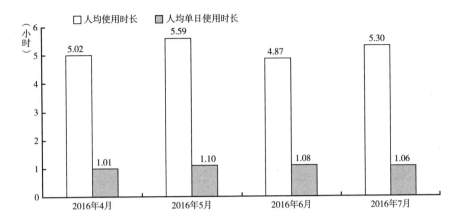

图 4 - 26　2016 年 4～7 月漫画 App 总体人均使用时长

资料来源：易观千帆（http://qianfan.analysys.cn/）。

表 4 - 7　2016 年 4～7 月漫画 App 总体分时活跃用户数量平均值

单位：万人

分时时段	2016 年 4 月	2016 年 5 月	2016 年 6 月	2016 年 7 月
00:01～01:00	6.33	3.77	4.05	4.52
01:01～02:00	4.31	2.15	2.73	3.09
02:01～03:00	2.18	1.17	1.91	2.29
03:01～04:00	1.11	0.89	1.37	1.94
04:01～05:00	0.96	0.76	1.42	1.83
05:01～06:00	3.02	1.45	1.92	2.19
06:01～07:00	4.57	3.30	3.61	3.57
07:01～08:00	5.53	3.80	4.58	4.86
08:01～09:00	5.42	4.17	5.32	6.17
09:01～10:00	5.80	4.25	5.46	7.35
10:01～11:00	5.50	4.35	5.66	7.03
11:01～12:00	5.05	4.49	6.10	7.44
12:01～13:00	6.38	5.85	7.31	7.95
13:01～14:00	6.42	5.73	7.41	8.49
14:01～15:00	6.12	4.65	6.04	7.81
15:01～16:00	5.53	4.13	5.77	7.45
16:01～17:00	6.42	4.65	5.96	7.34
17:01～18:00	6.89	5.47	6.73	6.71

续表

分时时段	2016 年 4 月	2016 年 5 月	2016 年 6 月	2016 年 7 月
18:01~19:00	7.06	6.31	6.91	7.04
19:01~20:00	7.48	6.79	7.37	6.78
20:01~21:00	6.84	7.52	7.80	7.07
21:01~22:00	7.63	8.22	8.97	7.51
22:01~23:00	7.90	7.12	7.93	7.58
23:01~24:00	8.85	6.03	6.36	6.44

资料来源：易观千帆（http://qianfan. analysys. cn/）。

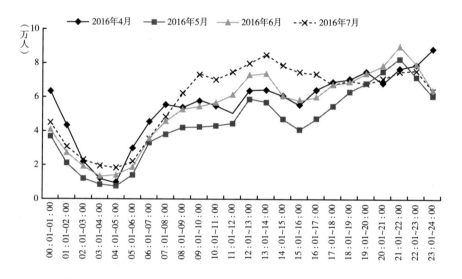

图 4 - 27　2016 年 4 ~ 7 月漫画 App 总体分时活跃用户数量平均值

资料来源：易观千帆（http://qianfan. analysys. cn/）。

从手机漫画领域月度总体分时启动次数平均值来看，2016 年 4 月漫画领域分时启动次数平均值最高的时段集中在 19 ~ 24 时，5 月的使用高峰出现在 19 ~ 22 时，6 月的使用高峰出现在 20 ~ 23 时，处于暑假期间的 7 月的使用高峰则出现在 9 时、13 时和 22 时。总体来看，漫画 App 的主要高峰时段为每日的 20 ~ 23 时，次峰时段为 12 ~ 14 时，而低谷时段则都集中在每日的 2 ~ 5 时（见表 4 - 8、图 4 - 28）。

表4-8　2016年4~7月漫画App总体分时启动次数平均值

单位：万次

分时时段	2016年4月	2016年5月	2016年6月	2016年7月
00:01~01:00	71.61	48.17	34.08	38.56
01:01~02:00	61.31	25.56	23.68	23.97
02:01~03:00	25.13	12.79	19.35	17.56
03:01~04:00	8.94	10.79	14.24	13.39
04:01~05:00	10.19	7.57	12.43	12.36
05:01~06:00	40.11	16.30	15.37	15.21
06:01~07:00	48.96	39.57	29.99	28.22
07:01~08:00	64.75	48.06	41.73	40.51
08:01~09:00	59.72	52.03	46.76	57.16
09:01~10:00	69.85	52.34	45.50	82.02
10:01~11:00	59.39	51.92	51.51	66.64
11:01~12:00	48.90	54.59	55.20	71.23
12:01~13:00	70.84	79.41	73.57	79.62
13:01~14:00	80.56	69.00	72.14	87.62
14:01~15:00	68.95	60.63	54.57	79.28
15:01~16:00	58.94	49.44	51.99	74.71
16:01~17:00	83.57	56.67	54.99	73.63
17:01~18:00	82.41	68.38	65.91	63.37
18:01~19:00	87.53	82.05	71.53	71.63
19:01~20:00	103.64	98.10	74.33	71.85
20:01~21:00	83.60	109.60	82.77	69.71
21:01~22:00	86.21	121.09	106.48	74.78
22:01~23:00	91.26	95.26	80.80	82.98
23:01~24:00	97.39	90.79	59.30	68.12

资料来源：易观千帆（http://qianfan.analysys.cn/）。

从手机漫画领域月度总体分时使用时长平均值来看，2016年4月漫画领域分时使用时长平均值最高的时段集中在19~1时，5月的使用高峰出现在19~24时，6月的使用高峰出现在20~23时，处于暑假期间的7月的使用高峰则出现在12~17时。总体来看，漫画App的主要高峰时段为每日的20~23时，次峰时段为12~14时，而低谷时段则都集中在每日的2~5时（见表4-9、图4-29）。

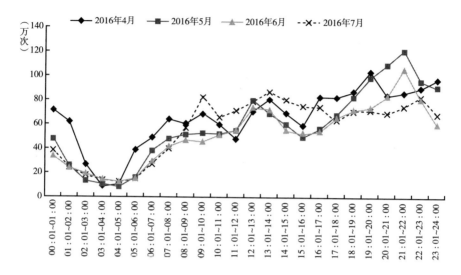

图 4 - 28　2016 年 4~7 月漫画 App 总体分时启动次数平均值

资料来源：易观千帆（http：//qianfan. analysys. cn/）。

表 4 - 9　2016 年 4~7 月漫画 App 总体分时使用时长平均值

单位：万小时

分时时段	2016 年 4 月	2016 年 5 月	2016 年 6 月	2016 年 7 月
00：01~01：00	19. 88	7. 64	5. 75	6. 01
01：01~02：00	12. 72	5. 79	5. 40	5. 42
02：01~03：00	4. 82	4. 20	5. 18	4. 63
03：01~04：00	2. 79	3. 97	3. 46	3. 86
04：01~05：00	2. 19	3. 92	3. 39	3. 54
05：01~06：00	8. 28	4. 90	4. 20	3. 98
06：01~07：00	9. 22	8. 49	6. 14	5. 68
07：01~08：00	12. 99	9. 96	7. 29	7. 89
08：01~09：00	11. 86	9. 96	9. 54	11. 28
09：01~10：00	12. 94	10. 46	9. 01	14. 65
10：01~11：00	12. 08	10. 70	9. 27	12. 86
11：01~12：00	8. 81	11. 82	10. 66	13. 74
12：01~13：00	11. 05	14. 81	12. 80	15. 63
13：01~14：00	16. 33	16. 33	15. 88	16. 39
14：01~15：00	12. 72	12. 17	12. 34	15. 85
15：01~16：00	12. 81	10. 00	11. 63	16. 35

续表

分时时段	2016 年 4 月	2016 年 5 月	2016 年 6 月	2016 年 7 月
16:01 ~ 17:00	17.61	11.75	11.83	16.10
17:01 ~ 18:00	16.26	12.56	13.35	13.00
18:01 ~ 19:00	17.00	13.46	14.91	15.73
19:01 ~ 20:00	19.35	18.45	13.37	15.50
20:01 ~ 21:00	17.50	19.89	15.63	13.49
21:01 ~ 22:00	18.44	21.50	22.31	15.20
22:01 ~ 23:00	18.94	18.68	17.10	16.88
23:01 ~ 24:00	20.52	21.49	14.98	15.49

资料来源：易观千帆（http://qianfan.analysys.cn/）。

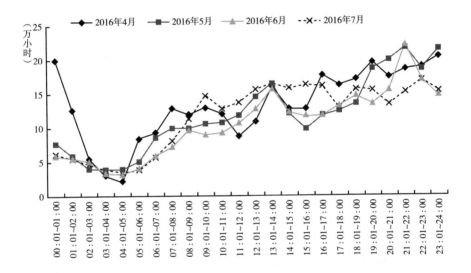

图 4 - 29　2016 年 4 ~ 7 月漫画 App 总体分时使用时长平均值

资料来源：易观千帆（http://qianfan.analysys.cn/）。

三　有妖气漫画网站用户研究分析

漫画内容的传播渠道正从传统媒体向网络媒体加速迁移，漫画内容产品的数字化生产、网络化传播已成为不可逆转的潮流。数字漫画内容产品和网络媒体传播技术的有机融合，大大激活了潜在的市场需求，推动了网络漫画的迅速发展。有妖气作为目前国内最大的独立原创漫画网络平台，汇聚了近万名漫画家、数万部漫画作品与上千万读者，2015 年以 9.04 亿元被奥飞动漫全资收购。

为深入了解有妖气网站用户属性和浏览行为，课题组通过数据采集、整理和统计分析等技术手段，对有妖气全站用户进行了专题研究。截止到 2016 年 6 月底，有妖气注册用户共计 15421955 个，剔除无效 ID（含封停账号）3908734 个，共获取到有效用户 11513221 个。

（一）有妖气漫画网站的用户属性特征

1. 有妖气会员性别分布

在有妖气全站用户中，标明性别的用户共 599184 人，其中男性 249434 人，占 41.63%，女性 349750 人，占 58.37%，男女比为 71∶100（以女性基数为 100）。

表 4-10 有妖气全站用户性别属性

单位：人，%

类别	用户数量	所占全部有效用户的比例	所占全部男女用户的比例
保密	10914037	94.80	—
男	249434	2.17	41.63
女	349750	3.04	58.37
男女合计	599184	5.20	100

资料来源：根据有妖气网站（http://www.u17.com）用户信息整理。

2. 有妖气会员星座分布

根据用户标注的星座属性，剔除未知星座（默认为射手座），共获取到其他 11 个星座的 403865 条记录，以平均值 36715 人作为射手座的用户数量。所占比例较高的星座有：天蝎座 41342 人，占 9.38%；天秤座 40520 人，占 9.20%；双鱼座 37871 人，占 8.60%；双子座 37449 人，占 8.50%；水瓶座 37291 人，占 8.46%；摩羯座 36738 人，占 8.34%。所占比例偏低的星座有：狮子座 36048 人，占 8.18%；处女座 35235 人，占 8.00%；巨蟹座 35010 人，占 7.95%；白羊座 33298 人，占 7.56%；金牛座 33063 人，占 7.50%（见表 4-11、图 4-30）。

表 4-11　有妖气全站用户星座属性

单位：人，%

星座	用户数量	所占比例	星座	用户数量	所占比例
白羊座	33298	7.56	天秤座	40520	9.20
金牛座	33063	7.50	天蝎座	41342	9.38
双子座	37449	8.50	射手座	36715	8.33
巨蟹座	35010	7.95	摩羯座	36738	8.34
狮子座	36048	8.18	水瓶座	37291	8.46
处女座	35235	8.00	双鱼座	37871	8.60

资料来源：根据有妖气网站（http：//www.u17.com）用户信息整理。

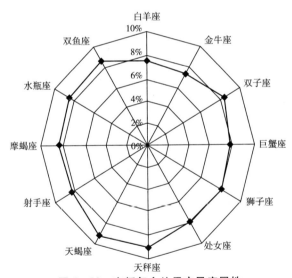

图 4-30　有妖气全站用户星座属性

资料来源：根据有妖气网站（http：//www.u17.com）用户信息整理。

综合用户性别和星座属性，剔除保密性别和未知星座，共获取到 389112 条记录，占全站用户的 3.38%。其中，男性 155471 人，女性 233641 人，以其平均值 14134 人和 21240 人分别作为射手男和射手女的数量。所占比例较高的星座女有：天蝎女、天秤女、水瓶女和双鱼女。值得一提的是，摩羯座男女相差较大：摩羯女有 20792 人，占 0.18%，在星座女中排第 8 位；摩羯男有 14520 人，占 0.13%，在星座男中排第 4 位（见表 4-12、图 4-31）。

表 4-12　有妖气全站用户性别和星座属性

单位：人，%

星座和性别	用户数量	占总体比例	星座和性别	用户数量	占总体比例
白羊男	12885	0.11	天秤男	15369	0.13
白羊女	19179	0.17	天秤女	23687	0.21
金牛男	12917	0.11	天蝎男	15620	0.14
金牛女	18931	0.16	天蝎女	24143	0.21
双子男	14513	0.13	射手男	14134	0.12
双子女	21632	0.19	射手女	21240	0.18
巨蟹男	13550	0.12	摩羯男	14520	0.13
巨蟹女	20223	0.18	摩羯女	20792	0.18
狮子男	13918	0.12	水瓶男	14359	0.12
狮子女	20803	0.18	水瓶女	21602	0.19
处女男	13288	0.12	双鱼男	14532	0.13
处女女	20667	0.18	双鱼女	21982	0.19

资料来源：根据有妖气网站（http://www.u17.com）用户信息整理。

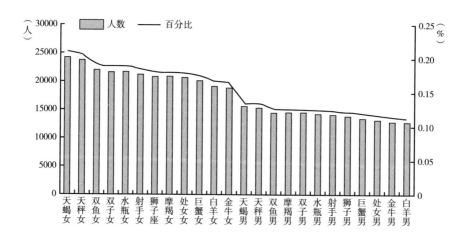

图 4-31　有妖气全站用户性别和星座属性

资料来源：根据有妖气网站（http://www.u17.com）用户信息整理。

（二）网络漫画用户地域分布

1. 有妖气会员的地域分布

在有妖气全站用户中，有 9698043 人所在地为中国大陆，占总体的 84.23%；中国港澳台地区有 95513 人，占 0.83%；海外地区有 1054180 人，占 9.16%；未知地区有 665485 人，占 5.78%（见图 4 - 32）。在中国大陆地区，以广东、北京、浙江、江苏、山东五省份人数居多，五省份合计约占总体的 36.64%（见表 4 - 13、图 4 - 33）。

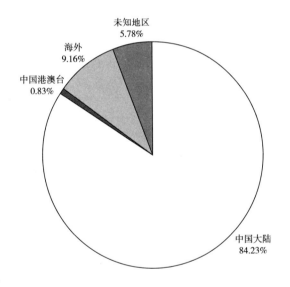

图 4 - 32　有妖气全站用户地域分布

资料来源：根据有妖气网站（http://www.u17.com）用户信息整理。

2. 有妖气会员的城市分布

从有妖气全站用户所在城市来看，以北京市最多，有 944512 人，占总体的 8.20%。上海、广州、深圳、重庆、天津、成都、杭州、武汉、温州等城市用户数量也较多，前 10 大城市用户合计为 2801920 人，约占总体的 24.33%（见表 4 - 14、图 4 - 34）。总体而言，用户主要分布在北上广深渝等大城市、东部沿海发达地区以及中西部地区中心城市。

表 4-13　有妖气全站用户中国大陆地区分布（按省份）

单位：人，%

省份	人数	占总体比例	省份	人数	占总体比例
广东	1277775	11.10	黑龙江	218874	1.90
北京	944512	8.20	重庆	198254	1.72
浙江	770157	6.69	天津	186126	1.62
江苏	694225	6.03	山西	181890	1.58
山东	532092	4.62	吉林	179484	1.56
四川	441301	3.83	陕西	176970	1.54
河南	439373	3.82	云南	140752	1.22
福建	371340	3.23	贵州	136508	1.19
湖北	368623	3.20	内蒙古	97548	0.85
河北	346279	3.01	新疆	74600	0.65
上海	346270	3.01	甘肃	53856	0.47
湖南	322587	2.80	海南	48399	0.42
江西	316062	2.75	宁夏	22117	0.19
辽宁	279467	2.43	青海	11736	0.10
广西	270320	2.35	西藏	2609	0.02
安徽	247937	2.15			

资料来源：根据有妖气网站（http：//www.u17.com）用户信息整理。

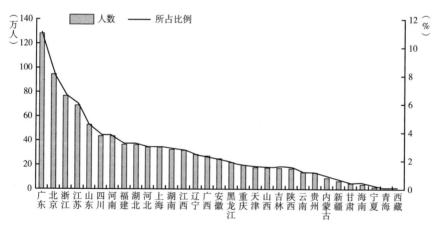

图 4-33　有妖气全站用户中国大陆地区分布（按省份）

资料来源：根据有妖气网站（http：//www.u17.com）用户信息整理。

表 4 - 14　有妖气全站用户中国大陆地区分布（前 20 大城市）

单位：人，%

城市	人数	占总体比例	城市	人数	占总体比例
北京	944512	8.20	郑州	128443	1.12
上海	346270	3.01	苏州	125840	1.09
广州	302988	2.63	南京	123640	1.07
深圳	213256	1.85	西安	97583	0.85
重庆	198254	1.72	福州	97208	0.84
天津	186126	1.62	佛山	96532	0.84
成都	167419	1.45	东莞	91797	0.80
杭州	162161	1.41	宁波	85775	0.75
武汉	151416	1.32	长沙	80526	0.70
温州	129518	1.12	无锡	79135	0.69

资料来源：根据有妖气网站（http：//www.u17.com）用户信息整理。

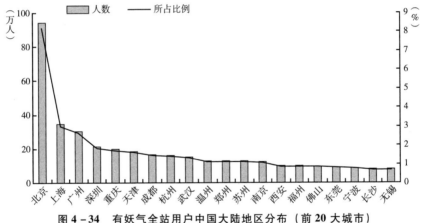

图 4 - 34　有妖气全站用户中国大陆地区分布（前 20 大城市）

资料来源：根据有妖气网站（http：//www.u17.com）用户信息整理。

3. 有妖气会员的海外分布

海外用户中，美国用户 205145 人，占总体的 1.78%，占海外用户的 19.46%。日本、马来西亚、加拿大、澳大利亚等国也有一定数量的用户。

（三）网络漫画用户付费情况（比例）调查

VIP 会员是有妖气网站向用户提供的增值服务。VIP 会员除了免费享受高质量原创漫画之外，还可享受设置头像特效、领工资、VIP 独有标识、VIP 相册、高级阅读模式、VIP 专属礼物道具、自定义空间装扮、拿月票、VIP 关注上限、个性评论、下载漫画封面、VIP 书架、漫画付费章节折扣、漫画专属表情、VIP 章节、看漫画无广告、会员等级加速、生日排名靠前、昵称修改、客服人员优先接待等待遇。如表 4-15 所示，VIP 会员按照成长值的不同，共分为 6 级，不同等级的 VIP 会员在若干特别项目（如工资、月票、等级加速等）方面所享受的待遇不同。VIP 会员付费模式分按月付费和按年付费两种，每月 10 元，按年付费可享 9 折优惠，一年只需 108 元。按年支付的VIP 会员除享受以上待遇之外，还拥有点亮年费图标、成长值加速（15 点/天）、购买付费章节 8.7 折、每充一年可额外获赠 200 点成长值等四项年费会员待遇。

表 4-15 有妖气网站 VIP 会员分等级特权

特权内容	相册空间	每周领工资	每月拿月票	账号等级加速	关注上限
非 VIP 会员	20M	—	—	自然增长	1000 人
VIP1	50M	200 妖果	13 张	1.1 倍	2000 人
VIP2	100M	250 妖果	13 张	1.2 倍	2000 人
VIP3	200M	300 妖果	14 张	1.3 倍	2000 人
VIP4	400M	400 妖果	14 张	1.5 倍	3000 人
VIP5	700M	500 妖果	15 张	1.7 倍	3000 人
VIP6	1024M	600 妖果	15 张	2 倍	3000 人

资料来源：有妖气网站（http://www.u17.com）。

1. 有妖气全站用户会员等级分布

在有妖气全站用户中，非 VIP 会员有 11216236 人，占总体的 97.42%；有效的 VIP 会员有 61991 人，占 0.54%；已经过期的 VIP 会员有 234994 人，占 2.04%（见表 4-16、图 4-35）。以当前有效 VIP 会员每月付费 10 元计算，有妖气目前每月 VIP 会员付费收入约为 61.99 万元。当前有效 VIP 会员，6 级会员从低级到高级的相应比为 526:156:99:118:122:100（以 VIP6会员基数为 100）；包括过期会员在内，6 级会员从低级到高级的相应比为

3939 : 228 : 147 : 186 : 137 : 100。从中可以看出：①VIP3 等级在 6 级晋升金字塔中基数偏小，影响了 VIP 会员等级体系的整体演进；②VIP1 等级基数虽大，但会员续费意愿偏低，向深度会员转化率也较低。

表 4 - 16　有妖气全站用户会员等级分布

单位：人，%

会员等级	人数	占总体比例	会员等级	人数	占总体比例
VIP1	29049	0.25	VIP4	6544	0.06
VIP1（过期）	217917	1.89	VIP4（过期）	5130	0.04
VIP2	8634	0.07	VIP5	6750	0.06
VIP2（过期）	5628	0.05	VIP5（过期）	1837	0.02
VIP3	5489	0.05	VIP6	5525	0.05
VIP3（过期）	3738	0.03	VIP6（过期）	744	0.01
非 VIP 用户	11216236	97.42			

资料来源：根据有妖气网站（http：//www.u17.com）用户信息整理。

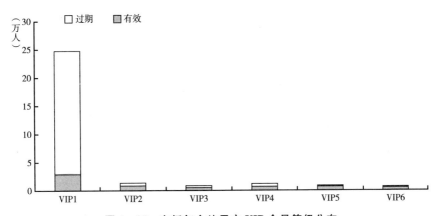

图 4 - 35　有妖气全站用户 VIP 会员等级分布

资料来源：根据有妖气网站（http：//www.u17.com）用户信息整理。

2. 有妖气 VIP 会员性别分布

经统计，在有妖气有效 VIP 会员中，男性 6828 人，占总体用户数量的 0.06%，女性 4282 人，占总体的 0.04%，合计 11110 人，占总体的 0.10%；在过期 VIP 会员中，男性 17673 人，占总体用户数量的 0.15%，女性 15513 人，占总体的 0.13%，合计 33186 人，占总体的 0.29%；两项合计，男性 24501 人，占总体用户数量的 0.21%，女性 19795 人，占总体的 0.17%，合计 44296 人，占总体的 0.38%（见图 4-36）。可见，虽然女性在总体用户中所占比例较大，但男性用户成为 VIP 付费会员意愿更为强烈。

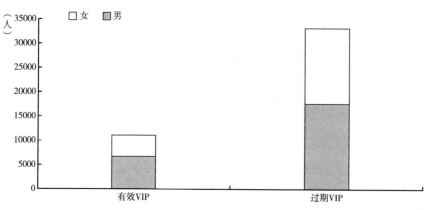

图 4-36　有妖气 VIP 会员性别分布

资料来源：根据有妖气网站（http://www.u17.com）用户信息整理。

3. 有妖气 VIP 会员星座分布

在剔除射手座 VIP 会员（包含未知星座）数量后，另外 11 个星座共有有效 VIP 会员 8226 人，过期 VIP 会员 24553 人，分别以其平均值 748 人、2232 人作为射手座有效 VIP 会员、过期 VIP 会员数量。统计显示，天秤座有效 VIP 会员最多，有 835 人，其次是双子座和天蝎座；在过期 VIP 会员中，天蝎座以 2531 人居第 1 位，其次是天秤座和双子座；在两项合计中，天蝎座、天秤座、双子座占据前 3 位。相比全站用户的星座分布，双子座比双鱼座更热衷于成为 VIP 会员（见图 4-37）。

4. 有妖气 VIP 会员地域分布

经统计，中国大陆地区有效 VIP 会员 54294 人，占总体用户数量的 0.47%，过期 VIP 会员 197593 人，占总体的 1.72%，两项合计 251887 人，占总体的 2.19%；中国港澳台地区有效 VIP 会员和过期 VIP 会员共 1313 人，占总体的 0.01%；海外地区有效 VIP 会员和过期 VIP 会员共

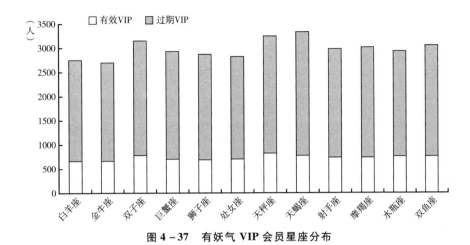

图4-37 有妖气VIP会员星座分布

资料来源：根据有妖气网站（http://www.u17.com）用户信息整理。

23087人，占总体的0.20%；未知地区有效VIP会员和过期VIP会员共20698人，占总体的0.18%。统计显示，广东、北京、浙江、江苏、上海、四川、山东、福建、湖北、湖南等省份有效VIP会员和过期VIP会员数量较多（见图4-38）。相比全站用户的地域分布，上海等经济发达地区用户更愿意付费成为VIP会员，而山东、河南等人口大省却显得有些"抠门"。

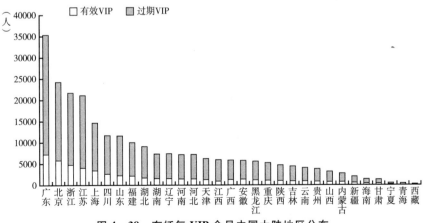

图4-38 有妖气VIP会员中国大陆地区分布

资料来源：根据有妖气网站（http://www.u17.com）用户信息整理。

（四）网络漫画用户阅读、关注和交互行为研究

通过对有妖气全站 11513221 个用户的阅读和交互行为进行统计分析，课题组发现全站用户合计收藏作品 30087382 部，平均每人收藏作品 2.61 部，用户"姜小鱼"（ID：3289497）以收藏作品 2547 部排第 1 位。全站用户合计推荐作品 360317 部，平均每人推荐作品 0.03 部，用户"19696900"（ID：1874935）以推荐作品 1690 部排第 1 位。在全站用户个人空间历史访问人次方面，全站用户合计相互访问 63633476 人次，平均每人受到访问 5.53 人次，用户"盗墓笔记瓶邪"（ID：729822）以受到 1028281 人次访问排第 1 位。总体而言，有妖气全站用户在交流、社交、交互等方面并不够活跃。

第五章

网络漫画发展趋势分析和发展对策研究

一　中国网络漫画发展趋势分析

（一）国产网络漫画全面崛起

1.国产漫画作品夺回网络漫画市场

长期以来，国外漫画因其发展较早、根基深厚，在国内占据了近80%的市场份额。进入21世纪以来，经过近十年的产业扶植和快速发展，国产漫画正在夺回大部分市场份额。以囊括国内外漫画作品的腾讯动漫网站为例，在其漫画作品人气点击量前10名中，国产漫画占7席，点击量为234.00亿次，日本漫画仅占3席，点击量为216.18亿次。同样，按照国产漫画和日本漫画各自的人气漫画作品来对比，国产漫画无论是在点击量还是在评分方面都已经超过了日本漫画（见表5-1、图5-1）。

表 5-1　腾讯动漫国产漫画和日本漫画作品对比

类别	作品数量(部)	章节数量(篇)	点击量(次)	收藏数(次)	评分(分)	评分人数(人)
国产漫画	前 25 名	5685	41661060000	20681575	9.30	384794
	前 50 名	9171	53200410000	29593255	9.27	502300
	前 100 名	15163	66842670000	40973086	9.18	620694
	前 200 名	26965	80977879000	56652714	9.15	792775
	前 500 名	49376	94832857000	76105645	9.02	1033932
日本漫画	前 25 名	9176	30635884000	4578911	9.34	90253
	前 50 名	13464	31016796000	5042693	9.13	95892
	前 100 名	18593	31101104000	5327891	8.62	99072
	前 200 名	23694	31118317000	5467701	7.95	100553
	全部 484 部	26306	31121546588	5506088	6.37	101445

资料来源：根据腾讯动漫网站（http：//ac.qq.com/）数据整理，最后访问日期：2016 年 8 月 31 日。

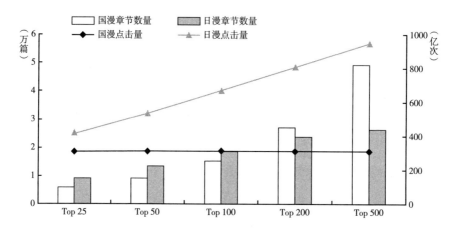

图 5-1　腾讯动漫头部漫画作品人气和影响力比较

资料来源：根据腾讯动漫网站（http：//ac.qq.com/）数据整理，最后访问日期：2016 年 8 月 31 日。

2.漫画杂志出版商转战网络漫画市场

随着对经济、文化等领域影响的进一步深入，互联网对整个社会的影响进入新的阶段，我国漫画行业正从传统媒体向数字网络媒体迁移。随着网络漫画平台的不断涌现，漫画用户和作者连同作品向网络漫画平台的转移，传统的漫画杂志出版商面临着用户流失、销量下降、利润降低等各种危机。与漫画行业的新兴企业相比，传统的漫画杂志出版商在内容、合作、用户等方面拥有丰富的资源和经验，出版商可在互联网渠道中开拓出一条新的道路。例如，人民邮电出版社利用自身在出版发行领域内的专业经验，通过纸质媒体、互联网站和手机 App 应用等多种媒介载体构建 i 尚漫全媒体出版平台；《知音漫客》从实体出版到互联网布局，创办漫客栈等网站，对漫画 IP 进行商业化开发。

3. 漫画成为数字娱乐混业经营的先导板块

在以互联网为纽带的产业跨界融合、技术革命引领行业融合、新的市场需求推动产业跨界的共同作用下，包括文学、漫画、动画、游戏、电影、电视剧等在内的文化形态加速跨界融通，形成了"泛娱乐"的生态体系。泛娱乐是基于互联网的多个内容领域打造明星 IP 的粉丝经济，IP 作为核心创意元素，可以由一个故事、角色或者其他任何用户喜爱的事物生成，并通过 OSMU① 模式形成相互支撑、互动发展的内容版权体系。中国数字娱乐产业也从过去的分业经营转向混业经营，在文学、漫画、动画、游戏、影视、实业等领域开展多元化经营，进行多业务、多品种、多方式的交叉经营和服务。漫画作为 IP 的主要源头之一，与文学相比更加具备衍生品开发价值，其强大的粉丝转化效应和变现能力，可以实现从出版、电视剧、电影到游戏的内容运营，再到玩具、服装等授权衍生产品的全产业运作。以 IP 为核心的泛娱乐产业成为主流文化业态，为用户提供了多层次、跨媒体、跨平台的深度娱乐体验，具有更好的市场基础和更高的产业价值。

虽然漫画阅读是一个与视频、游戏相比较为小众的娱乐产品，但其是

---

① OSMU 是 One Source Multi Use 的缩写，意为"一个来源，多个用途"，即以一个概念为基点，衍生到动漫、游戏、出版、电影、玩具等领域，这些领域既各自独立又紧密联系，在策划、投入、销售、宣传推广上互相配合，互相推进。在这种运作模式下，一个创意可以形成一条产品链，从而最大化地实现其商业价值。

IP 的重要源头。原创国产漫画 IP 的开发价值不断凸显，由《十万个冷笑话》改编的电影获得了 1.19 亿元的票房，《尸兄》的手游授权费更是达到了前所未有的 5000 万元。漫画作为图片阅读的特殊性，世界观、剧情等内容更容易被读者所接受，由于人物、环境等都已在漫画中有所体现，所以漫画 IP 相比小说 IP 进行跨界延伸更有优势。随着国内文化娱乐产业的高速发展，漫画 IP 向游戏、影视等领域的变现价值将不断提升。

（二）二次元宅腐文化席卷新生代

1. 新生代的审美取向更加偏向小众"亚文化"

以 90 后、00 后为代表的新生代是全面进入独生子女时代的一代人，他们拥有与生俱来的孤独感，个人主义精神也较 80 后更为强烈。他们的信息获取能力和渠道远超前代人，知识面和眼界极为开阔，更加向往新鲜刺激，追求更丰富的展现个性的方式。90 后生于信息开放和共享的良好时机，从小接受国际化的文化产品的滋养，其文娱消费的核心观念发生了巨大的转变。相对 70 后、80 后的保守拘谨、感情含蓄，深受欧美日韩等各类文化影响的 90 后更轻松诙谐，其价值观趋于多元和开放。00 后则延续了 90 后个人主义的特性，思想更加天马行空，网络表现更趋自我，圈层文化意识更加强烈。

伴随着互联网的飞速发展，以 90 后、00 后为代表的新生代已经成为社会的中坚群体。不同于精英意识强烈并尊重权威的 80 后，新生代从骨子里倾向于去精英化并挑战权威，推崇个性化和个体差异，文娱口味跨度更广。同时，他们也是情感矛盾的综合体，在追求个性差异的同时，格外渴望认同感和归属感。然而，相较融入过于同化的主流媒体，新生代更倾向于和志同道合的小圈子交流，小众的亚文化圈是 90 后、00 后最舒适的生存群落。在新生代的推动下，以解构、平面化、复制、主体丧失等为特征的后现代主义思潮正在迅速崛起，形成了以共同的群体爱好纽带为基础、以"ACGN、宅、腐、萌、冷、黑、挖槽点、无节操"等为标签的大规模平行网络文化。

2. 新生代文化娱乐需求走向个性化和长尾化

当代网络漫画产品呈现桃色化、粉红化、黑色化等潮流，思想开放的90后对于文化娱乐消费的"颜色革命"采取包容和接纳的态度，乐于参与其中。桃色漫画立足于满足两性之间的"养眼"需求，如邪恶漫画、内涵漫画等。黑色经济以网络幽默、弹幕吐槽、恶搞无节操内容为主，如暴走漫画、《十万个冷笑话》等。粉红系是对目前兴起的"女神"和"男神"的统称，依靠男神、女神、萌妹、小鲜肉、萝莉、正太等人物形象或虚拟形象吸引粉丝，其受众人群大多为亟须寻求精神偶像以获得价值认同感和仿照对象的青春男女。

不同于美国动漫的合家欢主题，在我国风靡良久的日本动漫体现的是以"宅腐萌"为核心的二次元文化。"宅"是日本"御宅族"（Otaku）的简称，指沉迷于ACG（即动画 Animation、漫画 Comic、游戏 Game 的总称）中而不可自拔的个人或群体。"腐"来自日语"腐女子"（ふじょし），主要指热爱耽美（即男与男的爱情故事）文化的女性受众。"萌"来自日语"燃え"，本意指读者看到美少女角色时，产生的一种热血沸腾的精神状态。"萌"的本意是指对完美女性形象产生的强烈感情，而动漫中的"萌"系角色往往具有完美、梦幻的外貌特征，如粉色长发、紫色大眼睛等。宅腐文化起源于20世纪80年代的日本漫画，随后以动漫作品为载体传至我国，在80后思想中生根发芽，在90后文化里如鱼得水，在00后生活中"如呼吸般自然存在"。作为"亚文化"的核心代表之一，"宅腐"在我国新生代中享有较高知名度，并被他们贯彻到切实的生活细节之中。从20世纪80年代引进的《美少女战士》到当前在新生代中火爆的《叛逆的鲁鲁修》，日本动漫形象多数是锥子脸（见表5-2）。新生代群体毫不掩饰对以"45度角、大眼睛、锥子脸"为典型特征的二次元审美的狂热迷恋，他们的喜好也逐渐开始投射到现实的影视作品及偶像明星身上，这导致目前充斥银屏的演艺明星、网红等公众人物纷纷向"大眼睛、锥子脸"的审美偏好靠拢。

表5-2　日本动漫在中国的发展历程和风格转变

时期	代表作品	作品风格
85前成长期	《铁臂阿童木》、《聪明的一休》、《机器猫》、《美少女战士》、高达系列、宫崎骏系列	单纯、正义、热血
85~95成长时期	《名侦探柯南》、《灌篮高手》、《航海王》、《火影忍者》、《棋魂》、《死亡笔记》、高达系列、宫崎骏系列	少年向、正直、热血、剧情流
95后成长时期	《进击的巨人》《银魂》《叛逆的鲁鲁修》《夏目友人帐》《lovelive》	中二、反叛、吐槽、治愈系、偶像与萌

资料来源：作者自制。

不同网络漫画产品受众聚集成不同文化小圈层，体现新生代文娱需求的个性化和长尾化。随着网络漫画表现形式和类型的不断丰富，宅腐产品进一步细分（偶像产品、男/女性向ACGN、治愈系、中二系、烧脑系），新生代文娱需求的个性化和长尾效应将更加清晰。以腐向漫画迷群为例，截止到2016年12月，百度腐女吧有322万的关注人数，耽美吧有173万的关注人数。课题组经观察发现，腐向人群主要集中在人均GDP高、消费力强的一线及大型城市，85后、95后是腐向文化的潜在主流消费人群。腐向人群往往受教育程度较高，其中本科和大专以上学历的达77.4%，且经济基础较好，有充足资金和时间购买CP同人志（根据原著创作的腐向轻小说）、CD、观看影视剧、同人剪辑视频（主要集中在bilibili等弹幕网站）等方式消费腐向文化。

（三）我国网络漫画未来发展展望

未来，随着漫画内容更加易懂，表现方式从传统分页漫画向条漫演变，用户准入门槛将变低，漫画用户将从现在的小众用户向大众的泛娱乐用户扩展。同时，在泛娱乐一体化开发IP的趋势下，将有越来越多的漫画作品由网络小说改编而成，漫画作品将面向更多的网络小说用户。未来，庞大的网络小说用户将逐渐转化为漫画用户，导致漫画用户规模不断扩大。

在现阶段，国产漫画作品多为快餐式消费品，质量参差不齐，缺乏沉淀；同时，漫画多含有血腥、黄色、暴力等内容，缺乏积极向上的漫画内容，难以持久地吸引用户并形成经典作品。未来，随着漫画创作人才队伍的壮大和成熟，漫画 CP 和漫画平台将不断孵化出优质的漫画内容；同时，用户对漫画内容的品鉴水平提高，不断筛选出优质的漫画作品，这将共同推动精品内容和优质 IP 成为网络漫画的创作重点。

现阶段，漫画质量普遍不高，加之网络漫画平台盛行的免费模式，使得网络漫画作品难以吸引到大量用户为内容付费。未来，网络漫画的内容精品化将推动用户付费和 IP 商业化走向成熟，也将实现更多种变现手段，商业模式会更加成熟（见表 5 – 3）。

表 5 – 3   网络漫画的发展现状和趋势

类别	发展现状	趋势
漫画品质	漫画内容品质低	漫画内容品质提高
用户付费	难以吸引用户为内容付费	用户付费规模增大
改编效果	改编后的作品难以形成现象级产品	改编的作品涌现现象级产品
周边营收	难以吸引用户为周边产品买单	周边产品创造大营收

资料来源：作者自制。

二 中国网络漫画存在的主要问题和不足

（一）漫画网站盗版侵权屡禁不止，难以斩草除根

漫画网站盗版侵权问题由来已久，已成为制约网络漫画产业发展的"毒瘤"。多年来，政府主管部门、行业组织以及相关从业者在共同打击、治理网络漫画侵权盗版问题上一直不懈努力，取得了一定成效（见表 5 – 4）。国家版权局持续开展打击网络侵权盗版"剑网"专项行动，在近年公布的年度打击侵权盗版十大案件中，网络漫画盗版侵权行为时有发生，关闭了"动漫屋""爱漫画"等网站。江苏省扬州市文化广电新闻出版局对"爱漫画"

网侵犯著作权案当事人叶某某做出行政处罚：删除未经授权的漫画作品；罚款人民币 10 万元。江苏省扬州市文化行政综合执法支队对创办经营"动漫屋"网站的浙江省瑞安市我喜欢网络有限公司做出立即停止侵权行为、删除侵权漫画作品、罚款人民币 10 万元的行政处罚。文化部在第 22 批和第 23 批违法违规互联网文化活动查处工作中，相继关停了"娜娜动漫网""一起动漫网""国语动漫之家""非常爱漫""汗汗漫画网""漫画岛""洒洒动漫网"等 18 家盗版漫画网站。

表 5 - 4　近年来被关闭的盗版漫画网站

盗版网站	信息来源
江苏"动漫屋"网站	国家版权局 2013 年度打击侵权盗版十大案件
江苏"爱漫画"网站	国家版权局 2014 年度打击侵权盗版十大案件
"娜娜动漫网""一起动漫网""国语动漫之家""非常爱漫""汗汗漫画网"等 10 家网站	文化部第 22 批违法违规互联网文化活动查处名单（2014 年 12 月）
"漫画岛""洒洒动漫网"等 8 家网站	文化部第 23 批违法违规互联网文化活动查处名单（2015 年 4 月）

资料来源：作者自制。

网络漫画平台和创作者也在积极行动，加大对漫画作品的维权力度，更好地维护原创作者、相关权利人和读者的权益。例如，腾讯动漫于 2015 年起诉上海元酷网络科技有限公司旗下的移动端漫画阅读软件"漫画帮"非法传播《狐妖小红娘》《2B 家庭欢乐多》《君临臣下》《塔奇》《山河社稷图》5 部作品，认为其做法严重伤害了原作者和相关权利人的合法权益。2016 年 7 月，法院判决认定"漫画帮"侵权成立，判赔腾讯动漫人民币 32.3 万元。

虽然网络漫画领域在 2015 年开始已经吹起"正版化"之风，情况已经有所改善，但大型网络漫画平台上仍存在盗版、盗链等问题，特别是中小型漫画网站在盗版国内外知名人气漫画方面尤为严重。课题组 2016 年对国内漫画网站数据访问和人工核查后发现，动漫之家、鼠绘漫画网、憨憨动漫、天使动漫论坛、极速漫画、风之动漫、4399 动漫网、吹雪在线漫画网、看漫画、KuKu 动漫休闲站、爱鼠绘漫画网、火影忍者中文网、漫漫看、百田网、三流动漫、九九漫画网、新动漫网、新版爱漫画网（比比猴）、CC 图库漫画网、妖精的尾巴中文网、乐神漫画网、动漫易、手机漫画、可可漫画、哦漫画、漫画台、汗汗漫画网、汗汗漫画、天上人间动漫网、青空社动漫网、奇法大陆、动漫伊甸园、99 线上漫画、星星动漫网、57 漫画网、鹰目话道海贼王中文网、妖精的尾巴在线漫画等几十家较有影响的漫画网站存在涉嫌盗版漫画的问题。

盗版产品不同于其他假冒伪劣产品，绝大多数盗版不是一种欺骗消费者的行为，而是盗版商与消费者共同获利的一种市场行为。从商品角度来说，盗版商品具有价格低廉、质量不差、品种丰富等优势；从消费者的角度来说，目前国内大众收入水平相对较低，尤其是在与国际接轨的产品中，国内大众对正版产品的消费意愿和支付能力都偏低。另外，版权人网络取证困难，维权成本高，使得盗版商有利可图。高额的正版成本与超低的盗版成本的巨大差异是盗版得以生存直接原因，这种价格的明显优势产生的盗版商与消费者群体之间的稳定关系是盗版屡禁不止甚至愈演愈烈的温床。网络盗版伤害的最直接的是版权人的利益，但打击难免会触及社会大众的"利益"，因此打击网络盗版获得的社会认同感和公众支持度始终很低。

网络漫画盗版分为电脑端、移动端与衍生品盗版等多种形式。在电脑端，网络漫画侵权盗版的渠道主要有论坛贴吧、盗版网络漫画网站、文档分享平台、P2P 下载和网盘。在云计算、P2P、快速建站等新技术被用于网络盗版的情况下，版权方更加难以有效控制版权内容的传播，同时维权成本增加，而网络盗版侵权行为也变得更加隐蔽。在以上经济、文化、社会和技术的综合因素影响下，网络漫画盗版侵权问题短期内恐难以得到根本性解决。

（二）网络漫画存在"三俗"化不良倾向

网络漫画的流行与发展有新媒体技术的背景，也有深层的社会文化动因，是对既有传统漫画语言系统的补充和完善，网络漫画也是社会大众心理状态的网络折射。网络漫画能够满足大众的审美需求,给大众带来审美快感和精神上的愉悦感,同时,也滋长着视听感官的享乐主义情趣。

网络漫画创作在汲取网络文化资源中丰富、发展了自己,但也在过度依赖中迷失了本我,沦落为一种思维贫乏、品味不高、制作粗糙的肤浅艺术,这无疑制约了漫画的影响力和发展高度。在当今网络文化主体物化的影响下,这类漫画丧失了美学价值,失去了艺术灵性,无法孕育出影响力深远的优秀作品。

就内容而言,当前网络漫画中存在着诸多不良之处,特别是网络漫画的本能欲望泛化问题非常突出,从享乐欲望的膨胀到色情暴力的泛滥,甚至有的漫画以色情暴力为噱头吊观众胃口,利用离奇、煽情、凶杀、色情的故事来吸引人们的眼球,获得高点击率,这让网络漫画逐渐陷入低俗化的深渊。例如,深圳市腾讯计算机系统有限公司("腾讯动漫")、天翼爱动漫文化传媒有限公司("爱动漫")、湖北知音动漫公司("漫客栈")、北京微梦创科网络技术有限公司("微漫画")、北京网文欣阅科技有限公司("漫画志")、北京四月星空网络技术有限公司("有妖气")、北京漫天下风采传媒文化有限公司("锋绘")、北京凌飞天下软件有限公司("动漫之家")、北京幻想纵横网络技术有限公司("纵横中文网")等9家单位在2014年都因发布和传播含有宣扬色情、赌博,违背社会公德等违法违规内容的网络漫画被依法查处,受到没收违法所得、罚款、责令停业整顿等行政处罚。以腾讯动漫为例,《姐姐妹妹一起来》《夜场情敌》《把妹金手指》《湿妹》等13部漫画被责令删除,《尸兄》等7部作品和网站吐槽功能被责令整改,"动漫 VIP"频道被责令停业整顿。

此外,网络漫画过于消融传统、反"正当化",过于侧重满足和麻醉人的感官,长此以往,将给人的心灵带来不利影响,与网络漫画最初的放松心灵的目的不符。

（三）无资质或擅自从事网络出版服务

根据国家新闻出版广电总局、工业和信息化部 2016 年 2 月 4 日公布的

《网络出版服务管理规定》，从事网络出版服务，即通过信息网络向公众提供具有编辑、制作、加工等出版特征的数字化作品（含动漫等原创数字化作品在内），适用本规定。国家新闻出版广电总局作为网络出版服务的行业主管部门，负责全国网络出版服务的前置审批和监督管理工作。工业和信息化部作为互联网行业主管部门，依据职责对全国网络出版服务实施相应的监督管理。

《网络出版服务管理规定》明确指出，从事网络出版服务，必须依法经过出版行政主管部门批准，取得《网络出版服务许可证》。未经批准，擅自从事网络出版服务，根据《出版管理条例》第六十一条、《互联网信息服务管理办法》第十九条的规定，由出版行政主管部门、工商行政管理部门依照法定职权予以取缔，并由所在地省级电信主管部门依据有关部门的通知，按照《互联网信息服务管理办法》第十九条的规定给予责令关闭网站等处罚；已经触犯刑法的，依法追究刑事责任；尚不够刑事处罚的，删除全部相关网络出版物，没收违法所得和从事违法出版活动的主要设备、专用工具，违法经营额 1 万元以上的，并处违法经营额 5 倍以上 10 倍以下的罚款；违法经营额不足 1 万元的，可以处 5 万元以下的罚款；侵犯他人合法权益的，依法承担民事责任。

根据国家新闻出版广电总局官方网站发布的《互联网出版单位名录》，结合工业和信息化部 ICP/IP 地址/域名信息备案管理系统，课题组于 2016 年 9 月对国内主要网络漫画平台官方网站首页版权及服务标识进行核查。调查发现：①仅腾讯动漫、网易漫画、漫客栈、i 尚漫、爱动漫等少数网站具有《网络出版服务许可证》，但腾讯、网易公司仅具备"网络游戏出版运营"资格，存在超出业务范围出版网络漫画的问题，同时还存在网站开设主体与网络出版机构名称不符（即母公司与控股或参股子公司关系问题）的问题；②有妖气、微漫画、动漫之家、咪咕动漫、快看漫画等网站以"增值电信业务经营许可证""网络文化经营许可证"为掩饰，擅自从事数字化漫画作品的网络出版服务（见表 5 - 5）。

表 5－5　国内主要网络漫画出版平台从业资质情况

序号	网站名称	网站域名	相关 App	主办机构	增值电信业务经营许可证	互联网出版许可证	网络文化经营许可证
1	腾讯动漫	ac.qq.com	腾讯动漫	腾讯公司/深圳市腾讯动漫有限公司	粤 B2－20090059、B2－20090028	新出网证（粤）字 010 号	粤网文［2014］0633－233 号
2	有妖气	u17.com	有妖气漫画	北京四月星空网络技术有限公司	京 ICP 证 120807	—	京网文［2016］0019－019 号
3	网易漫画	manhua.163.com	网易漫画	网易公司/杭州妖鹿科技有限公司	粤 B2－20090191、B2－20090058	—	—
4	微漫画	manhua.weibo.com	微漫画	北京微梦创科网络技术有限公司	京 ICP 证 100780	—	京网文［2011］0398－130 号
5	可米酷漫画	comicool.cn	可米酷漫画	深圳可米酷科技有限公司	—	—	粤网文［2015］2343－520 号
6	动漫之家	dmzj.com	动漫之家	尚科齐（北京）网络科技有限公司	—	—	—
7	漫客栈	mkzhan.com	漫客栈	湖北知音动漫有限公司	鄂 B2－20030034－5	新出网证（鄂）字 006 号	—
8	i 尚漫	ishangman.com	i 尚漫	邮电出版有限责任公司	京 ICP 证 120087	—	京网文［2016］0530－004 号
9	咪咕动漫	dm.10086.cn	咪咕动漫	咪咕动漫有限公司			
10	爱动漫	icartoons.cn	爱动漫	天翼爱动漫文化传媒有限公司	闽 B2－20140088、B2－20150215	新出网证（闽）字 18 号	闽网文［2014］1454－060 号

续表

序号	网站名称	网站域名	相关App	主办机构	增值电信业务经营许可证	互联网出版许可证	网络文化经营许可证
11	联通沃动漫	wodm.cn	—	—	A2.B1.B2－20090003	—	—
12	我爱爱漫画	5imh.cn	—	上海光娱网络科技有限公司	沪B2－20100066	—	沪网文[2013]0368－044号
13	锋绘	ifenghui.com	—	北京漫天下风采传媒文化有限公司	—	—	京网文[2012]0579－189号
14	轻漫画	qingman.cc	轻漫画	上海渔阳网络技术有限公司	—	—	—
15	快看漫画	kuaikanmanhua.com	快看漫画	快看世界（北京）科技有限公司	—	—	京网文[2016]2280－262号
16	布卡漫画	buka.cn	布卡漫画	珠海布卡科技有限公司	—	—	粤网文[2015]2094－438号
17	漫画岛	manhuadao.cn	漫画岛	上海元聚网络科技有限公司	—	—	—
18	有趣岛漫画	youqudao.com	有趣岛漫画	上海有趣岛文化传播有限公司	沪B2－20130074	—	沪网文[2012]0837－115号
19	魔屏漫画	mhmp.cn	魔屏漫画	北京魔屏科技有限公司	京ICP证110068	—	京网文[2014]0906－206号
20	追追漫画	aizhuizhui.cn	追追漫画	北京漫动科技有限公司	—	—	—

资料来源：作者自制。

三 中国网络漫画发展对策建议

（一）推动传统漫画出版企业转型升级

1. 媒体融合发展理论概述

20 世纪 70 年代，麻省理工学院的尼古拉斯·尼葛洛庞蒂（Nicholas Negroponte）提出融合"Convergence"一词，他指出计算机工业、出版印刷工业和广播电影工业三者相互交叉趋于重叠的聚合趋势，预见了不同工业之间即将和正在融合。后来，数字技术发展迅猛，互联网和广播、电视、报纸等的融合愈加明显，很多以数字技术为支撑的产品和终端由此出现。1983 年，麻省理工学院的伊契尔·索勒·普尔（Ithiel Sold Pool）提出媒介融合"Media Convergence"这一概念。他在发表的《自由的科技》中提出了"传播形态融合"（The Convergence of Modes）这一概念，指出各种媒介趋于功能一体化的融合趋势。

社会化媒体的勃兴和媒介融合的大趋势是当前传媒业面临的两个重要的理论和现实课题。媒介融合本质上关涉传播关系的转型。媒介融合的内涵与外延可概括为媒介技术融合、媒介业务融合、媒介所有权融合及媒介政府规制融合四个层面。"媒介融合"与"媒体融合"虽然经常被混淆使用，但二者还是有区别的（见表 5 - 6）。"媒介融合"侧重传播形态的融合，是一个传播学的概念；"媒体融合"侧重传媒业态的融合，是一个传媒经济学的概念。相比之下，前者涉及的面更广，不仅关注媒介，更关注媒介与社会的关系，学理性更强。后者研究集中在传媒经济、传媒产业和媒介组织（媒体）方面，更具现实意义和应用性。媒介融合不仅是一个涉及技术、经济、组织以及制度等多个构面和层次的概念，而且是人类社会发展进程中一个全新"技术 + 经济范式"的内核。2014 年 8 月 18 日，中央全面深化改革领导小组第四次会议审议通过了《关于推动传统媒体和新兴媒体融合发展的指导意见》。由此可见，聚焦"媒体融合"有利于更紧迫的现实应用，而使用"媒介融合"则有利于更为广阔而长远的考量。

表5-6　媒介融合和媒体融合的对比

媒介融合	媒体融合
传播学的概念	传媒经济学的概念
侧重传播形态的融合	侧重传媒业态的融合
涉及的面更广,学理性更强	聚焦传媒经济、传媒产业和媒介组织(媒体),更具现实意义和应用性

资料来源：作者自制。

　　媒介融合因互联网而起，也会因互联网的发展而变。媒介融合首先是网络融合，在我国则是国家力推的"三网融合"，所谓"三网"是指广电网、电信网和互联网，广电网和电信网都是物理网，互联网是虚拟网，"三网融合"实际上主要是"两网融合"。在媒介融合1.0阶段，由于互联网发展还不够，主要是广电网和电信网的融合，是两张物理网之间的融合。媒介融合2.0阶段也是"两网融合"，但与媒介融合1.0不同的是，它主要是物理网与虚拟网的融合。前后"两网融合"的推进逻辑也是不同的，广电网与电信网融合的推进逻辑主要是突破技术壁垒，即基础网络和传播渠道的互联互通。而广电网、电信网与互联网融合的推进逻辑主要是互联网的应用和思维，即服务方式和媒介形态的开发创新（见表5-7）。虚实结合的"两网融合"的最大特点就是在互联网思维引导下，如何让技术逻辑上升到商业逻辑，从而引发产业变革，催生各种新产品新业态。

表5-7　媒介融合的不同发展阶段

媒介融合1.0阶段	媒介融合2.0阶段
网络融合,"三网"(广电网、电信网和互联网)融合,物理网之间的融合	广电网、电信网与互联网融合,物理网与虚拟网融合
推进逻辑主要是突破技术壁垒和政策壁垒,即基础网络和传播渠道的互联互通	推进逻辑主要是互联网的应用和思维,即服务方式和媒介形态的开发创新

资料来源：作者自制。

2. 推动漫画出版传统媒体和新兴媒体融合发展

传统媒体在媒介融合中遇到两大障碍：一是缺少互联网基因，先天不足，这恐怕是难以改变的；二是缺少互联网思维，这是后天努力的问题。互联网思维的三大要义，即颠覆性创新、开放中博弈、合作中共赢。互联网思维已经超越了互联网行业本身，它正在不断地渗透到社会发展的各个方面。需要特别指出的是，新兴媒体其实不是"媒体"，或者说不是传统意义上的媒体，它是基于互联网的媒介平台，媒体融合主要是传统媒体与新兴媒体的融合，也就是媒体与平台的有效对接，而这种融合必定在"互联网＋"这样一个大背景下推进。媒介融合2.0与媒介融合1.0的最大区别就是后者是"＋互联网""＋新技术"，而前者则是"互联网＋"，"＋"的是新应用、新服务及新思维，并由此激发传媒业一系列创新、变革、重组与重构。

有人以商业模式和供需关系来划分互联网。例如，第一代互联网的商业模式的核心是供给打造需求，重点在流量变现，最终以门户、搜索、游戏和社交在线上打造了超万亿规模的广告和游戏市场。第二代互联网的供需关系发生了变化，不再是供给创造需求，而是需求创造供给。第二代互联网的商业模式不同于第一代互联网的以流量变现为核心，而是向上演绎为云和大数据，向下沉为O2O，产业链被拉长。从根本上来说，融合2.0的本质是供需重构，它包括三个方面：边界重构、关系重构和价值重构（见表5－8）。

表5－8 "互联网＋"的本质是供需重构

边界重构	媒介和行业的边界已经模糊,产业互联网化和互联网产业化是"跨界"融合发展的两个维度
关系重构	互联网不再追求简单的流量变现,变现进入了信息传播背后的关系传播,关系经济的商业模式涌现
价值重构	非互联网与互联网跨界融合后,不仅改善了效率,还在供给和需求两端都产生了增量,建立了"共享经济"模式

资料来源：作者自制。

因此，媒体融合主要是传统媒体与新兴媒体的融合，是基于互联网的媒介平台所进行的媒体与平台的有效对接。传媒业"小产品，大传播，新业态"的格局已经形成，传统媒体或逐渐萎缩乃至消亡，或融入新兴媒体。传统媒体需要在互联网思维引导下，从"+互联网"转为"互联网+"，从技术逻辑上升到商业逻辑，从而引发产业变革，催生各种新产品、新业态。

漫画企业应大力加强高新技术应用创新，尤其是充分利用 CG 数字制作技术和网络传播技术所创造的技术红利，并将其转换成为先进生产力和利润收益。一是把漫画内容充分进行互联网化和移动互联网化，二是基于数字网络开发更具针对性的微漫画等新型产品，三是利用微博、微信公众号及其他社交媒体开展营销服务，四是利用官方网站（Web + Wap）、App 应用等构建一体化业务平台。

（二）构建网络漫画行业生态体系

1.生态思维对于做大企业和行业的深远价值

从规模和逻辑思维的角度看，企业可以分为产品型企业、平台型企业、生态型企业三种形态。不同企业形态的经济价值差别甚远，产品型企业的最大规模为十亿量级，平台型企业的价值可达到百亿量级，而生态型企业能做到千亿量级。从数量上看，三种形态的企业数量呈金字塔结构，产品型企业数量最多，平台型企业数量比较少，生态型企业则并不多见。

产品型企业—平台型企业—生态型企业是企业无法逾越的一条发展路径，在企业形态的背后是产品思维、平台思维和生态思维的差别。具体来看，产品型企业是指满足用户某单一需求或特定需求的企业，依赖的是单个企业－用户群之间的价值创造模式，绝大部分企业属于产品型企业；平台型企业是指客户广泛参与、众筹共建型的企业，遵循的是多个企业－用户群之间的价值创造模式；而生态型企业则是指众多相依相生的产品组合成为一个相对闭环的供应链，能够满足客户一站式众多需求的企业，不仅包括海量的用户群和企业群，而且包括了多种价值创造模式：企业－企业间的价值创造、企业－用户间的价值创造、用户－用户间的价值创造。产品型企业重在用户是否选择该产品，平台型企业重在客户是否参与该产品，生态型企业重在客户是否融入该产品。

平台型企业主要包括资源型平台、流程型平台、产品型平台等类型。资源型平台属于众筹型平台，各方在平台上互通有无、各取所需，很多的互联网交易平台就属此类；流程型平台实质上是提供问题解决方案的供应商，属于具有强大后台解决和计算能力的企业（如百度、滴滴、新美大等），通过后台的复杂计算呈现给用户最简单的结果；产品型平台主要是针对一款具有市场潜力和增值空间巨大的产品，通过深层次的培育和改造，以利益分配体系吸引各方参与者共同建设。

真正的平台型企业至少具备以下几个条件。①客户既是平台的建设者也是受益者。平台建设的一砖一瓦，都有赖于客户的积极参与，众人拾柴火焰高，同时，建设好一个平台，反哺作为建设者的客户，也是常态。②平台上的产品，既来自客户，也面向客户。平台上所经营的产品，基本来自客户，培育于平台，最终再推向市场，让更多的平台客户参与进来，成为合作者。③平台上各种资源基本来自众筹。平台从 0 到 1，最主要的思维概念就是众筹，点滴之水最终汇聚成江河湖泊，而不是自己闭门造车。④平台的发展方向是共享。平台既然是大家共建共享的，其发展之路必然是奔向共享，奔向互惠互利。

业界普遍认为，"平台将打败产品，生态系统将打败企业"，可以说互联网平台型企业和生态型企业是商业组织的发展趋势。产品、平台和生态三者的联系，可以通过以下这个简单的模型来理解：［应用（或工具）＋内容＋终端（或渠道）］＋（云）平台＝最简单的生态系统。在这个生态体系中，应用由众多开发者提供，内容由 UGC/PGC 产生，通过多重渠道分发到每个用户（终端），整个体系由云平台支撑。

生态型企业所秉持的生态思维，实质上是对产品型企业直接满足用户需求的前台思维和平台型企业为用户搭建体验平台并创造氛围，让用户参与并创造价值的后台思维的叠加，是一种共建、共享、共赢、开放和平等的思维模式。生态思维引导企业经营从低能级的产品思维跃迁到高能级的产业思维，重在关注整个产业甚至几个产业的融合发展。从更高更广的范围讲，产品思维是线性思维、直接思维、被动思维、局部思维，生态思维则是立体思维、间接思维、主动思维、全局思维。

2. 搭建网络漫画交互平台，构造行业发展生态体系

在传统媒体时代，以期刊和图书出版社为中心的内容传播模式带有很强的封闭性和垄断性，往往导致漫画内容的创作者难以获取合理的利益收入；而在互联网时代，以互联网企业为代表的内容提供商、集成分发商纷纷直接面向用户构建自身平台。但现有网络漫画平台仍类似于传统媒体，主要采取采购/分销模式，且现今盛行的免费阅读模式和 VIP 会员包月阅读制，使得大部分创作者仍难以直接从内容本身上获得收益。

为更好地推动网络漫画行业的长期持续发展，需要重新构建内容提供商和集成分发商之间的互利共赢的合作关系，实现产业生态体系与平台模式的完美结合。新型开放式平台模式的设计思路是：以互联网为基础打造双边市场的平台模式（即淘宝模式），由内容提供商和用户直接进行交易，卖方可自主定价，平台方通过收取平台服务费、交易佣金和提供深度分析咨询服务的方式取得收入。平台运营方和买卖双方均不存在直接的竞争关系，通过这种平台模式的设计打破原有媒体传播格局的垄断，发挥鲇鱼效应，增强行业竞争力和活力，实现平台模式和产业生态系统的完美结合。在具体操作上，可采取以下两种办法：一是政府机构和大型企业建立符合行业生态系统的大型公共平台；二是中小企业自行建立小型服务平台，直接面向用户，利用网络信息传播成本低的特点，构建企业业务体系和商业系统。

（三）以爆款策略打造超级明星 IP

1. 漫画 IP 做大做强的美国漫威模式

绝大多数文化创意产业会经历"聚集"—"专业化"—"并购整合"三个阶段。迪士尼集团是全球第一大娱乐传媒企业，具有近 2000 亿美元的市值（截至 2016 年 4 月）。华特迪士尼动画工作室成立于 1923 年，综合运用传统动画、计算机动画和真人结合动画等技术生产制作动画电影、短片以及电视特辑，1937 年推出首部动画电影《白雪公主和七个小矮人》，截止到 2016 年 3 月共制作了 55 部动画电影长片。迪士尼的发展路径是：首先在有限的 IP 基础上，发展全产业链运营，然后进行 IP 收购。迪士尼本身拥有丰富的 IP 资源，自有 IP 以儿童和女性两类经典形象为主，在 2006 年、2009 年、2012 年分别收购了皮克斯（Pixar）、漫威、卢卡斯影业（Lucas Film），获取了更多的 IP 资源，由此构建了全年龄 IP 矩阵。迪士尼以动画人物 IP 为核心竞争力，涉足影视娱乐、媒体网络、乐园及度假区、消费品和互动媒体五大业务板块，形成了"IP 打造—内容制作—发行—线上、线下渠道营销—衍生品开发、零售—主题公园"完整产业链运营的商业模式。

对于 IP 的孵化，漫威采取的是公司集体创作的工业化模式，这更容易创作出"合家欢"的内容，面向泛二次元市场，空间广阔。漫威模式的核心在于集体创作，交叉推广，通过这种模式构建出大量"合家欢"的优质内容。这种模式具有以下几个典型特点：①IP 归公司所有，不归漫画家个人。如漫画家不愿再画，公司可以另外找人继续画。②先有设定，后有剧情。首先搭好角色形象，再进行剧情创作。③集体创作，集体审核。多位编辑共同基于设定创作，内容审核委员会统一审核。审核主要针对商业化成分，如为增加黑人受众的好感度，加入黑珍珠角色。④IP 之间交叉推广。漫威构建起完整的世界观，而非单独作品。正是因为虚构的漫威宇宙为所有角色提供了共存的历史和时空背景，公司可以通过凸显经典角色之间的相互联系来扩大二线角色的影响力。因此，漫威前任首席执行官彼得·库尼奥（Peter Cuneo）在描述漫威的故事宝库时强调："你必须把这 5000 个角色看成一个家族，而非独立个体。"

漫威不单纯挖掘 IP 价值，更强调 IP 价值运作。即便漫威拥有丰富的漫画 IP 储备，但在开发单个 IP 时公司注重站在整体的角度对旗下漫画角色整合运作，而非割裂不同 IP 分别榨取价值。"漫威宇宙模式"强调不同故事背景间角色的相互关联、呼应，在打造某一角色之初便埋下同其他英雄"合作"的伏笔，一旦时机成熟便将各种高人气角色打包拍摄合集。这种 IP 运作模式不仅延长了单一 IP 的生命周期，而且在减少单一漫画角色打造成本的情况下再度开发角色价值，发挥不同角色叠加所产生 $1+1>2$ 的倍增作用。《复仇者联盟》系列便是代表。

IP 的各环节协同运作对发挥 IP 价值极为重要。譬如电影和游戏，如果在同期上线，电影热度可以有效带动游戏热度。如果没有产业链的协同，则很难完成。漫威在 2009 年被迪士尼集团全资收购后，获得了迪士尼给予的全产业链支持，强化了自身 IP 的运营变现能力。被收购后的漫威仍主导影视制作，迪士尼主要负责发行事宜。迪士尼完整的业务体系为漫威打造出一条从电影到动画再到游戏然后到衍生品的产业链，进一步增强了漫威 IP 运营的超额变现能力。漫威对于旗下漫画 IP 的商业化开发已经非常成熟，超级 IP 已经展示出广阔的商业空间。7 年内 17 部电影总计 72 亿美元票房的成绩单，充分验证了漫威模式的成功。

2. 以爆款策略打造超级明星 IP

规模经济与范围经济是微观经济学中的两个重要概念。规模经济即规模的"报酬递增现象"，指的是随着生产经营规模的扩大，在给定技术的条件下产出增加的倍数高于投入要素增加的倍数。规模经济理论的核心是经济活动达到适当的经营规模后，大规模生产经营比小规模生产经营成本低、效率高、收益多。范围经济是针对关联产品的生产而言的，指的是在相同的投入下，由一个厂商生产多种产品，因为对生产要素或生产设备的共同使用、联合市场计划或共同管理所产生的成本节约。漫画产业可以实现生产经营的规模经济和范围经济。

数字技术的日益普及，大大降低了产品的销售成本和购买成本，同时极大地降低了娱乐产品的制作和复制成本。在网络时代兴起的长尾理论，被认为是对传统的"80/20 法则"的彻底"背叛"，人们不再强调"头部"的 20%，而重点关注"尾部"的 80%（即"利基市场"）产生的效益。但近年来美国大量研究表明，安德森关于长尾销量将超过头部销量的预测远非事实。在数字娱乐产品市场，需求重心非但没有偏向长尾部分，原先的集中现象反而变得越发明显，娱乐产业正越来越向着赢家通吃的市场模式靠拢。

漫画产业是以创意为核心，以艺术和科技为支撑，以漫画角色形象和故事内容为主要载体，以创作漫画内容产品为基础，以品牌运营和开发衍生产品为延伸，从而形成巨大版权价值链的产业。漫画产业的核心本质为利用漫画或其他载体的广泛传播所塑造的明星形象，进行版权内容和符号产品的多轮跨界商业开发，进而提升漫画品牌的附加值，实现其影响力和经济收益的最大化。自2004年以来，中国漫画产业一直保持高速发展，沿着作品—产品—精品—版权（IP）—品牌的发展路径不断演变。

伴随着数字网络技术的普及特别是移动互联网的崛起，互联网＋漫画正在改变和颠覆旧有的产业格局，创造新的平台经济和生态体系。数字网络技术降低了产品的销售成本、购买成本以及娱乐产品的制作和复制成本，进一步深化了超级IP效应，创造了赢家通吃效应，少数真正有价值的"头部"内容获取到超高市场份额。在网络时代，承载着海量品类的平台（如淘宝）有着极强的范围经济效应，然而品类数量有限的创意内容平台却并不具备很强的范围经济效应，反倒是创意内容提供商（如游戏行业的腾讯和网易等CP）能够最大化地攫取产业价值。数字网络技术有着强大的"去中介化"作用，可实现漫画企业和用户之间的直接交易、对话、沟通与互动。通过《十万个冷笑话》等代表性案例可以明显感受到：建立在业已享有盛誉的IP基础上的作品有着强大的人气基础，早期的有限发行策略对于后期的大规模发行有着强大的铺垫和导向作用，娱乐产品能否取得成功极易受到少数初期用户所做抉择的影响，大众在并不存在明显品质差别的娱乐产品面前更偏好于流行事物，社会化媒体和社交网络的意见领袖在关键传播链中扮演着重要角色，有价值的娱乐内容在网络空间中更易引发病毒式传播。中国漫画产业的未来发展必将更加受益于数字技术、社交红利、品牌价值和粉丝经济。

漫画产品属于形象符号产品、文本内容产品、图像内容产品和视听内容产品四位一体的集成者，与创意、设计、文学、美术、影视等文化门类息息相关。漫画企业一定要摆脱简单、狭隘的单就漫画而言漫画的思维，跳出漫画的局部视角，从大文化产业的视角去审视，否则容易陷入类似"瞎子摸象"的错觉和误区。漫画作为一种技术手段和表现形式，同小说、美术、影视、游戏等体裁一样，把原始的文化创意固化为内容产品，然后凭借品牌价值这一纽带延伸至大众消费商品领域，融合成为包含文化创意在内的消费商品或服务。对此，漫画企业需要具备跨界、混搭、融合的思维，与文化创意产业多类别联动，与国民经济其他行业进行"嫁接"。一是建立品牌驱动发展的策略，重视原创创意和品牌符号的影响力、辐射力和带动力。二是对漫画内容进行一体化管理，以"一种内容，多元分发"的策略，以小说、漫画、动画、游戏、影视等体裁分类创作，并强化跨题材改编，以单点市场测试和检验来减轻市场风险，利用范围经济来扩大协同效应。三是促进漫画和社会各领域跨界结合，异业合作，以 N + X 的融合、整合、复合模式，彰显漫画创意设计在国民经济发展中的重要地位和作用，使漫画成为中国经济发展的重要推动力。

漫画创作企业需要加强对原始创意和知识产权（IP）的重视程度，加强漫画产品项目的顶层设计和整体规划，将其打造成为内容精品和消费品牌。漫画企业在最初创意研发时就应当以两个理念作为指导：一是内容产品尽可能大众化，以热门题材和优秀故事在国内外市场中实现大范围的销售；二是在创意研发伊始就要考虑到衍生产品开发的要求，在人物形象、玩偶道具、场景设计、故事情节等方面做出适当安排，从而实现版权经营和品牌经营的协同效应。

漫画创作企业要持续不断提高漫画产品质量，不断推出质量过硬、特色鲜明、民众喜闻乐见的漫画产品。根据漫画作为大众流行消费文化的属性，强化漫画产品的创意、策划和制作，以成功的故事叙述模式来彰显漫画与生俱来的娱乐性。鼓励漫画企业以联合制作的方式共同打造优秀漫画产品，引导漫画、动画、游戏、小说等不同内容体裁进行互动，将优秀内容进行跨体裁改编。

（四）加强网络漫画行业服务和监管，引导发展

1. 完善相关法律法规体系，加大著作权保护力度

原创是漫画产业可持续发展的根本，没有原创漫画品牌，漫画产业就不

能获得长足发展。相关法律法规制度的健全和对著作权的保护是保障漫画产业健康发展的关键，只有依靠完善的著作权保护制度，漫画产业才能形成完整的产品版权价值链和产业价值体系。对此，要完善与漫画相关的法律法规，积极完善漫画作品著作权登记制度，积极鼓励漫画作者进行漫画产品和漫画形象的著作权登记和商标注册。加强漫画产品市场监管，开展漫画市场专项整治行动，严厉查处和惩治非法出版等侵犯漫画著作权的行为，保护漫画企业和漫画作者等著作权权利人的合法利益，建立公平竞争的市场秩序。设立由政府牵头、社会注资的著作权保护基金，降低当事人的维权成本，提高侵权者的违法成本。加强执法部门合作，建立系统工作机制，保证有关法律、法规和机制得到真正执行与落实。强化教育宣传，增强漫画企业、创作者著作权的保护意识。多管齐下，为漫画产业营造良好的环境，促进漫画内容原创，保障漫画产业的良性循环。

2.加强对网络文化内容的筛选，培养青少年网民正确的价值观

随着互联网在青少年群体中的普及，二次元文化传播载体的覆盖范围越来越广。数据显示，截至2015年12月，作为二次元文化传播载体的网络小说、视频、游戏的青少年用户规模分别达到1.3亿人、2.2亿人和1.9亿人。由于青少年网民的人生观、价值观尚未定型，在成长过程中容易受到环境和所接触的文化内容的影响，因此世界观独立于现实世界的二次元文化可能给青少年带来某些不良干扰。比如，过度沉迷于二次元世界的青少年可能产生偏激思想、虚拟偶像崇拜、存在感缺失甚至对现实世界丧失兴趣等问题。由于二次元内容主要表现漫画、动画、游戏中的架空世界，因此其世界观、人生观与现实生活必然存在某些差异，而青少年网民的世界观和人生观大多处于形成期，如果过于沉迷二次元内容，则可能对其产生不良影响。因此二次元文化对青少年网民的影响问题不容忽视，应尽量确保二次元文化内容的积极健康，同时对青少年网民的世界观进行正向引导。

青少年由于人生观和价值观尚不稳定，因此容易受到网络文化作品中传递的价值观的影响，而网络文化娱乐行为过去几年在青少年日常生活中扮演的角色日趋重要，这使得网络文化内容对青少年产生的影响越发不容忽视。

从以往的经验来看，加强对网络文化内容的监管，筛选更加积极健康的优质内容无疑是重要手段，但单纯采用这种方法也会降低青少年对不良内容的辨别能力，助长青少年对不良内容的好奇心理，进而不能达到理想效果。未来应在加强内容筛选的同时，尽快出台并完善对青少年，尤其是未成年人的网络文化内容分级制度，使未成年人在早期尽可能接触积极健康的内容，并随着年龄的增长能够接触到更加多元化的优质内容，以培养未成年人的独立思考能力和内容辨别能力，形成健康的价值观念。

另外，要加大漫画市场监管力度，遏制低俗漫画产品的生产和传播，净化漫画消费环境。严厉禁止和坚决抵制低劣庸俗、胡编乱造、违背史实、色情暴力等不良漫画内容的制作和传播，加强和完善网络管理，依法惩处传播有害信息的行为。

第六章

案例研究

一 有妖气在奥飞娱乐战略布局中的关键作用

奥飞娱乐股份有限公司是中国目前最具实力和发展潜力的动漫及娱乐文化产业集团公司之一,于 2009 年 9 月 10 日在深圳证券交易所公开上市,为中国动漫第一股。奥飞娱乐通过文学、漫画、动画、电影、舞台剧、消费品、游戏、主题乐园、文化教育等多元化的互动业务模式,整合不同产业资源,满足消费者对于文化娱乐体验的需求。自 1993 年创立以来,奥飞娱乐经过 20 多年的发展,从简单的制造与授权到原创并围绕 IP 进行全产业链开发,打造与积累了众多知名的 IP 形象,通过多样化的媒体传播途径使 IP 渗透到动漫、游戏、影视、文学等多个文化产业领域,并在衍生产业中拥有强大的运营能力,逐渐凝聚起行业领先的品牌影响力,形成全产业链布局的泛娱乐生态。

2015 年,奥飞娱乐并购、整合了北京四月星空网络技术有限公司(以下简称"四月星空"）旗下的"有妖气原创漫画梦工厂"。有妖气是国内领先的原创漫画平台，其刊载的漫画作品超过 40000 部，并有 17000 多位漫画作者在平台上持续进行内容创作、更新，极具活力的 UGC 模式为奥飞泛娱乐 IP 平台注入源源不断的 IP 孵化能力。奥飞娱乐在 K12① 领域的 IP 优势以及成功整合有妖气平台，初步构建起公司的泛娱乐 IP 平台，奠定了奥飞在泛娱乐生态中的核心基础。

（一）奥飞娱乐收购有妖气的幕后

奥飞娱乐的主营业务包括内容创作、媒体经营、游戏研发运营、消费品制造与营销四大板块。奥飞娱乐经过 20 多年发展，从授权到原创，从简单制造到围绕 IP 进行全产业链开发，已积累并打造了众多知名 IP，形成了以 IP 为核心，集动画片、电影、媒体、游戏、视频平台及社区、玩具、衍生品、教育、主题乐园等为一体的泛娱乐生态系统。为进一步将 IP 矩阵延伸至各年龄段用户，奥飞娱乐于 2015 年收购了四月星空 100% 的股权。通过整合有妖气漫画平台，奥飞泛娱乐 IP 平台有了源源不断的 IP 孵化能力。

1. 奥飞娱乐收购有妖气的背景

（1）ACG 产业生态互利共荣，成为泛娱乐系统的强力引擎

ACG 产业生态围绕动画、漫画、游戏等形式和载体，在以年轻人为主体的泛二次元群体中拥有强大的影响力。其以故事内容和 IP 形象为核心，兼具文化传播、商业授权、衍生开发的特质和潜力，搭建起互利共荣的价值循环。国产动漫的崛起为中国 ACG 产业的发展带来了市场信心和想象空间，有利于开启具有中国特色的泛娱乐产业新纪元。ACG 产业生态中从内容开发到价值变现的成熟运营链条，打破了二次元与三次元的界限，持续渗透消费市场，拓宽文化产业发展空间，提升 IP 运营规模及能力，是泛娱乐生态系统最强有力的动力引擎。

---

① K12 或 K‐12，是 Kindergarten through 12th Grade 的简写，是指从幼儿园（Kindergarten，通常 5～6 岁）到 12 年级（12th Grade，通常 17～18 岁），这是美国、澳大利亚和加拿大英语地区的免费教育头尾的两个年级，此外也可用作对基础教育阶段的通称。

（2）互联网分享平台引领全民互动娱乐，激发新文化原创动力

"互联网＋"为娱乐文化产业注入了新的成长活力，各类集交互性、即时性、海量性、共享性于一体的互联网娱乐文化分享平台已深度渗透到人们的生活中，也为各类文化产业提供了生存空间、共享平台和信息市场。动漫、图片、视频、音乐、文学等网络分享平台不仅激发了全民参与的互动娱乐精神，也为新兴文化提供了源源不断的创作源泉和创新动力。互联网文化下潜藏的内容金矿与用户规模价值无限，各式娱乐文化分享平台作为新兴文化的重要组成部分，也成为泛娱乐产业链中的关键环节。众多文化产业与互联网巨头纷纷布局，力求通过内容与用户资源的双重强化，为消费者提供更多元化、多样化、多层次的深度娱乐体验，进一步扩大市场影响力，拓展商业空间。

（3）资本市场良好的政策，助推企业的全面整合发展

近年来，国家不断出台各项政策鼓励文化企业跨地区、跨行业整合或重组，促使企业壮大规模，提高集约化经营水平，促进文化领域资源整合和结构调整；鼓励已上市的文化企业通过并购和重组，进行产业空间的延伸和业务的转型升级。奥飞娱乐依据行业发展规律和市场特点，把握资本市场动向，通过并购等一系列资本运作，实现了业务结构的调整与产业链的拓展，全面扩大了产业规模，体现出较强的行业整合能力。2013 年，奥飞娱乐通过收购方寸科技与爱乐游 100% 的股权，进一步将产业布局与 IP 形象延伸至具有丰富的业务联动性与行业性机会的移动终端游戏市场。奥飞娱乐坚持以泛娱乐产业发展战略为指引，加强与动漫相关产业链纵深和横向的整合，实现动漫品牌和 IP 及其他文化业态的融通，提升产业链环节的协同效应，深化商业模式与 IP 管理体系的变革与创新，实现公司综合盈利能力的提高（见表 6 - 1、图 6 - 1）。

（4）IP 连接一切与互联网化，圆梦"新世代迪士尼"

在 IP 化、互联网化和全球化的战略驱动下，奥飞娱乐以 IP 连接一切，以全触点精品 IP 为核心连接各类娱乐板块，通过多样化的文化内容产品联动开发，增强 IP 渗透力与影响力，并进一步丰富和延伸多元化的泛娱乐生态系统，同时，更加注重互联网化的 IP 运营体系建设。奥飞娱乐秉承全民

参与的互动娱乐精神，结合多维度互联网分享平台，加强消费者与开发者的沟通交流；大力拓展互联网和移动互联网的新型媒体渠道，扩大用户覆盖群体，加强品牌传播与流量聚集效应；积极拓展线上线下娱乐产业，提供基于互联网和移动互联网的新奇体验，开展家庭、娱乐、生活和消费的场景化运营；通过互联网技术革新 IP 运营管理体系，加强数据分析处理，合理挖掘 IP 的商业潜力，培育具有产业联动性的明星 IP。互联网思维将与作品原创、渠道资源、产品开发和内部管理充分融合，以 IP 为核心，进一步提升奥飞动漫在泛娱乐领域的竞争优势，努力成为兼具中国特色和全球视野的"新世代迪士尼"。

表 6 - 1　2009 ~ 2015 年奥飞娱乐收入和利润

单位：万元

项目	2009 年	2010 年	2011 年	2012 年	2013 年	2014 年	2015 年
营业收入	59084	90307	105678	129116	155301	242967	258917
营业利润	10340	13985	14326	20631	26161	42287	50803
利润总额	11795	14740	15293	21737	26852	44221	54953
净利润	10149	12418	13079	18720	23342	41257	48071

资料来源：根据奥飞娱乐公司历年财报整理。

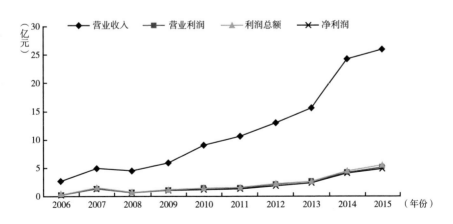

图 6 - 1　2006 ~ 2015 年奥飞动漫收入和利润

资料来源：根据奥飞娱乐公司历年财报整理。

2.奥飞娱乐收购有妖气的目的

（1）战略合作协同效应，提升公司综合实力

奥飞娱乐与四月星空在发展战略、IP 资源、IP 开发、目标市场、产业运营和经营管理方面能够实现优势互补，释放出强大的协同效应，如此可以全面增强奥飞娱乐的综合竞争力。

①共同的 IP 运营产业思维，提升战略共通性和契合度。奥飞娱乐一直以来都十分重视 IP 的创造、培育、优化、挖掘和拓展，历经"产业文化化"到"文化产业化"的升级蜕变，致力于构建以 IP 为核心的泛娱乐生态系统。四月星空作为国内领先的动漫 IP 全版权运营商，其核心竞争力就在于注重原创 IP 作品的发现、鼓励与培养，宽松的创作氛围、灵活的激励机制和更有针对性的筛选体系有助于 IP 价值的深入挖掘和成功变现。

双方在 IP 创作与开发、IP 内容培育与优化、IP 衍生品的合作与授权方面有各自的特点和资源，但共有的 IP 产业化运营思维始终贯穿于公司发展壮大的轨迹与历程中。泛娱乐的战略定位高度契合，原生的经营理念共融共通，大大降低了未来业务整合的难度，有利于促进双方沟通交流、资源共享和优势互补，共同打造 IP 全产业链运营的商业模式和成功案例。

②IP 资源类型互补，内容金矿潜力无限。经过多年发展，奥飞娱乐构建了以《喜羊羊与灰太狼》《贝肯熊》《巴啦啦小魔仙》《铠甲勇士》《开心宝贝》《超级飞侠》为六大核心 IP 的精品 IP 矩阵，在 K12 以下 IP 资源库拥有完整的布局，涵盖家庭、魔幻、科幻、英雄四大系列（见图 6 - 2）。四月星空则成功培育了面向 K12 以上人群的《十万个冷笑话》《端脑》《雏蜂》《镇魂街》等极具人气的原创 IP，涵盖科幻、玄幻、推理、武侠、生活、搞笑、爱情等多个系列，拥有超过 20000 名原创作者，40000 部以上刊载漫画作品。从海外市场来看，迪士尼借助收购漫威收获了《钢铁侠》《复仇者联盟》等具有巨大粉丝效应的优秀 IP 资源，成功打入青少年和成年人市场，形成了明显的互动效应。通过本次交易，奥飞娱乐也能借助四月星空的 IP

资源，将"二次元"等新兴文化元素带入 IP 矩阵。同时，不断扩张的原创作者队伍和日渐增多的漫画作品库，将为产业化运营提供有效内容支撑。

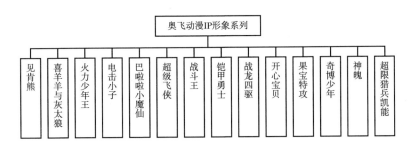

图 6 - 2　奥飞动漫主要 IP 形象

资料来源：作者自制。

③挖掘用户分享交流潜力，实现 IP 内容开发模式的拓展。现阶段的主流 IP 开发为 PGC① 模式，主要为工作室研发和同类型作品批量生产，保证作品可以在指定的内容范围内高标准地完成，使其质量在行业内保持较高水平。而 UGC 模式的主要优势在于作品开发的渠道更为宽泛，由大众用户代表的作品源具有更加广泛的主题范围和更加自由的创作风格，能够有效增强精品 IP 的诞生和发掘概率。同时，这种基于用户上传与分享的 IP 开发模式使 IP 内容更贴近社会文化和年轻潮流，更全面反映当下年轻人的身心诉求及其引领的潮流动向。有妖气原创动漫平台作为资深的 UGC 开发模式的践行者，坚持从广大群众中发掘、鼓励并培养作者的版权开发理念，在短短几年间成功地打造出包括《十万个冷笑话》在内的大量精品 IP，积累了庞大且坚实的用户基础。结合 PGC 与 UGC 等多种 IP 内容开发模式，奥飞娱乐将拥有作品开发更广阔的空间和更灵活的机制，获取源源不断的精品 IP，有利于挖掘更有影响力和潜在价值的原创 IP 作品，达到强化 IP 来源、提升内容价值以及塑造差异化竞争优势的战略目的。

④布局二次元产业链，掌握年轻文化的核心动向。年轻人作为最庞大的

---

① PGC，全称为 Professional Generated Content，又称 PPC（Professionally - produced Content），指专业生产内容（如视频网站）、专家生产内容（如微博）。

消费群体之一，始终代表着时代的核心潮流与消费倾向。尤其在互联网高度普及和渗透的信息化时代里，年轻人作为高新技术和一手资讯的前瞻受众，足以拥有创造时尚潮流和引领市场走向的能力。目前，以动漫文化为核心，在年轻人群体中逐渐形成了一种独特的、具有年轻色彩的二次元文化氛围，并延伸为包括内容创作、平台分享和衍生品开发在内的二次元文化产业链。奥飞娱乐作为文化产业的经营者，掌握这个走在时尚尖端群体的文化偏好、思维模式和身心诉求，是其获取市场动向和前瞻优势的关键所在。奥飞娱乐此前的主营产品和动漫 IP 主要面向 K12 阶段的受众群体。为了拓展年轻人群体市场并使其成为主要受众之一，奥飞娱乐必须开拓 K12 以上受众内容的产业链。作为国内最受年轻人群体欢迎的原创动漫平台之一，四月星空运营的有妖气平台以其庞大的用户数量、网站日活量和优质的版权库为大众提供了深入了解与掌握年轻人身心诉求的有效途径，并且将奥飞动漫的主要受众扩大到更加年轻的一代。奥飞娱乐通过本次交易将拥有最具前沿性的市场经营优势，有利于产业链布局的优化、IP 内容产品变现能力的加强以及业务规模的扩大。

⑤完善 ACG 生态，强化多层次产业整合运营实力。依靠外延式和内生式"双轮驱动"的发展模式，奥飞娱乐积极布局原创动漫、手机游戏、移动漫画平台、动漫视频、渠道媒介、媒体广告运营等产业环节，形成自有的ACG 产业生态布局，并构筑了以 IP 为核心的，集文化产业、传媒产业和衍生产业为一体的泛娱乐生态系统。四月星空在多年的经营中，形成了自身独特的互联网 ACG 产业经营模式，使 IP 的版权运营更加系统化、效率化和专业化，有利于 IP 的可持续开发与商业价值的深度挖掘。奥飞娱乐将利用其在多层次产业整合方面丰富的实践运作经验，在组织管理、团队建设、经营理念、商务合作与市场拓展方面，与四月星空共同积极探讨合适的发展方向。奥飞娱乐宽松的企业文化氛围、优秀的内部运营和管理能力以及高效的执行力为双方战略协同的有效发挥提供了保障，有利于公司及时抓住动漫行业发展所带来的机遇、扩大产业规模、提升业绩水平、增强盈利能力。

⑥四月星空的互联网基因优势为泛娱乐产业体系注入新的活力。奥飞娱

乐作为国内动漫文化产业的领先者，很早就意识到了互联网思维对企业经营效益的促进性，并先后投资拓展其 PC 端和手机移动端的互联网平台以及各类应用，其中包括游戏业务、动漫视频网站和移动端漫画浏览平台。四月星空作为资深的网络技术公司和成功的 IP 运营商，拥有强大的互联网基因。四月星空的原创动漫分享平台鼓励个性彰显和沟通交流，为其带来了多样化的、极具原创性的 IP 资源以及更宝贵的原创作者队伍；IP 作品的筛选与评估，借助于自主开发的大数据系统，利用互联网技术支持用户行为和反馈意见的收集与分析，大大提升了商业化的效率，降低了产业运作的成本；平台系统能及时更新作品和持续跟踪创作周期，兼顾用户的阅读体验和作者的创作感受，增强用户和开发者的黏性；其制作的网络动画片在众多知名互联网视频平台上的传播，极大发挥了互联网"口碑营销"的作用，取得了"粉丝经济"的良好效益。四月星空天然的互联网基因、专业的互联网团队和成熟的互联网技术，有助于奥飞动漫在原创作品的孵化体系、IP 传播渠道方式和版权运营模式方面更好地与互联网思维结合，激发原有业务的创新动力，促使泛娱乐生态系统焕发新的活力，契合公司积极推进互联网化的战略规划。

（2）聚集优秀战略伙伴联盟，打造多方共赢生态圈

近年来，奥飞娱乐坚持以开放和积极的态度不断引入优秀的战略合作伙伴，扩大产业链布局，积累了丰富而宝贵的合作经验。2013 年，奥飞娱乐收购了拥有国内第一动漫品牌《喜羊羊与灰太狼》的资讯港管理有限公司和广东原创动力文化传播有限公司 100% 的股权；随后，又购买了方寸科技与爱乐游 100% 的股权。以上不断吸纳符合公司战略的各类型良好经营资产及优秀战略伙伴的举措，全方位强化了公司的核心竞争优势。四月星空是国内最大的原创动漫平台，拥有国内最大的原创漫画库，约占中国互联网原创漫画 60% 的市场份额。本次交易有利于奥飞娱乐 IP 资源的整合与扩充补强，拓宽 IP 的受众群体，全面提升 IP 实力，形成版权库存的差异化优势，极大地扩大了奥飞娱乐的产业规模、提升了其市场地位、增强了行业号召力。越来越多的优秀战略伙伴将聚集在奥飞动漫的产业生态系统，实现共同

的战略目标，充分提升市场份额及商业价值，进一步促进多方共赢的产业生态平衡。

（3）深化泛娱乐战略布局，增强可持续发展能力

本次交易具有积极而深远的战略意义，在拓展全版权运营能力及完善互联网化 IP 管理体系的同时，进一步激活公司构建的泛娱乐产业价值链。通过本次交易，奥飞娱乐打造了以 IP 为核心，借助优秀的内容制作能力与完善的 IP 管理体系，通过内生增长与外延发展"双轮驱动"的产业模式，为公司后续不断通过跨界融合与战略结盟等方式获取相关泛娱乐产业资源，实现泛娱乐生态链的优化和发展提供了产业保障。

（二）有妖气独特的版权运营价值

四月星空是国内领先的原创动漫网络平台运营企业，依托互联网平台相对传统纸媒、电视媒体的快捷方便、快速更新、海量作品等优越属性，结合汇聚原创动漫内容及创意的 UGC 创新模式，打造国内知名原创动漫平台，开展以动漫版权为核心的网络漫画发表、网络动画制作、动漫版权运营等业务。

四月星空成立于 2009 年 4 月，并在同年 10 月上线原创漫画网站有妖气，旨在推动原创动漫创作市场，挖掘、培养潜力作者，打造优质 IP 版权，活跃原创动漫消费市场，形成"引流、聚流、变现、增值"的业务结构。在引流和聚流方面，有妖气平台引入并聚集了大量的动漫作者、作品及用户读者，截至 2015 年 6 月 30 日，网站累计合作漫画作者达 17076 位，获得 6478 部授权作品，累计逾 730 万注册用户，平台日活量达 53 万人。

四月星空的作品开发为 UGC 模式，利用旗下有妖气平台引入并聚集了大量的原创网络动漫作者，四月星空也拥有自己的作品培育机制以及大数据分析系统与标准对作品进行筛选，不断生产、制作与向市场推广新的作品，进而在此基础上开展全版权运营业务。在变现方面，有妖气平台凭借海量用户和《十万个冷笑话》《雏蜂》《端脑》等优质动漫作品版权实现价值变现，收入来源分为平台运营收入和版权运营收入，平台运营收入包括付费阅读、平台广告、游戏联运等，版权运营收入包括动画片授权播放、影视版权

授权、游戏开发授权、衍生品授权等。在增值方面，有妖气通过对原创内容进行等级、类型划分和针对用户、作者、内容进行数据精准分析运营，为用户及原创作者提供增值服务（见图6-3）。

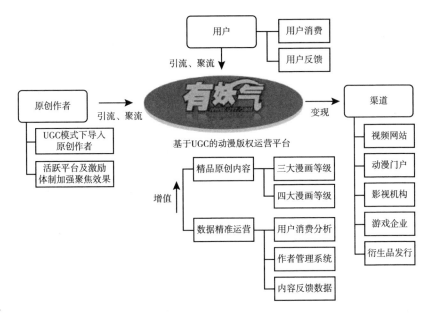

图6-3　有妖气漫画平台的业务体系

资料来源：广东奥飞动漫文化股份有限公司：《发行股份及支付现金购买资产并募集配套资金报告书（修订稿）》，2016年1月。

1. 有妖气的经营模式

四月星空结合汇聚原创动漫内容及创意的 UGC 创新模式，开展以动漫版权为核心的全版权运营业务，其经营模式具有创新性和独特性。四月星空建立了较为完善的 IP 运营管理体系，包含培育体系、开发体系及授权体系。同时，四月星空将大数据储存与搜索技术和消费者反馈行为的分析技术应用于这三大体系之中，成功为企业构筑了 IP 资源库和 IP 授权库。通过构建自有的 IP 运营管理体系，将注重用户体验、关注话题开发、重视数据分析的理念贯穿于企业的经营管理和商业合作中，有妖气网站平台聚集了大量的作者和读者用户，提供了海量的 IP 资源，也创建了与作者、被授权方等开展互利共赢的合作的新模式。

（1）IP 培育体系

IP 培育体系主要是培养原创漫画作者和读者用户获得 IP，并推广有妖气原创漫画平台，构建和发展 IP 资源库。作者将作品上传至有妖气原创漫画平台，经网站平台编辑人员的合规性审核之后在平台发布；平台利用大数据分析对作品的读者阅读行为数据进行收集和分析，从而实现对 IP 作品的分级管理，将作品分为 S 级、A 级和普通级。

在作品分级的基础上，通过平台积累的数据分析出有潜力的作品之后，四月星空可通过以下三种方式取得作品的版权：①通过签署授权协议取得（"协议取得"）；②通过协议受让取得（"受让取得"）；③通过用户上传作品进行一般性发布取得（"上传取得"）（见表6-2）。

表6-2　有妖气漫画平台作品的版权取得方式

类别	版权取得方式
协议取得	四月星空签署的著作权授权合同主要分为3种类型，即签约作品合同、独家作品合同和合作作品合同。签约作品均按页支付固定稿酬，价格由双方基于市场价格协商确定，并约定每月最低交稿页数，如有作品付费阅读收入会与作者按比例分成；独家作品和合作作品无固定稿酬，仅约定对后续作品付费阅读的收入按比例分成。协议取得的著作权归属于创作者或授权人，四月星空获得其全部著作权（但不包括署名权、发表权、修改权和保护作品完整权）授权，或者部分著作权授权。授权期限一般为5～10年
受让取得	四月星空与著作权人签署协议，著作权人将著作权（不包括署名权、发表权、修改权和保护作品完整权）让渡给四月星空，四月星空支付一定对价，该作品的著作权的财产性权利属于四月星空
上传取得	除授权取得和受让取得之外的其他 UGC 作品的著作权归属于其创作者或著作权人，四月星空仅有权为宣传有妖气漫画平台之目的使用用户上传的内容。根据四月星空与作者用户的《内容上传协议》，四月星空有权利为宣传有妖气漫画平台之目的使用用户上传的内容，并无须向用户支付任何费用或承担任何责任，但不得以收费方式向公众提供该内容的在线阅读和浏览服务，亦不得在未经用户书面同意的情况下以任何形式授权第三人使用

资料来源：广东奥飞动漫文化股份有限公司：《发行股份及支付现金购买资产并募集配套资金报告书（修订稿）》，2016年1月。

（2）IP 开发体系

IP 开发体系主要是有针对性地开发和培育明星 IP，放大 IP 影响力、进一步集聚粉丝，提高关注度。对于 IP 培育体系所积累的大量有潜力的 IP 资源，四月星空会组建由行业专家及平台编辑人员组成的作品委员会进一步筛选和判断。通过大数据和读者阅读行为反馈分析，挑选出具有话题性、较热门、关注度较高的 IP，与优质动画制作方合作投入资源制作动画片，并授权至各大互联网视频网站进行播放。公司既可以收取动画片播放授权金收入及一些贴片广告分成收入，也使得 IP 的影响力伴随网络动画的传播迅速扩大，为后续的 IP 授权体系业务的成功开展奠定基础。

（3）IP 授权体系

IP 授权体系是 IP 管理运营体系的重要变现环节，能够进一步挖掘明星 IP 资源的商业价值，拓宽变现渠道，扩大业务和收入规模。

在 IP 开发体系中甄选的精品 IP 授权库基础上，四月星空通过大数据分析选择最适合进一步授权和开发的产品类型和合作模式，并与影视制作企业、游戏研发商及其他衍生消费品开发企业合作，通过 IP 授权方式授权其对 IP 进行电影、游戏和消费品的改编、创作、研发、设计、生产以及销售，四月星空收取授权金以及后续电影票房、游戏充值流水或者衍生消费品销售收入的分成。随着以 IP 为核心的影视、游戏和消费品授权业务的发展，四月星空的产业链布局进一步完善，在获取授权收益的同时也会通过分成反哺原创作者，实现平台与作者之间的互利共赢，激发作者的创作热情，构建起"平台＋用户＋授权合作方"三位一体的良性生态循环。

2. 有妖气主打 IP 状况

（1）《十万个冷笑话》

《十万个冷笑话》作为一部现象级漫画，于 2010 年 6 月 28 日开始在有妖气平台上独家连载，自推出后人气急升，截至 2012 年 7 月 13 日，漫画单日访问量超过 100 万人，截至 2015 年 6 月 30 日，漫画总点击数超过 19.96 亿次，在国内影响巨大。根据同名漫画改编的动画片于 2012 年 7 月 12 日开始播放，在首播 24 小时后百度指数创国产动漫历史新高。2012 年 9 月 26

日,《十万个冷笑话》荣获中国首届成都微电影节"最佳动漫制作奖"。截至2015年8月,《十万个冷笑话》第一季与第二季动画播放总量分别达到9.17亿次和1.88亿次。

2014年12月31日,《十万个冷笑话》电影在全国影院上映,作为2015年开年头一匹电影"黑马",上映6日收进约9000万元票房,截至下映,其电影票房收入达到1.2亿元,成为继《喜羊羊与灰太狼》系列和《熊出没》系列之后第三个电影票房过亿元的国产动画品牌,被业内人士评价为"中国电影史上第一部票房过亿的非低龄国产动画电影"(见图6-4)。除漫画、动画及电影外,四月星空还在积极开发相关IP周边产品。

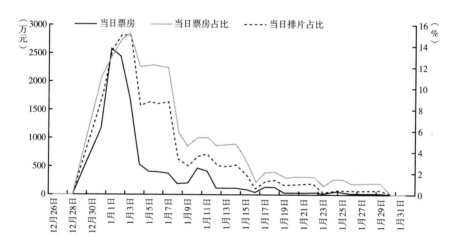

图6-4　电影《十万个冷笑话》每日票房和排片情况
(2014年12月26日至2015年2月1日)

资料来源:中国票房网(http://m.cbooo.cn/Movie/MovieDetails? Mid=628995)。

(2)《镇魂街》

《镇魂街》是2010年2月3日开始在有妖气平台上独家连载的长篇热血漫画作品。《镇魂街》故事设定在一个人灵共存的世界,是人界通向灵域的过渡区,只有拥有守护灵的寄灵人才可进入,在这个奇异的世界里,主角与自己的守护灵通过一系列的斗争生存下去。该漫画画风精致,情节引人入胜,吸引了大量的漫画用户。截至2015年6月30日,该漫画在有妖气平台上总点击量已超过 10.45 亿次。根据同名漫画改编的真人电影《镇魂街》由北京剧角映画文化传媒有限公司领衔打造,北京剧魔影业投资管理公司、奥飞影业投资(北京)有限公司等电影公司联合开发出品,计划于 2017 年登陆大银幕。

(3)《端脑》

《端脑》是 2011 年 5 月 4 日开始在有妖气平台上独家连载的推理漫画作品。《端脑》故事设定在端脑宇宙——一个由对冲宇宙构成的庞大的系统中,故事情节从一个个未知的杀人案开始,逐步揭开掩藏在整个宇宙中的巨大秘密,从骇人听闻的阴谋到银河系战争,从反人类的背叛到伟大的牺牲。本作不仅是一部悬疑推理漫画,也是对读者大脑的极致考验,只有真正动脑并与他人进行深入讨论方可理解该作品,才能感受这部作品的极大魅力。作品中每句台词都暗藏玄机,每一处情节均值得推敲。《端脑》的上部《空间的隔绝》于 2014 年 2 月 26 日完结,下部《时间的隔绝》于 2016 年 5 月 4 日完结。截至 2015 年 6 月 30 日,《端脑》在有妖气平台上总点击数已超过 15.15 亿次。根据同名漫画改编的动画片《端脑》于 2014 年 11 月 28 日至 2015 年 7 月 31 日在爱奇艺、搜狐、PPTV、乐视等视频平台上轮番播放。根据同名漫画改编的真人电影《端脑》由剧角映画领衔打造,剧魔影业、奥飞影业等联合开发出品,计划于 2017 年登陆大银幕。

(4)《雏蜂》

《雏蜂》是从 2009 年 9 月 15 日开始在有妖气平台上独家连载的漫画作品,故事设定在一个特定的年代,新一代的军备竞争开始,"尖兵"作为一种新型的武器开始广泛地运用在军事纷争中,男女主角的故事就是在这样的背景下开展。截至 2015 年 6 月 30 日,该漫画在有妖气平台上总点击数已超过 7.82 亿次。根据同名漫画改编的动画片于 2015 年 7 月 23 日在国内正式开播,这是在日本已有成型的战略布局并获得热烈反响的国产动漫。而根据同名漫画改编的真人电影《雏蜂》由剧角映画领衔打造,剧魔影业、奥飞影业等公司联合开发出品,计划于 2017 年登陆大银幕。

3.盈利模式

四月星空基于 UGC 模式开展动漫平台业务和版权运营业务，凭借 UGC 模式的内容丰富性、创意多元化等独特优势，获取大量原创精品作品，使平台聚集了海量读者用户，四月星空运用流量资源价值和原创精品动漫版权实现平台运营收入和版权运营收入（见表 6-3）。伴随原创作品及读者用户的日益积累，四月星空平台影响力日益扩大，促使原创作者、读者用户与平台黏性进一步增强，进而使平台获取更多优质动漫版权资源和用户，形成动漫版权资源及用户相互促进的良性循环。

（1）平台运营收入

①付费阅读收入。付费阅读收入包括 VIP 付费服务和作品付费订阅。四月星空依据市场点击阅览次数、收藏数、作者更新情况评定原创动漫作品等级，部分精品原创动漫开启 VIP 付费服务，平台用户充值成为 VIP 后，可在动漫作品正式推出之前阅读。为激励原创作者创作动力，加强原创作者与平台黏性，四月星空与精品动漫作品作者沟通后，精品动漫作品推出付费阅读章节，用户付费后可继续阅读，收入由四月星空与原创作者进行分成。

②广告活动收入。广告活动收入基于四月星空有妖气平台的海量用户基础开展，鉴于平台用户多为动漫爱好者，其关注重点为平台动漫作品，平台如将客户广告挂至页面宣传，广告效果或将不如预期所设，且影响页面美观，因此，四月星空采用专题活动形式将客户广告植入活动中，如举办插画征集、声优大赛、填词活动等，由用户自发参与活动。四月星空依据合同约定的平台版面位置、活动时间、参与人数等要求完成专题活动后，广告客户向四月星空支付广告费用，构成四月星空盈利来源之一。平台专题活动既提高了用户与平台互动的程度，又为广告客户提供了良好的广告宣传渠道。

③游戏联运收入。鉴于有妖气平台的用户基础，四月星空自 2014 年起与游戏运营商合作开展游戏联运业务，在"有妖气"平台设置游戏接入端口为游戏导入流量，进行游戏推广，根据游戏玩家的实际充值情况与游戏运营商按照合同约定的方式进行分成，形成公司的游戏联运收入。

（2）版权运营收入

①动画片授权收入。为促进有妖气平台原创精品动漫的多元化传播及多样化变现，四月星空成立品牌战略部，由旗下的美术部、制作部、运营部、周边部合作将原创精品动漫制作成为动画片并授权至知名视频网站，四月星空获得动画片版权授权收入，并扩大作品影响力。此外，四月星空在制作动画片的过程中可为客户在片头片尾处贴片广告以及在动画片中植入广告，进一步增加相应的营业收入。

②影视授权收入。基于动漫与影视具备天然互通性，四月星空凭借庞大的原创作品资源库涉入影视领域，将具有影响力和粉丝基础的精品动漫作品授权至影视开发商，获取授权使用金和后续电影票房分成，形成公司的影视授权收入。

③游戏授权收入。游戏开发通常需要人物形象、游戏情景、世界观等元素，动漫作品完全符合游戏开发的需求条件，且精品动漫的粉丝基础可进一步为游戏引入流量，对此，四月星空积极开展游戏授权业务，将具有影响力和粉丝基础的精品动漫作品授权至游戏开发商，获取授权使用金和后续游戏流水分成，形成公司的游戏授权收入。

④衍生品授权收入。由于动漫作品具有多元化变现方式，四月星空运营动漫版权除授权电影、游戏之外，还拥有图书出版、手办产品等周边衍生品的对外授权开发权利，实现动漫价值多元化变现。因衍生品类型多样，合作方式灵活，故需依据实际需要约定授权收益，此部分收益形成四月星空的衍生品授权收入。

2009～2013年，四月星空以原创动漫平台的运营为主，此时属于IP的孵化阶段，公司积累了大量有影响力的漫画资源；从2014年起，四月星空进入IP全版权运营阶段，通过将IP授权至第三方进行电影制作、游戏开发、动画片播放等获得版权金收入，同时通过后续的游戏、电影票房及植入动画片的广告获得后续的流水分成。因此自2014年起，四月星空的主要业务收入由平台运营收入转变为版权运营收入（见表6-3、表6-4、表6-5、表6-6、表6-7、表6-8）。

表 6 - 3 2013 ~ 2015 年四月星空分业务类型运营收入情况

单位：万元，%

类别	2013 年度		2014 年度		2015 年 1 ~ 6 月	
	金额	占比	金额	占比	金额	占比
平台运营收入	727.36	76.13	936.39	23.50	558.67	16.93
版权运营收入	228.09	23.87	3048.50	76.50	2740.54	83.07
合计	955.45	100	3984.89	100	3299.21	100

资料来源：广东奥飞动漫文化股份有限公司：《发行股份及支付现金购买资产并募集配套资金报告书（修订稿）》，2016 年 1 月。

表 6 - 4 2013 年度四月星空向前五大客户销售情况

单位：万元，%

序号	公司名称	销售业务	收入金额	占营业收入比例
1	盛绩信息技术（上海）有限公司	授权分成	155.66	16.29
2	中国移动通信集团福建有限公司	无线收入	136.12	14.25
3	上海幻电信息科技有限公司	网络推广	28.30	2.96
4	北京微游互动网络科技有限公司	网络推广	23.11	2.42
5	北京畅游天下网络技术有限公司	网络推广	19.81	2.07
	合计		363.01	37.99

资料来源：广东奥飞动漫文化股份有限公司：《发行股份及支付现金购买资产并募集配套资金报告书（修订稿）》，2016 年 1 月。

表 6 - 5 2014 年度四月星空向前五大客户销售情况

单位：万元，%

序号	公司名称	销售业务	收入金额	占营业收入比例
1	蓝港在线（北京）科技有限公司	授权分成	471.70	11.84
2	北京掌趣科技股份有限公司	版权转让	424.53	10.65
3	美娱信息技术（上海）有限公司	网络推广	422.64	10.61
4	上海盛鲲网络科技有限公司	授权及宣传策划	348.37	8.74
5	飞狐信息技术（天津）有限公司	授权及制作	238.43	5.98
	合计		1905.67	47.82

资料来源：广东奥飞动漫文化股份有限公司：《发行股份及支付现金购买资产并募集配套资金报告书（修订稿）》，2016 年 1 月。

表 6 - 6 2015 年 1 ~ 6 月份四月星空向前五大客户销售情况

单位：万元，%

序号	公司名称	销售业务	收入金额	占营业收入比例
1	万达影视传媒有限公司	电影分成	1472.84	44.64
2	蓝港在线（北京）科技有限公司	授权分成	1056.20	32.01
3	尊岸广告（上海）有限公司	广告收入	86.18	2.61
4	盛绩信息技术（上海）有限公司	授权分成	67.06	2.03
5	完美世界（重庆）互动科技有限公司	广告收入	66.23	2.01
	合计		2748.51	83.31

资料来源：广东奥飞动漫文化股份有限公司：《发行股份及支付现金购买资产并募集配套资金报告书（修订稿）》，2016 年 1 月。

表 6 - 7 四月星空在奥飞娱乐收购时的团队主力（2015 年 8 月）

序号	类别	姓名	出生年份	学历	入职年份	担任职务
1	核心管理团队	周靖淇	1981	学士	2009	CEO
2		于相华	1983	学士	2009	副总裁
3		董志凌	1983	学士	2009	副总裁
4		张志	1980	硕士	2013	副总裁
5		曾涛	1975	硕士	2014	综合管理总监
6	核心业务人员	张左峰	1983	学士	2015	品牌中心副总监
7		万超	1980	学士	2014	游戏事业部总监
8		李兵	1983	学士	2009	法务总监
9		谢则烽	1981	学士	2014	移动中心副总监
10		李询	1977	硕士	2014	主程
11		白羽	1987	学士	2014	制作人兼主策划
12		张晋华	1981	学士	2015	网站中心副总监
13		姚征	1985	学士	2014	内容部副总监

资料来源：广东奥飞动漫文化股份有限公司：《发行股份及支付现金购买资产并募集配套资金报告书（修订稿）》，2016 年 1 月。

表 6 - 8 四月星空在奥飞娱乐收购前的股权结构

单位：万元，%

序号	股东名称	金额	出资比例
1	周靖淇	128.5785	9.61
2	于相华	85.7956	6.41
3	董志凌	85.7956	6.41

249

续表

序号	股东名称	金额	出资比例
4	北京聚铭骋志文化发展企业（有限合伙）	61.1422	4.57
5	上海游嘉股权投资基金合伙企业（有限合伙）	344.1430	25.71
6	上海盛大网络发展有限公司	21.0689	1.57
7	中国文化产业投资基金（有限合伙）	334.5834	25.00
8	博信优选（天津）股权投资基金合伙企业（有限合伙）	189.2786	14.14
9	苏州工业园区禾源北极光创业投资合伙企业（有限合伙）	57.3572	4.29
10	北京创新方舟科技有限公司	30.5905	2.29
	合计	1338.3335	100

资料来源：广东奥飞动漫文化股份有限公司：《发行股份及支付现金购买资产并募集配套资金报告书（修订稿）》，2016年1月。

（三）有妖气助力奥飞娱乐实施战略布局

战略管理是分析企业与市场环境的关系，研究企业如何成功地竞争的理论，即企业在竞争环境中如何找到竞争优势的来源，并在竞争压力、模仿或市场均衡力量的作用下保持竞争优势。企业可持续竞争优势的源泉及其形成机制，是战略管理的根本问题。近30年来，学术界围绕这些问题开展研究，形成了产业定位理论、资源/能力观、知识观等不同理论流派。综观企业竞争优势理论的发展脉络，我们发现企业竞争优势的知识观并非横空出世，事实上集成了资源观和能力观的核心思想，同时关注知识资产或智力资本这一无形资产的本质属性及其管理的特殊性，探索知识资产或智力资本与企业竞争优势之间的内在逻辑关系及其影响因素。一方面，知识观顺应了在知识经济时代，处于动态甚至高度不确定性的技术和市场竞争环境下的技术密集和知识密集型企业谋求和保持可持续竞争优势的客观需要。按照知识观的观点，企业竞争依赖的核心资源不再是传统的"有形"物力资本，而是"无形"的人力资本，也就是说，企业知识观只是重点关注企业在动态的知识经济时代的核心资源——知识资产或智力资本，从而使企业的战略保持

"柔性"。另一方面，知识观在肯定知识资产或智力资本是企业的核心资源和竞争优势的源泉的同时，根据知识这种无形资产的本质属性及其管理的特殊性，积极探索知识与企业竞争优势的内在逻辑关系，结论是知识以及智力资本、智力资产和知识产权的发掘（创造）、商业化（运用）和保护能力，是联系知识和企业竞争优势的现实路径，也就是说，知识观将企业对"知识"这一无形资产的创造、转化、运用和保护能力的提升作为企业在动态的竞争中获得和保持竞争优势的有效途径。

1. 迪士尼收购漫威对奥飞的启示

华特迪士尼公司是总部设在美国的大型跨国公司，主要业务包括娱乐节目制作、主题公园、玩具、图书、电子游戏和传媒网络等。华特迪士尼动画工作室、迪士尼卡通工作室、皮克斯动画工作室、漫威漫画公司、迪士尼电影公司、试金石电影公司、米拉麦克斯电影公司、卢卡斯影业公司、博伟影视公司、美国广播公司、迪士尼频道、ESPN 体育都是其旗下的公司（品牌）。迪士尼是一个"品牌乘数型企业"，即用迪士尼的品牌做乘数，在后面乘上各种经营手段以获得最大的利润。目前迪士尼的主要业务有五项：影视娱乐、媒体网络、主题公园和度假村、消费产品，以及在 2009 年开始形成规模的互动媒体。它们共处一个价值链条，通过彼此的相互影响、相互平衡从而保障了价值链总体价值的稳定增长。

迪士尼成立于 1923 年，自成立以来，创作出一大批经典动画形象，收购了电视网、电影频道以及动画电影工作室，在国内外开发了主题公园，深入发掘衍生品市场，最终成长为全球娱乐巨头。迪士尼公司的发展大致可以分为四个阶段：内容驱动阶段（1923～1955 年）、衍生品驱动阶段（1955～1993 年）、渠道驱动阶段（1993～2005 年）以及新媒体驱动阶段（2005 年至今）。其中，内容驱动与衍生品驱动阶段，迪士尼集团主要通过内生增长来实现，而渠道驱动与新媒体驱动阶段则更侧重于通过外延并购的方式来支撑跨越式成长。经历了近百年的发展历程，迪士尼集团已经成长为市值近2000 亿美元的全球领先的综合传媒娱乐集团。

迪士尼之所以能发展成为全球娱乐巨头，与其持续采取收购兼并策略以不断优化业务结构有着密切的关系。20 世纪 90 年代起，迪士尼开启了大规模并购的协同发展战略，陆续收购 Miramax、ABC、ESPN、Fox、皮克斯、漫威、卢卡斯影业等明星级公司。2000 年以前，迪士尼的 IP 形象以儿童和女性两类经典形象为主，同样是低幼向；2000 年以后，迪士尼在 2006 年、2009 年、2012 年分别收购了皮克斯、漫威、卢卡斯影业，迪士尼由此构建了全年龄 IP 矩阵，尤其是漫威为迪士尼提供了大世界观，助其发力漫画改编的真人电影（见表 6-9）。迪士尼的所有业务包括电影、电视、主题公园及消费者产品在内都要靠内容业务（IP）来带动，有了好的内容节目，才可以通过品牌价值链带动所有业务部门在全球的收益实现增长。

表 6-9　迪士尼 IP 库的扩充

2000 年以前		2000 年以后	
IP：儿童与女性		IP：全年龄段与全类别	
自创	米老鼠、小熊维尼、公主系列、仙女系列	皮克斯	玩具总动员、海底总动员、赛车总动员
		漫威	蜘蛛侠、X 战警、钢铁侠、复仇者联盟
		卢卡斯	星球大战
		自创	星际宝贝、冰雪奇缘、超能陆战队

资料来源：作者自制。

漫威丰富的漫画资源，使得迪士尼的娱乐资产得到进一步扩充。而且，迪士尼所塑造的动画角色更适合于女性受众，而漫威旗下的蜘蛛侠、钢铁侠等漫画形象为迪士尼带来更多的男性受众。迪士尼收购漫威之后，获得了5000 多个漫画形象的所有权，并融入迪士尼的游戏、电影、电视、互联网、主题乐园等庞大产业链之中，创造出巨大的价值。这一交易使迪士尼获得了大量知名漫画形象和故事内容等优质资产，强化了其作为全球高品质娱乐内容提供者的领导地位，通过整合资源、强化业务提振经营业绩和创造长期价值。

动漫产业是以创意为核心，以艺术和科技为支撑，以动画和漫画为表现形式，以创作动漫内容产品为基础、以开发品牌形象消费产品为延伸，从而形成巨大版权价值链的产业。迪士尼之所以能够通过90多年的发展，从一个小型动画制作工作室发展成为全球最大的娱乐传媒帝国，与其通过品牌扩张延伸产业链息息相关。通过收购优质动漫品牌资产，既能在短期内获得巨大用户基础和提振经营业绩，也能在长期持续强化核心竞争力和品牌溢价。在当前中国动漫产业发展阶段，对于奥飞娱乐而言，以较低成本收购国内优质动漫品牌资产是极具可操作性和具有现实意义的品牌扩张手段，尤其是利用自身具备的玩具实业、传媒平台和商业系统，可以对这些动漫品牌形象进行产品版权的多轮商业开发，进而提升动漫内容的附加值，实现动漫产品经济收益的最大化。

2. 有妖气对于奥飞娱乐战略布局的价值作用

结合强弱危机综合分析法（SWOT）来看，奥飞娱乐经过20多年的发展，已经形成了较为突出的平台优势、独特的商业模式优势、明显的品牌优势、国内领先的创新优势和营销网络和推广优势，但也存在内容品牌持续竞争力较弱、人才瓶颈等问题，同时面临着国内外市场竞争日益加剧、年轻消费者娱乐方式的多样化、消费市场的不确定性等市场威胁，这要求奥飞娱乐利用先发优势不断并入优质外部品牌资产形成持续相互支撑、自我循环增强的运营模式（见表6-10）。

表6-10 奥飞娱乐公司主营业务所处行业及相互关系

业务类别	上游	中游	下游
创意品牌	品牌研发	品牌管理	品牌授权
创意品牌	◆品牌研发	◆品牌管理维护	▼品牌授权
内容产品	内容创作生产	媒体发行传播	终端网络传输
漫画	※漫画创作	※书刊出版发行	□书刊零售
电视动画片	◆动画创作生产	◆电视媒体播出	□电视网络传输
动画电影	▼动画创作生产	□电影发行	□影院放映
舞台剧	▼剧目创作	▼剧目表演	□剧院场所经营
新媒体动漫	▼动漫创作生产	◆网络媒体传播	□电信网络传输
真人影视	◆影视创作生产	□电影发行	□影院放映
游戏	◆游戏创作生产	◆网络媒体传播	□电信网络传输

续表

业务类别	上游	中游	下游
衍生产品	产品生产制造	产品批发经销	产品零售
动漫玩具	▲产品生产制造	□产品批发经销	□产品零售
非动漫玩具	▲产品生产制造	□产品批发经销	□产品零售
婴童用品	◆产品生产制造	□产品批发经销	□产品零售

注：在中国动漫和泛娱乐产业链中，奥飞娱乐仅涉及其中部分环节，以▲标示公司参与并具备很强优势的业务环节，以◆标示公司参与并具备较强优势的业务环节，以▼标示公司参与并具备一定优势的业务环节，以※标示公司曾经参与但现已退出的业务环节，以□标示公司未涉及的环节。

资料来源：作者自制。

　　奥飞娱乐旗下拥有原创动力、狼烟动画、太极鼠等10多个原创动漫工作室，已打造出覆盖全年龄段的精品IP矩阵：其中包括面向K12人群的《喜羊羊与灰太狼》《铠甲勇士》《巴啦啦小魔仙》《超级飞侠》《开心超人》等IP；面向青少年以及全年龄段人群的《贝肯熊》《太极鼠》《功夫料理娘》等IP。除了不断打造并培育众多知名IP之外，奥飞娱乐还积极进行泛娱乐全产业开发，目前已构建以IP为核心，集小说、漫画、动画、电影为一体的内容生态，以及横跨媒体、玩具、消费品、教育、主题乐园等板块的产业平台。

　　有妖气是国内领先的原创漫画平台，在K12以上领域拥有丰富的IP资源。截至2015年12月31日，有妖气连载的漫画作品超过40000部，月活跃读者超过800万，累计有17000多位漫画作者在平台上持续进行内容创作、更新，极具活力的UGC模式塑造了持续不断的IP孵化能力。奥飞娱乐与四月星空在发展战略、IP资源、IP开发、目标市场、产业运营等方面能够实现优势互补，本次收购能为奥飞娱乐带来增量价值，全面完善和提升奥飞动漫的综合竞争力和市场领先地位。奥飞娱乐董事会所属的战略委员会主要负责公司长期发展战略和重大投资决策研究，其认为收购四月星空及有妖气漫画平台符合公司的战略布局，有利于构建以IP为核心的泛娱乐生态系统。

　　（1）有妖气助力奥飞构建国内领先的全年龄段IP矩阵

　　奥飞娱乐目前拥有国内数量最多、知名度最高的IP群，公司一方面精心培育自主品牌，也通过收购整合外部优秀IP，扩大IP资源储备。IP资源可进行多方位、多角度、多轮次立体开发为电影、游戏、动画、电视剧、网络剧等文化内容衍生品,提升 IP 品牌价值。目前在 K12 领域布局了《铠甲勇士》《巴啦啦小魔仙》《火力少年王》《开心宝贝》《超级飞侠》等知名 IP。而在 K12 以上的领域,奥飞并购、整合了四月星空旗下的有妖气平台,极具活力的 UGC 模式为奥飞泛娱乐 IP 平台注入源源不断的 IP 孵化能力。2016 年,有妖气在 K12 以上领域的市场份额、用户数量、作品数量、行业影响力等多方面继续保持行业领先优势,2016 年上半年推出了《十万个冷笑话(第三季)》《镇魂街》等多部动画作品。《镇魂街》自 2016 年 5 月份开始播放,周播点击量与关注度不断提升,动画片的品质获得了良好的市场口碑。《十万个冷笑话(第三季)》持续保持高人气,该动画系列上映至 2016 年累计网络点击量超过 20 亿次。奥飞娱乐在 K12 领域的 IP 优势以及成功整合有妖气平台,初步构建起公司的泛娱乐 IP 平台,奠定了奥飞泛娱乐生态中的核心基础,并以此将目标客户群从儿童领域拓展至全年龄段人群。IP 的运营与变现依托全产业链优势开启衍生品、游戏、IP 场景消费等多渠道联动变现模式,有助于提升单个用户价值。

(2)有妖气助力奥飞试水漫游联动运作模式,提升游戏板块整体运营效益

奥飞娱乐积极利用以 IP 为核心的泛娱乐生态系统,加大加快 IP 资源的开发力度,在 K12 以上领域主要围绕有妖气平台在漫画、动画、电影、游戏等多形态开发的基础上,增加电视剧、网络剧等内容开发模式。自 2013 年以来,奥飞娱乐通过收购方寸科技和爱乐游、参投卓游科技、叶游技术、三乐科技和角川游戏,完成了游戏研运一体化的战略方针制定与组织架构搭建,组建了多个优秀研发团队。由于游戏与 IP 紧密相连的特性,奥飞积极通过有妖气平台和外部产业合作伙伴等获取顶级游戏 IP。基于多产业联动的娱乐产品开发的理念,游戏版块与有妖气、剧业、影业等模块协同合作,深入探索漫游联动、影游联动等运作模式。

(3)有妖气助力奥飞挺进真人影视业务,增强 IP 变现能力

奥飞娱乐已构建起以 IP 为核心,涵盖动漫、玩具、婴童、游戏、授

权、媒体、电影等方面的多元产业格局，形成各产业相互协同、深入发展的泛娱乐生态圈。奥飞娱乐切入电影市场，力图以电影为核心，以游戏、漫画和文学为辅助，升级现有重点IP，聚合潜在优秀IP，推进"内容为王"战略落地。借助奥飞影业的国际资源和宣发能力，加大内容投入和创新，进一步放大自有IP的品牌价值和影响力，打造独特的奥飞电影经营模式。IP提炼成多形态、多维度的文化内容成为行业趋势。2014年成立的奥飞影业，从参投国内外电影项目的制作环节切入，目前主要涵盖内容创作、影片制作、衍生品开发等环节。在影片制作环节，奥飞以主导或参投的形式参与制作，根据约定模式分享影片票房收益。主导项目以及部分参投项目，公司可根据协议约定进行相关衍生品开发，获得IP后端的价值增量。在2016年的储备项目中，奥飞影业主要围绕有妖气平台的知名IP主导电影开发，进展顺利。

（4）有妖气助力奥飞实施国际化战略，引领国产动漫"走出去"

动漫是一种全球通用的国际化语言符号，可以被不同地域、种族、年龄和信仰的人们所接受。动漫产品是国际化程度很高的文化产品，美国、日本、欧洲等动漫产业发达国家和地区往往以其雄厚的制作实力向全球市场渗透。跨国经营一方面以联合制片和服务外包的方式使得动漫项目制作走向分散化、集约化，另一方面把动漫消费推向国际市场的各个角落，由此动漫产品的生产、流通和消费日趋国际化，动漫产业也趋向世界化。奥飞娱乐2015年大力拓展海外市场，在洛杉矶、波士顿、伦敦、巴黎、雅加达、首尔、曼谷等均设有分支机构，海外业务覆盖超过40个国家和地区。

总的来看，四月星空拥有的优秀动漫IP将陆续开发成为动画等多形态的作品，并与奥飞娱乐的品牌运营、衍生品和消费品等多条产业链相互协作，从而促进奥飞娱乐业务的发展。同时，基于有妖气平台的作品主要面向K12以上的消费者，奥飞娱乐也将从K12阶段年龄消费者转变成为全年龄层级，进一步促进奥飞娱乐业务的发展。借助有妖气平台丰富的IP资源、较为成熟的IP管理运营体系和互联网原创动漫平台，奥飞娱乐能够提升IP

商业开发的成功率，节省 IP 开发成本，增加 IP 变现的商业收益，增强盈利能力及未来可持续发展能力。

二 i 尚漫：全力构建全媒体出版平台

人民邮电出版社是工业和信息化部主管的大型专业出版社，成立 60 多年来，不断发展壮大，现已成为集图书、期刊、音像电子及网络出版为一体的在国内外有专业特色和品牌影响的综合性专业出版大社。目前，人民邮电出版社出版《通信学报》《无线电》《集邮》《米老鼠》《童趣》《喜羊羊与灰太狼》《尚漫》等 14 种期刊，年出版新书 2000 余种、音像电子出版物600 余种、网络出版物 800 余种。根据《2014 年新闻出版产业分析报告》，人民邮电出版社在全国图书出版单位总体经济规模综合评价中排第 17 名，在中央图书出版单位总体经济规模综合评价中排第 9 名。

（一）i 尚漫全媒体出版平台的价值

随着现代信息技术的发展，越来越多的读者通过电脑、手机等数字智能终端来观看漫画，网络日益成为最为重要的漫画产品发布平台。出版社选择转型升级，从原本的纸媒杂志、图书出发，涉足网络媒体，建立融合传统媒体和新兴媒体的全媒体出版平台势在必行。

1. i 尚漫全媒体出版平台概况

i 尚漫中国原创漫画全媒体出版平台是由人民邮电出版社利用自身在出版发行领域内的专业经验，与国内一线网络渠道深度合作，联合国内优秀的原创漫画作者为读者提供海量正版漫画内容的在线阅读、下载收藏、订阅服务的网络出版发行平台。i 尚漫全媒体出版平台面向中国原创漫画优质内容，通过纸质媒体、i 尚漫网站、i 尚漫无线和 i 尚漫应用等多种媒介载体同步出版，利用杂志、图书、PC、Pad、手机等终端对内容进行最大化的传播。该平台自 2010 年启动以来，已推出《尚漫》杂志、单行本图书、无线网站、iPad 与安卓客户端应用等全类产品，并成为中国移动、中国电信等运营商旗下手机阅读基地和手机动漫基地的优质内容提供商。

i 尚漫全媒体出版平台以互联网的线上原创漫画内容聚集与杂志、图书线下原创漫画内容聚集互动为起点,聚集产生大量优秀原创漫画 IP;以互联网和移动互联网为延伸,全面推动原创漫画内容运营、版权运营,并切入动画开发,放大优秀的原创动漫 IP;后期重点发展游戏和衍生品,最终成为中国原创动漫的全媒体服务平台(见图 6 – 5)。

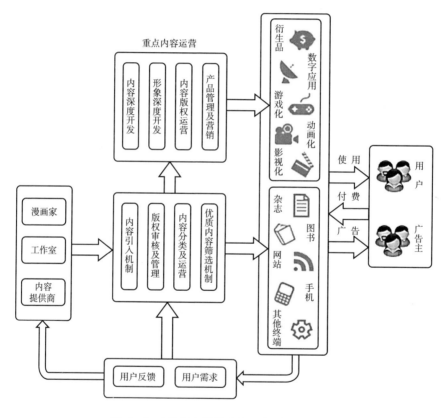

图 6 – 5　i 尚漫全媒体出版平台的业务体系

资料来源:人民邮电出版社新媒体事业部。

2. i 尚漫全媒体出版平台的商业模式

i 尚漫全媒体出版平台的商业模式是搭建一个原创漫画内容的全媒体运

营平台，将漫画家、漫画工作室、内容提供商创作的大量原创漫画内容聚合到"i尚漫"的平台上，并以杂志、图书、网站、手机等多种形式展示给用户，重点内容还会制作成衍生品、数字应用、游戏、电影、动画片等产品，形成额外的收入来源（见图6-6）。

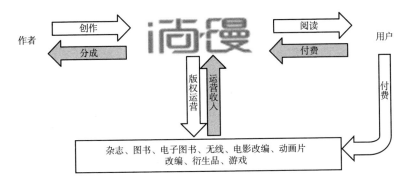

图6-6　i尚漫全媒体出版平台的收入模型

资料来源：人民邮电出版社新媒体事业部。

总体来看，i尚漫全媒体出版平台的收入构成来自以下三个方面：①阅读产品，包括杂志、图书、无线业务的收入；②衍生品的开发、销售收入；③通过动画片、游戏、周边产品、电影等产品的版权运营，产生授权收入。漫画作者则可以通过分成的方式，从"i尚漫"平台获得相应的回报。

3. i尚漫全媒体出版平台的价值链

从以上商业模式和收入模型来看，i尚漫全媒体出版平台的价值链包括以下三个方面（见图6-7）。

价值链第一环：通过跨平台多媒体形式的阅读产品持续聚集大量用户，产生优秀的具有高度影响力的作品，产生第一收入来源。

价值链第二环：针对受欢迎的作品，开发图书、动漫等周边产品，培育漫画产品的线上与线下销售渠道，获取第二收入来源。同时，图书和动漫周边产品的推广与销售也会带动阅读类粉丝的进一步增多。

价值链第三环：作品版权深化运营，通过动画、影视、游戏等多维方式持续开发原始IP，并通过部分参与投资获得更高收益。多元化的产品形式

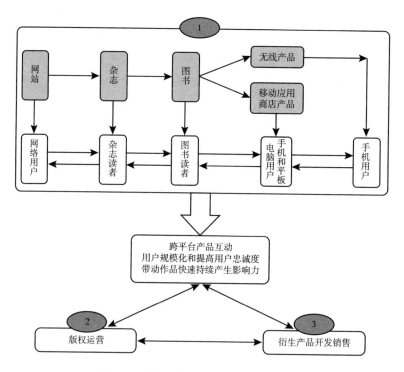

图 6-7　i 尚漫全媒体出版平台的价值链

资料来源：人民邮电出版社新媒体事业部。

进一步强化对用户的吸引力，扩大原始 IP 的影响力，提高原始 IP 的粉丝数量，提升图书产品和动漫周边的销售额。在粉丝持续增多的基础上，开展商业授权，产生授权收入。

（二）i 尚漫全媒体出版平台的主要产品和服务

i 尚漫中国原创漫画全媒体出版平台的产品形态可以概括为：三个内容门户（平面纸媒、互联网站、移动网站）、两个用户社区（互联网社区、移动网社区）、一个版权运营平台。对于读者而言，它能实现优质内容多渠道、无间隔传递；对于作者而言，它能提供一点接入、多形态同时发布的全媒体出版。

1. i 尚漫全媒体出版平台的内容平台

i 尚漫全媒体出版平台有三个内容平台。①纸媒平台。《尚漫》杂志、尚漫系列漫画图书。②网络平台。"i 尚漫"漫画类综合网站。③移动互联网平台。"i 尚漫"漫画类 WAP 网站、客户端。

（1）《尚漫》杂志

在 i 尚漫中国原创漫画全媒体出版平台中，《尚漫》杂志定位于精品漫画发布平台。《尚漫》杂志创刊于 2010 年 10 月，经过三期试刊，于 2011 年 1 月 1 日正式创刊。与国内其他漫画杂志相比，它具有以下三个特点：一是它的主要读者对象是 16 岁以上的青少年，且以长篇连载漫画为主，用以开拓青少年与年轻人市场；二是采用了"一拼一"的版面形式，对作品质量要求高，画面冲击力和感染力强；三是聚集了国内众多知名漫画家的作品，包括国内一流的漫画家和漫画创作团队、当下网络上最受欢迎的青年画家、沉寂多年又被《尚漫》的热情感召的知名漫画家等。《尚漫》杂志一经推出就得到了业界人士和漫画爱好者的一致认可，成为中国漫画期刊市场的重要力量。

（2）i 尚漫网站

在中国原创漫画全媒体出版平台中，i 尚漫网站定位于海量内容的集聚平台以及与读者的互动交流平台，具有漫画作品发布、漫画阅读浏览、互动交流社区等功能。相比于杂志，i 尚漫网站为漫画创作者提供了更广阔的创作空间、更便捷的与读者交流的渠道；同时为漫画爱好者提供了原创漫画的深入阅读和深度互动体验，从而构建了一站式的原创漫画新空间。i 尚漫网站于 2011 年 1 月 5 日正式上线后，与《尚漫》杂志形成了良好的互动。《尚漫》杂志上的优秀短篇漫画作者在 i 尚漫网站上连载作品；而 i 尚漫网站上的优秀长篇漫画随后也会实现杂志连载和单行本出版。这种良好的互动模式为漫画家提供了更多的创作机会、更大的发展空间和更加丰厚的回报。

根据全球知名流量排名服务网站 Alexa 数据，i 尚漫网站是名列前茅的中国原创漫画平台，截止到 2016 年 8 月 31 日，i 尚漫网站共发布原创漫画作品 4327 部，全部作品总点击数量达 2.75 亿次。根据统计，故事漫画和单幅漫画是 i 尚漫网站漫画作品的主要类型，分别占作品总量的 49.25% 和 30.32%，特别是故事漫画在总点击数量中更是占到了74.08%的比例（见图6-8）。根据漫画作品的题材标签来看，生活、搞笑和魔幻题材的作品数量最多，分别为1743部、1184部和863部，而打斗、搞笑和魔幻题材的作品总点击数量最多，分别占总体的37.63%、37.50%和35.94%（见图6-9）。

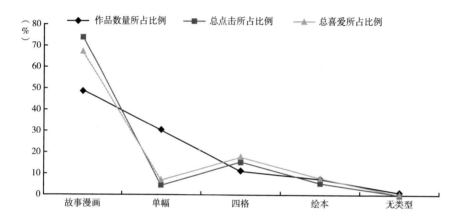

图6-8 i尚漫网站漫画作品的规模数量（按类型分类）

资料来源：根据i尚漫网站（http：//comic. ishangman. com）数据整理，最后访问日期：2016年8月31日。

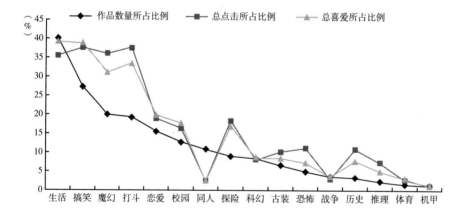

图6-9 i尚漫网站漫画作品的规模数量（按题材分类）

资料来源：根据i尚漫网站（http：//comic. ishangman. com）数据整理，最后访问日期：2016年8月31日。

（3）i尚漫无线平台

在中国原创漫画全媒体出版平台中，i尚漫无线平台定位于原创漫画的无线发布平台，是尚漫全媒体平台发展中独具战略的重要一步。i尚漫无线平台具有制作团队专业、漫画作品多元、合作利益共享、版权保护严谨的特点，目前已开发出i尚漫手机官网、《尚漫》手机报、《尚漫》手机杂志、尚漫H5页面等多种产品形式。i尚漫无线平台与中国移动、中国联通、中国电信三大运营商建立了稳定的合作关系，先后向中国移动手机阅读基地和手机动漫基地输送作品共计300部。i尚漫应用产品全面覆盖三大系统平台，i尚漫Android手机客户端、iPhone手机客户端和iPad客户端先后上线运营，Android手机客户端目前已经覆盖十余个应用商店市场。无线业务运营收入快速增长，2015年无线业务运营收入已经超过500万元，业务线拓展到动漫基地线上单部作品、尚漫品牌馆、尚漫月刊包、阅读基地单部作品、尚漫工作室等领域。根据用户使用习惯，i尚漫无线平台推出了更多相匹配的业务，既是增加收入的有力保证，又丰富了产品的业务线，增强了品牌的影响力。

（4）i尚漫图书

针对《尚漫》杂志中市场表现好的作品和i尚漫网站上最受欢迎的作品，出版社择优推出单行本图书，进一步开发其版权价值。人民邮电出版社于2012年1月开始发行"i尚漫"漫画图书，包含原创和引进内容，根据市场推陈出新，发行量达数百万册。截止到2016年8月，"i尚漫"漫画图书共发行了88部，印刷数量超过115万册，毛发册数超过100万，实销率超过80%，成本率约为28%。2014年图书净发码洋约1009万元，实洋570万元左右；2015年图书净发码洋约800万元，实洋480万元左右。

在当当网2012～2015年度动漫图书排行榜前500名中，人民邮电出版社共有26种图书上榜，其中包括《阿狸2015年台历手账：与时光擦肩而过》（梦之城）、《阿狸的下一站：与众神邂逅在希腊》（梦之城）、《阿狸的下一站：法国童话之旅》（梦之城）、《来一斤母爱》（孙宇）、《唱给喵星人的小情歌》（官纯）、《泡芙小姐：爱情的空白》（泡芙小姐）、《梁山》系列（黑背）、《下一站，北京》（小麦咖啡），以及《黑子的篮球（1～5套装特别版)》（藤卷忠俊）等。

人民邮电出版社新媒体事业部负责《阿狸的下一站》系列旅行图书出版，以及台历、手账、笔记本、同学录等产品的开发。出版社安排摄影师、旅行达人带着一系列阿狸布偶到世界各地游览，拍摄当地风光并录像，在微博上直播每天的过程，回国后将故事、花絮等编辑成书。截止到 2016 年 11月，该系列已经完成了《与众神邂逅在希腊》《法国童话之旅》《爱在巴厘岛》3 册。

自 2012 年以来，人民邮电出版社出版的《鬼王》《悠游漫绘馆》《榛果儿的日常》《北原飞雁》《中华刀剑拟人录——刀心剑魄》《古乐风华录》等漫画图书项目连年入选"原动力"中国原创动漫出版扶持计划。2014 年9 月，《来一斤母爱》获得中国文化艺术政府奖第二届动漫奖最佳动漫出版物奖，《悠游漫绘馆》入围最佳动漫出版物奖。《侍灵演武》和《中华刀剑拟人录》分别入选为 2013 年和 2015 年"国家动漫品牌建设和保护计划"动漫创意类项目。

《尚漫》杂志、i 尚漫网站、i 尚漫无线平台以及尚漫图书产品构成了尚漫中国原创漫画全媒体出版平台的内容体系，在产品发布、营销、交流、反馈等多个方面形成了互动、互补、互助的立体运营机制。加强引导和服务，努力引导漫画作者的制作水平与作品内容；保护作者版权、扩大作品认知度、开拓作品的衍生品，为优秀作者争取利益。加强内容和感受，给读者带来最好、最新的漫画作品；建设最好的产品和渠道，给读者带来全媒体的便捷阅读，真正实现无缝阅读。加强开放与共享，以开放的心态和平台，与产业内每一个立志促进动漫产业健康发展的企业合作，共享技术、平台以及渠道。

2. i 尚漫全媒体出版平台的用户体系

用户是漫画出版平台的发展基础，用户数量和质量非常重要，漫画 IP的运营，实质就是用户运营。按照沉浸程度，漫画用户可以划分为病毒粉、核心粉和路人粉三类。经营一个漫画 IP，至少需要有几万名核心粉丝，为此，在用户经营策略上，需要促进路人粉转为核心粉，让病毒粉尽量扩大影响。i尚漫网站现已有100余万名注册用户，在QQ群、微信、微博上也有大量粉丝。从网站注册用户属性来看，男性占52.93%，女性占47.07%。在年龄分布上，16~20岁人群占43.74%，21~25岁人群占20.36%，两者合计占总体的64.10%（见图6-10）。在教育程度方面，高中占42.78%，初中占28.49%，大专及以上占22.72%。总体来看，中学和大学学生占相当大的比重（见图6-11）。网络漫画平台的读者大多数是年轻的"二次元"爱好者，而图书和周边产品的购买者则是真实的用户，他们既有重合，又有区别，经营者需要尽最大可能将"二次元"爱好者转化成为真实购买者，以挖掘和产生更高的用户价值。

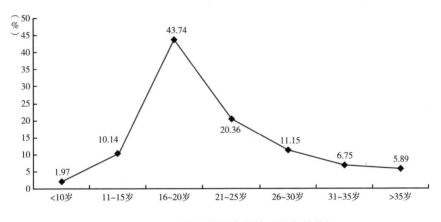

图6-10 i尚漫网站用户属性（按年龄段）

资料来源：人民邮电出版社新媒体事业部。

3. i尚漫全媒体出版平台的版权运营平台

（1）动漫衍生产品开发销售

尚漫商城淘宝店是i尚漫原创漫画全媒体出版平台下的原创动漫衍生品销售平台，店内产品集合了当下国内最热门的原创动漫游戏形象符号产品，如尚漫图书、《尚漫》杂志、《秦时明月》、《剑网三OL》、阿狸、罗小黑、皮揣子、nonopanda等，产品形式囊括图书、音像、毛绒、抱枕、手办模型等诸多品类。尚漫商城于2013年1月正式在淘宝平台上线，累计上架商品320款，其中自主开发的产品142款（包括图书、杂志），代销产品178款。

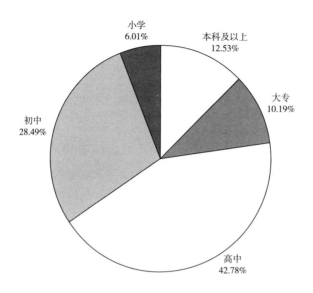

图 6 – 11　ⅰ尚漫网站用户属性（按教育程度）

资料来源：人民邮电出版社新媒体事业部。

截至 2016 年 11 月，已经跻身为 3 冠商家，共销售商品数万件，单日销售额最高突破 196 万元，成交量单日最高突破 2 万单。

（2）动漫 IP 的版权运营

ⅰ尚漫原创漫画全媒体出版平台自 2011 年以来，积累了大量的原创漫画作品版权，为其版权运营奠定了坚实的基础。根据对ⅰ尚漫网站发布的原创漫画作品的统计，截止到 2016 年 8 月 31 日，在全站所有作品中，获得版权许可的作品有 2955 部，约占总体的 68.29%，其中，授权作品 1938 部，首发作品 1499 部，精品作品 579 部，独家作品 188 部，签约作品 152 部（见图 6 – 12）。

ⅰ尚漫全媒体出版平台的版权运营已经初步展开，数部作品成功实现了动画、游戏、电影、衍生产品等运营收入。在中国原创漫画 IP 发展趋势下，ⅰ尚漫全媒体出版平台在 2016～2018 年将逐步实现十余部作品的动画化、影视化、游戏化。《侍灵演武》已经上映动画片，并于 2017 年初上线游戏。《中华刀剑拟人录》《最帅英雄传说》《可乐味的夏天》《古乐风华录》《零

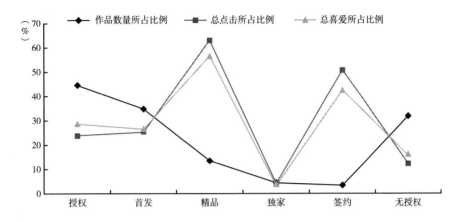

图 6-12　i 尚漫网站漫画作品的规模数量（按版权类型分类）

资料来源：根据 i 尚漫网站（http://comic.ishangman.com）数据整理，最后访问日期：2016 年 8 月 31 日。

之纪元》《非人类》《伊说·启》《来一斤母爱》《北原飞雁》《冰人》《隔世禁区》《庖厨天下》《隔世禁区》等作品的动画化、影视化、游戏化正在陆续启动。

（三）i 尚漫全媒体出版平台的主要运营项目（IP）

i 尚漫原创漫画全媒体出版平台自成立以来，创作了大量优秀的作品，积累了大量原创漫画作品的版权，为未来的版权运营奠定了坚实的基础；版权运营产生了良好的效果，数部作品成功实现了动画化、游戏化、影视化，并进行衍生产品开发与商业授权，打通动漫产业链。

1.《侍灵演武》

由国内知名新锐漫画家白猫精心创作的三国卡牌冒险类长篇漫画《侍灵演武》，从 2012 年开始在 i 尚漫网站和《尚漫》杂志连载，累积了极高的人气。《侍灵演武》已经开始实施动画化和游戏化项目，投资数千万元的电视动画片《侍灵演武：将星乱》是首部中日两国精英团队合作打造的超级 IP，由制作过《火影忍者》《麻辣教师 GTO》《死神》等作品的日本动画公司小丑社（Studio Pierrot）负责制作，由日本著名动画督导静野孔文担任导演。

《侍灵演武：将星乱》共9话，于2016年10月4日起每周二17：30在日本电视台TOKYO MX首播；并在国内视频网站土豆/优酷上同步播放国语版（见图6-13）。截止到2016年11月30日，《侍灵演武：将星乱》在优酷网总播放4906万次，在土豆网播放近83万次（见表6-11）。据介绍，该片的主要观看人群年龄在16~28岁，因此选择在国内的视频网站上进行播出。根据优酷网中国网络视频指数的统计分析，在优酷收看该片的人群属性特征有：①在性别上，男性占73.7%，女性占26.3%；②在年龄上，21岁以下占26.3%，22~29岁占15.8%，30~39岁占42.1%，40岁以上占15.8%；③在教育程度上，本科占5.3%，大专占47.4%，高中/技校占26.3%，初中以下占21.1%；④在从事职业上，学生占21.1%，白领占47.4%，非全职占5.3%，公务员占26.3%；⑤在播放设备方面，PC占22.5%，移动设备占77.5%；⑥在地域分布上，广东省为最高省份，上海市为最高城市。

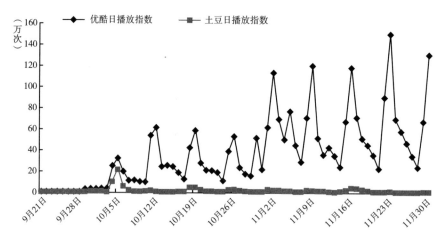

图6-13　《侍灵演武：将星乱》在土豆/优酷网站的播放指数
（2016年9月21日至11月30日）

资料来源：优酷网中国网络视频指数网站（http://index.youku.com/），最后访问日期：2016年12月2日。

表 6-11　《侍灵演武：将星乱》在土豆/优酷网站的分集播放数量

分集名称	优酷网					土豆网		
	播放数(次)	顶(次)	踩(次)	评论(条)	收藏(次)	播放数(次)	评论(条)	收藏(次)
第01话少女	10540528	2090	298	6879	5532	175904	156	171
第02话醒悟	7780286	861	168	3503	1684	166527	242	51
第03话黄昏	6069042	522	58	1235	880	106806	68	23
第04话灾厄	4287077	488	24	890	1212	82882	23	10
第05话利刃	4002452	477	37	728	918	68621	18	8
第06话莽夫	3801968	462	24	404	894	85025	14	36
第07话忠臣	3757481	356	20	326	958	17729	3	1
第08话赤炎	3728576	502	104	811	1112	5828	1	0
第09话契约	3125380	335	59	457	669	97	0	0

资料来源：优酷网中国网络视频指数网站（http://index.youku.com/），最后访问日期：2016年12月2日。

2.《中国刀剑拟人录》

《中国刀剑拟人录》是一系列漫画形象与小说的结合 IP，将中国历史上知名的刀剑拟人化为主人公，如"隋代环首直刀""明神宗万历皇帝御用刀"等，然后进行漫画、动画、影视、游戏等多维开发。

该项目以中华刀剑为题材，围绕《中华刀剑拟人录》这一 IP，探索以漫画为基础的 IP 运营模式，基于 i 尚漫中国原创漫画全媒体出版平台展开创作。该项目自 2015 年启动以来，已经开展了三轮稿件征集活动，包括 70 余个人物设定、70 幅彩图和 40 余篇短篇小说。截至 2016 年 11 月，先后推出了《中华刀剑拟人录——刀心剑魄》《中华刀剑拟人录——刀光剑影》两本画集和各类周边产品。目前，第三本画集正在筹备中，后续还将继续开发内容产品，并在 2017 年实施动画化。该项目的推进将树立新的原创中国风动漫品牌，宣传我国悠久的历史文化和人文底蕴，有利于增进年轻人对传统文化的了解。

3.《古乐风华录》

继《中国刀剑拟人录》这一 IP 之后，人民邮电出版社基于 i 尚漫全媒体出版平台如法炮制了《古乐风华录》这一 IP。该项目将中华古典乐器进行"拟人化"创造，包括骨哨、编钟、方响、琴瑟，以及从西域传入的琵琶、胡笳等，都以或唯美，或俊朗，或高雅的漫画形象呈现，并被赋予多样的性格魅力。该项目以中国历史上关于古代乐器的文献、藏品图片、传说等为基础，通过漫画、文学、音乐、影视等表现形式，将中国古代乐器拟人化、故事化，用年轻人喜爱的形式，将中国古代乐器的传说以及蕴含在中国古代乐器中的人文精神充分地传达，使中国传统文化接地气，易于推广、易于理解、易于接受，使读者产生共鸣。

《古乐风华录》的内容规划包括：古代乐器形象 150 个、古代乐器彩色插图 150 幅、长篇小说 1 篇、古代乐器短篇小说 150 篇、古代乐器长篇故事漫画 1 部、古代乐器短篇故事漫画 10 部、《千音劫》网络剧 1 部、《千音劫》电影 1 部、《千音劫》游戏 1 款。相对于《中国刀剑拟人录》的男性向，以乐器拟人的《古乐风华录》会更加注重女性向用户的体验。

此外，i 尚漫开发的原创动漫《非人类》《最帅英雄传说》的网剧计划也正在开展。i 尚漫计划每年打造 1~2 个 S 级的核心产品和 8~10 个 A 级的产品。

（四）i 尚漫全媒体出版平台的发展优势

i 尚漫原创漫画全媒体出版平台具有以下几个特点：①领先的原创漫画全媒体出版平台，全媒体覆盖——i 尚漫网站 + i 尚漫客户端 +《尚漫》杂志 + 尚漫图书 + 无线业务；②涵盖动漫产业的多链条发展；③广泛的传播渠道与迅捷的产品转化通力，内容运营、版权运营高效化；④内容丰富、载体多样的产品，实现高效的盈利模式。

人民邮电出版社建设和打造 i 尚漫全媒体出版平台有以下几个方面的优势：第一，人民邮电出版社在出版发行领域有着多年的专业经验与积累，拥有纸质图书出版、销售渠道的先天优势，可以保证获得一定利润；第二，联合了众多国内一线优秀原创漫画作者与工作室，内容资源丰富，作品质量优秀；第三，拥有强大的专业的编辑团队，能很好地把握作品的质量与规范性；第四，深耕电信通讯与计算机网络领域，拥有专业的技术、管理团队以及与电信运营商良好的业务合作关系；第五，注重自有原创 IP 的开发和运营，特别是致力于开发年轻人喜爱的项目，注重长远价值投资；第六，拥有先进的平台运营理念，实时发布、个性定制、格式多元、信息推送。

人民邮电出版社在打造 i 尚漫全媒体出版平台的过程中，主要采取了以下发展策略：第一，利用出版社资源，立体布局 i 尚漫网站、《尚漫》杂志、尚漫图书等业务板块，形成跨平台优势，解决了 IP 来源问题；第二，多维度内容运营模式并行，综合运用 UGC 模式、PGC 模式、跨平台支撑的高效内容筛选机制和高效内容激励机制，解决 IP 质量问题；第三，建立广泛的传播渠道，实现漫画内容的高效分发，通过将漫画 IP 进行产品化、动画化、影视化，扩大原创动漫 IP 在社会上的影响力，利用内容的多维度传播优势，解决 IP 推广问题；第四，利用出版社的原有产品开发资源，切入漫画图书和动漫周边开发领域，打造迅捷的产品转化能力，解决 IP 产品化问题；第五，利用出版社原有的线上与线下渠道资源，挺进新华书店、民营书店、超市、邮局、天猫、淘宝、京东、当当等多元渠道，全新打造动漫周边销售网络，解决 IP 变现问题。

i 尚漫原创漫画全媒体出版平台经过 6 年的建设，建立了国内一流的原创漫画平台，实现了全媒体覆盖——i 尚漫网站 + 尚漫客户端 +《尚漫》杂志 + 尚漫图书 + 无线业务；与腾讯动漫、新浪动漫等 300 余家动漫网站长期保持着稳定、密切的合作关系，在腾讯、百度、360、人人等开放平台上提供了优质的应用，并与龙源、读览天下、91 熊猫看书、开卷有益、布卡漫画、漫漫看、可米酷、掌阅等移动平台有紧密的合作，实现了内容的广泛传播。i 尚漫全媒体出版平台按照原创作品—网络、《尚漫》杂志、无线客户端连载—出版图书单行本—开发周边产品—动画化—游戏化—商业授权的路径稳步发展，其商业模式符合动漫产业的发展规律，经营实践显示出强大的发展潜力。i 尚漫全媒体出版平台涵盖动漫产业的多链条发展，收入模式多元化，大量版权储备为未来商业价值开发奠定坚实基础，多元运营模式实现漫画 IP 从作品到产品的迅捷转化。i 尚漫全媒体出版平台在原创漫画跨媒体出版领域处于领先地位，整体运营情况良好，取得了良好的社会效益和经济效益。

附 录

一 国内主要漫画网站规模数据

附表1 站长之家动漫网站综合排名

序号	网站名称	域名	Alexa周排名	百度权重	PR值	反链数	综合得分
1	有妖气	u17. com	6414	8	6	2013	4115
2	acfun弹幕视频网	acfun. tv	793	8	6	560	4102
3	动漫之家	dmzj. com	4386	8	5	400	4069
4	腾讯动漫	ac. qq. com	9	8	7	589	4035
5	漫漫看	manmankan. com	22561	8	6	1721	4002
6	极速漫画	1kkk. com	8283	8	4	447	3934
7	动漫屋	dm5. com	2280	7	5	1517	3875
8	动漫之家漫画网	manhua. dmzj. com	4386	8	5	65	3680
9	腾讯动漫频道	comic. qq. com	9	7	7	1454	3550
10	4399动漫网	4399dmw. com	48942	7	0	845	3533

续表

序号	网站名称	域名	Alexa 周排名	百度权重	PR 值	反链数	综合得分
11	漫画网	tuku. cc	22614	7	4	282	3513
12	大漫网	daman. cc	34328	7	3	148	3510
13	看撒动漫网	kan300. com	41150	7	4	288	3417
14	火影忍者中文网	narutom. com	24992	6	6	365	3415
15	61 宝宝网	61baobao. com	10450	6	6	1247	3409
16	妖精的尾巴	yaojingweiba. com	27596	7	0	90	3360
17	A9VG 电玩部落	a9vg. com	5737	6	3	327	3341
18	漫画台	manhuatai. com	60099	6	0	213	3341
19	不卡的动漫网	bukade. com	69907	7	5	89	3333
20	SF 互动传媒网	sfacg. com	6408	6	5	211	3310
21	叮当动漫网	kt51. com	195532	8	4	62	3309
22	暴走漫画	baozoumanhua. com	46874	6	5	1693	3308
23	78 动漫模型玩具	78dm. net	16982	6	6	209	3294
24	AC 模玩网	actoys. net	45461	6	6	589	3238
25	3kk 小游戏	3kk. com	158344	6	0	257	3236
26	动漫之家在线动画站	donghua. dmzj. com	4386	6	6	155	3225
27	星星动漫	xxdm. org	107813	7	0	173	3200
28	酷米网	kumi. cn	93087	7	6	714	3200
29	动画片大全	2t. 5068. com	35036	7	4	135	3174
30	漫客栈	mkzhan. com	121140	6	6	367	3144
31	嘀哩嘀哩	dilidili. com	5681	7	0	44	3135
32	卡通站	ktkkt. com	51320	6	4	138	3121
33	哈哈动漫网	hahadm. com	107531	6	0	253	3119
34	鼠绘漫画网	ishuhui. com	10170	6	1	12887	3117
35	178 动漫频道	acg. 178. com	3475	6	6	344	3114
36	天上人间动漫网	52tian. net	177318	6	5	490	3112
37	2345 动漫大全	dongman. 2345. com	5925	7	0	339	3073
38	漫客网	zymk. cn	115131	5	6	856	3067
39	风之动漫	fzdm. com	14038	6	5	60	3023

序号	网站名称	域名	Alexa 周排名	百度权重	PR 值	反链数	综合得分
40	雅图在线动漫网	yatu. tv	131790	6	3	89	3019
41	kuku 动漫	kukudm. com	20999	6	5	56	3005
42	乐高中国官网	lego. com	2186	5	6	162	2997
43	动漫星空	acg. gamersky. com	1530	6	0	93	2990
44	天使动漫论坛	tsdm. net	16619	6	3	27	2976
45	羁绊网	005. tv	25727	4	3	1407	2963
46	57 漫画网	57mh. com	25585	4	0	61	2943
47	飞丸动漫网	feiwan. net	108404	6	4	724	2927
48	微漫画	manhua. weibo. com	21	5	7	115	2915
49	dm123	dm123. cn	106106	4	6	385	2904
50	国语动漫之家	gy456. com	507763	5	0	118	2899
51	i 尚漫	ishangman. com	10939	4	6	125	2856
52	漫画城	manhuacheng. com	219217	6	5	77	2846
53	我爱漫画网	52mh. cc	1117275	4	4	1136	2841
54	哔哩哔哩唧唧	bilibilijj. com	19119	6	3	26	2834
55	漫悠悠漫画网	muu. com. cn	152866	4	4	112	2822
56	新浪动漫	comic. sina. com. cn	19	4	6	197	2820
57	KuKu 动漫	comic. kukudm. com	20999	6	5	24	2819
58	动动吧	dodo8. com	127983	4	4	191	2809
59	翼夢舞城	otomedream. com	40271	4	3	59	2794
60	手机漫画	gmanhua. com	151390	4	4	268	2786
61	百田圈圈	qq. 100bt. com	31868	6	5	37	2780
62	动漫东东	comicdd. com	74763	4	4	200	2780
63	精明眼动漫	jmydm. com	81245	6	4	41	2780
64	新世界动漫	x4jdm. com	55280	6	0	22	2777
65	Bangumi 番组计划	bgm. tv	51771	4	3	63	2752
66	SF 互动传媒	comic. sfacg. com	6408	4	6	83	2750
67	儿童 flash 网	61flash. com	122732	4	5	204	2746
68	SOSG 动漫网	sosg. net	95381	5	5	59	2746

序号	网站名称	域名	Alexa 周排名	百度权重	PR 值	反链数	综合得分
69	acg 档案 动画 漫画 动漫 动漫周边	acg. 78dm. net	16982	6	4	22	2737
70	永远动漫网	yydm. com	102904	5	4	94	2729
71	漫客星球	bbs. zymk. cn	115131	4	5	178	2726
72	优酷动漫频道	comic. youku. com	87	5	7	163	2709
73	精彩动漫	dmnico. cn	99949	6	4	46	2672
74	漫域	comicyu. com	126204	4	6	193	2670
75	动漫 456	dm456. com	85667	2	5	2293	2668
76	动漫屋	manben. com	190539	2	0	371	2667
77	插画中国	chahua. org	265057	4	6	287	2653
78	乐乐动漫	lldm. com	33628	7	0	0	2644
79	星辰漫画网	xcmh. cc	104329	6	0	89	2640
80	哦漫画网	omanhua. com	105841	6	0	66	2623
81	央视网动画片台	donghua. cntv. cn	6704	6	6	97	2597
82	慢慢游社区	mmybt. com	51851	4	0	49	2593
83	萌娘资源站	moe. 005. tv	25727	3	2	341	2592
84	爱漫画	imanhua. com	2789	1	6	553	2589
85	哔哩哔哩	bilibili. tv	82296	2	6	153	2565
86	内涵吧	neihan8. com	32666	4	4	607	2546
87	极影动漫网	jiyingdm. com	302843	5	0	55	2540
88	淘米丫丫动漫网	v. 11584. com	141948	4	1	72	2531
89	淘米奇艺	61. iqiyi. com	350	5	3	27	2526
90	萌道动漫网	moedao. com	216854	6	4	13	2508
91	hao123 萌主页	moe. hao123. com	17	4	0	135	2506
92	风车动漫	dm530. com	746258	4	0	163	2496
93	古古漫画网	gugu5. com	264402	6	1	31	2489
94	嘟嘟动漫网	dududm. com	869566	5	0	215	2484
95	澄空学园	sumisora. org	90258	3	0	95	2469
96	dm123 动漫 FANS	bbs. dm123. cn	106106	0	4	133	2448
97	极影动漫	ktxp. com	96155	2	4	1346	2434

序号	网站名称	域名	Alexa周排名	百度权重	PR 值	反链数	综合得分
98	天使动漫	dm. tsdm. net	16619	6	2	4	2433
99	布丁动画	pudding. cc	486406	4	0	78	2422
100	洒洒动漫网	sasa123. com	758114	2	4	667	2422
101	涂鸦王国	poobbs. com	163106	1	4	96	2415
102	九九漫画	99comic. com	54526	4	4	27	2413
103	一起动漫网	17dm. com	3175004	5	6	281	2412
104	快看漫画	kuaikanmanhua. com	61902	6	0	1	2405
105	幽月动漫网	dm. slieny. com	47905	5	2	17	2398
106	漫画160	www. mh160. com	275304	6	0	6	2398
107	新动漫在线漫画网	xindm. cn	116303	2	4	195	2390
108	漫画盒子	k76. com	145548	3	4	79	2388
109	土豆动漫	cartoon. tudou. com	162	4	7	166	2384
110	日搜	jpseek. com	124373	4	3	14	2380
111	风之动漫	manhua. fzdm. com	14038	6	4	2	2377
112	可可动漫	cococomic. com	253806	3	5	128	2349
113	173 卡通	173kt. com	90521	1	4	225	2332
114	爱动漫	www. idm. cc	332339	4	0	32	2316
115	动画岛	donghuadao. com	259681	6	2	2	2305
116	爱奇艺少儿频道	child. iqiyi. com	350	4	5	85	2288
117	顺网动漫频道	acg. shunwang. com	82930	4	2	55	2275
118	漫友网	comicfans. net	1746328	2	6	512	2269
119	青空社动漫网	qingkong. net	241392	4	5	29	2266
120	人民网动漫频道	comic. people. com. cn	113	3	7	283	2263
121	看漫画	kanmh. com	197000	6	3	20	2263
122	锋绘网	ifenghui. com	1353856	4	6	115	2234
123	火热动漫	huore8. com	2105401	4	0	145	2225
124	大千动漫网	dqdm. com	1918116	3	1	80	2219
125	漫域联播	news. comicyu. com	126204	4	4	19	2202
126	精明眼在线漫画	iibq. com	353654	5	4	21	2200

序号	网站名称	域名	Alexa 周排名	百度权重	PR 值	反链数	综合得分
127	南方动漫网	cartoon. southcn. com	1402	3	6	33	2198
128	迅雷动漫	anime. xunlei. com	944	1	6	167	2188
129	Cosplay 中国	cosplay8. com	1119976	3	6	93	2183
130	极速漫画	tel. 1kkk. com	8283	4	0	1	2176
131	C. C 动漫	ccwzz. cc	90271	4	1	2	2171
132	笨狗漫画网	51bengou. com	301607	4	0	504	2152
133	雪儿漫画	xemh. com	124476	1	4	26	2148
134	纵横动漫	comic. zongheng. com	15953	2	6	137	2145
135	新版爱漫画网	bbhou. com	75460	4	0	3	2139
136	3366 动画网	dm. 3366. com	26072	4	0	11	2119
137	7k7k 动画频道	donghua. 7k7k. com	5835	2	5	23	2104
138	77 动漫官网	77acg. com	1636137	3	4	89	2102
139	KeyFansClub	keyfc. net	344945	3	2	24	2089
140	精明眼看看漫画	iieye. cc	540213	4	4	27	2075
141	乐视动漫视频	comic. letv. com	7048	4	6	204	2067
142	YY 动漫网	01 - 02 - 03. com	77176	1	0	1	2061
143	7330 动漫网	7330. com	8896	2	3	45	2061
144	笨狗漫画	bengou. com	284770	1	7	148	2049
145	动漫无限	comicer. com	120824	1	4	26	2047
146	無憂漫畫	blgl8. com	534916	4	3	17	2046
147	神奇宝贝新生代	pmxsd. com	2019100	1	4	93	2040
148	枫叶动漫	dm115. com	145227	3	2	20	2028
149	E 书友电子书下载网	eshuu. com	455846	4	0	27	2010
150	i 尚漫漫画频道	comic. ishangman. com	10939	4	4	3	1998
151	海贼王中文网	op. 52pk. com	930	0	5	104	1990
152	久久漫画	dm. 99manga. com	105969	2	4	32	1987
153	动漫 258	dm258. com	894233	4	1	19	1984
154	久久漫画	99manga. com	105969	2	3	33	1983
155	888 动漫网	888dmw. com	946442	5	0	6	1980

序号	网站名称	域名	Alexa 周排名	百度权重	PR 值	反链数	综合得分
156	看漫画	kkkmh. com	79193	0	5	28	1978
157	动漫之家漫画网	manhua. 178. com	3475	4	5	17	1967
158	漫网	webacg. com	267974	2	5	26	1962
159	酷 6 动漫	comic. ku6. com	3585	2	5	124	1958
160	天极动漫	comic. yesky. com	327	4	6	43	1957
161	ZERO 动漫网	zerodm. tv	265692	4	0	22	1957
162	小猪快跑	jumpcn. com	206955	2	4	20	1955
163	CG 窝	cgvoo. com	254854	4	3	7	1953
164	国语动漫之家	gy007. com	64974	0	4	10	1950
165	非常爱漫	veryim. net	175376	6	0	0	1942
166	奇奇动漫网	dm77. com	1172652	4	1	62	1940
167	萌享	moeshare. com	145180	2	2	3	1933
168	星星动漫网	xxdm. com	25946996	6	5	541	1931
169	漫次元动漫	manciyuan. com	159674	1	3	36	1925
170	奥飞动漫	auldey. com	4080513	4	3	36	1918
171	月影动漫网	moonbt. com	944042	4	3	13	1906
172	飒漫画	samanhua. net	590825	4	3	3	1884
173	大碗岛漫画	dawandao. com	621221	2	3	14	1884
174	邪恶漫画寸列网	cunlie. net	2713944	3	0	18	1881
175	腾讯微漫	mobile. ac. qq. com	9	4	5	0	1880
176	A 区动漫图站	apic. in	482562	4	0	16	1870
177	迷糊动漫	yidm. com	474069	2	1	4	1861
178	漫展网	manzhan. com	961002	2	4	92	1848
179	EVA 百科	evangelion. baike. com	408	3	3	2	1843
180	动漫大风堂	acwind. net	960292	3	4	9	1834
181	114 啦漫画大全	manhua. 114la. com	3893	3	3	39	1827
182	M 站	missevan. cn	5177081	5	0	1440	1827
183	日本动漫百科	jpcomic. baike. com	408	3	4	1	1818
184	二三次元	23ciyuan. com	253235	3	0	4	1818

序号	网站名称	域名	Alexa 周排名	百度权重	PR 值	反链数	综合得分
185	动漫之家漫画网手机版	mh. dmzj. com	4386	4	3	11	1815
186	枫雪动漫	fxdm. net	280154	0	0	113	1813
187	动漫百科	cartoon. zwbk. org	51235	2	5	65	1803
188	火影忍者漫画中文网	narutocn. 52pk. com	930	4	6	32	1799
189	口袋巴士我叫 MT 动画全集	mt. ptbus. com	10848	4	5	6	1798
190	萌幻之乡	moe – acg. cc	23080	1	0	3	1791
191	奇法大陆	78land. com	430666	4	4	10	1789
192	小黑动漫吧	dm. xiaohei. com	618697	4	0	49	1781
193	有妖气漫画	comic. u17. com	6414	3	3	1	1779
194	CCTV 新科动漫官网	cctvdream. com. cn	2601708	2	6	70	1774
195	爱漫客	imanke. com	248447	1	3	6	1771
196	动漫影院	dmyy. cc	1511692	4	3	23	1747
197	斗罗漫画网	manhua. douluodalu. com. cn	67539	0	0	3	1737
198	动漫啦	dongman. la	1489349	4	0	2	1727
199	有阴气动漫网	uin7. net	4028805	1	0	24	1709
200	43423 漫画网	43423. com	425534	6	3	43	1693
201	动画片大全	17happy. cn	1947692	4	2	5	1670
202	泡泡酷	paopaoku. com	706196	5	6	381	1663
203	吹雪在线漫画网	chuixue. com	12517785	6	0	138	1661
204	极速漫画	cnc. 1kkk. com	8283	3	0	0	1656
205	ZERO 动漫下载	dmxz. 89dm. com	230486	4	0	5	1651
206	可米酷漫画网	comicool. cn	309144	4	0	6	1644
207	5DDV 动漫网	5ddv. com	1487533	1	0	32	1642
208	52pk 动漫	comic. 52pk. com	930	1	5	30	1641
209	风之动漫	fzdm. net	651464	5	0	0	1635
210	知音漫画网	zhiyinmanhuawang. com	825807	1	0	27	1633

序号	网站名称	域名	Alexa 周排名	百度权重	PR 值	反链数	综合得分
211	58 动漫网	58dm. tv	1027276	4	0	7	1632
212	优漫画	umanhua. com	930067	4	0	16	1631
213	中国青年网动漫频道	cartoon. youth. cn	101	2	6	12	1627
214	我爱洒洒网	52sasa. com	419573	2	0	147	1616
215	动漫吧	v. 51saier. cn	22213	3	3	7	1607
216	东北动漫网	comic. dbw. cn	37128	5	5	3	1604
217	星空动漫	xkdongman. com	516090	6	0	0	1604
218	梦想海贼王官网	mxhzw. 18183. com	2670	2	4	2	1598
219	爱动漫	idmdm. com	847249	4	0	86	1584
220	被窝声次元	beiwo. ac	981729	4	0	9	1539
221	腐漫画网	fumanhua. com	3913584	4	3	135	1522
222	豆包动漫	ddb. orzyouxi. com	1257913	4	0	13	1519
223	吹妖动漫网	www. chuiyao. com	70826	7	0	0	1501
224	17KK 漫画网	17kk. cc	13527923	1	4	209	1493
225	欢乐动漫网	53taobao. com	2489005	3	3	3848	1487
226	173 漫画网	comic. 173kt. com	90521	0	2	0	1477
227	7755 动漫网	donghua. 7755. com	175348	0	3	26	1473
228	妖精的尾巴中文网	fairytail. 17dm. com	3175004	3	4	13	1460
229	飞橙动漫网	feidm. com	1646133	1	0	319	1454
230	动漫家族	acgfamily. com	494072	2	2	191	1452
231	妖精的尾巴漫画	ft. 52pk. com	930	1	5	17	1427
232	九图网	9too. net	703614	6	0	78	1425
233	中国动漫产业网	cccnews. com. cn	1067795	2	6	217	1423
234	哇噢动漫	waau. com	11450343	1	4	235	1422
235	死神漫画中文网	sishen. 52pk. com	930	0	5	13	1418
236	精彩漫画	mh. dmnico. cn	99949	2	4	13	1415
237	黑子的篮球漫画中文网	heizi. 52pk. com	930	0	5	5	1407
238	小黑动漫吧	bbs. xiaohei. com	618697	4	0	4	1398
239	89 动漫	zerodm. net	8459391	0	4	25	1398

序号	网站名称	域名	Alexa周排名	百度权重	PR值	反链数	综合得分
240	红旅动漫	hltm. cc	952124	3	5	114	1396
241	动漫猪漫画网	dmzhu. com	1019961	1	0	1	1373
242	松柏漫画	comic. hentai – ol. com	434222	4	0	0	1369
243	KTXP动漫	ktxp. org	254714	0	0	0	1367
244	无忧漫画	dx. blgl8. com	534916	2	0	3	1363
245	摩尔庄园视频	mole. v. 61. com	22235	1	4	6	1356
246	柯南中文网	conan. 17dm. com	3175004	2	4	9	1356
247	九啦啦	9lala. com	386495	2	1	77	1350
248	名侦探柯南中文网	conan. manmankan. com	22561	1	5	7	1347
249	小破孩官方网站	pobaby. net	20352928	3	6	68	1343
250	梦幻西游漫漫看合作站	xyq. manmankan. com	22561	2	3	1	1327
251	路游动漫	roame. net	594371	4	4	19	1317
252	恶魔岛动漫世界	emland. net	1937095	1	6	88	1316
253	美食的俘虏漫画中文网	ms. 52pk. com	930	0	5	4	1311
254	ben10中文官网	ben10. 61. com	22235	1	4	6	1300
255	当鸟漫画网	www. dangniao. com	130131	6	0	0	1286
256	新网球王子漫画中文网	wqwz. 52pk. com	930	0	4	3	1280
257	E绅士动漫	eshenshi. com	813650	0	0	0	1277
258	家庭教师中文网	reborn. 17dm. com	3175004	2	4	8	1272
259	爱友漫	aiyouman. com	2120239	5	0	19	1270
260	旋风动漫BT站	bt. xfsub. com	136154	2	1	5	1269
261	有妖气原创漫画梦工厂	donghua. u17. com	6414	2	0	0	1259
262	YACA动漫协会	yaca. cn	2357979	2	5	144	1255
263	动漫谷	toonxtoon. lofter. com	3490	2	1	0	1244
264	魔笛magi漫画中文网	magi. 52pk. com	930	0	5	1	1242

续表

序号	网站名称	域名	Alexa 周排名	百度权重	PR 值	反链数	综合得分
265	乐神漫画网	leshen. com	4098467	6	2	14	1242
266	爱 AB	i－ab. com	8098239	2	0	9	1239
267	n 次元漫画	nciyuan. com	18803163	2	4	49	1227
268	美食的俘虏中文网	toriko. 17dm. com	3175004	1	3	4	1201
269	火影忍者中文网	41717. net	2878845	1	5	79	1201
270	六一儿童网	61gequ. com	13717000	2	6	69	1198
271	热漫吧	reman8. com	18846262	1	0	79	1184
272	58 动漫网	xh5. net	4075711	1	0	87	1182
273	动漫网	dongmanwang. com	680779	4	1	7	1169
274	火影忍者中文网	naruto. xxdm. com	25946996	4	4	53	1166
275	AA 国际动漫官方网站	aadongman. com	11012476	3	5	19	1161
276	海贼王熊猫论坛	bbs. opbbs. net	2003824	0	4	15	1160
277	笑酒楼邪恶漫画	xiaojiulou. net	396574	1	0	2	1151
278	有妖气	author. comic. u17. com	6414	1	2	0	1150
279	海贼王中文网	op. xxdm. com	25946996	5	5	20	1143
280	名侦探柯南剧场版	conan. 52pk. com	930	0	5	1	1142
281	火影忍者中文网	naruto. feiwan. net	108404	4	0	0	1136
282	笨狗漫画网	52bengou. com	1644255	1	0	61	1135
283	蓝铅笔	www. lanqb. com	249050	2	0	15	1127
284	动漫 456	dm456. co	1886647	3	2	58	1127
285	073 漫画网	073. cc	4699422	1	4	41	1124
286	起跑线动画网	tv. qipaoxian. com	432571	0	0	38	1119
287	好看动漫网	dm3318. com	10521900	1	0	100	1116
288	守护甜心漫漫看	shtx. manmankan. com	22561	2	2	0	1103
289	汗汗漫画	hhxiee. cc	366168	2	0	0	1102
290	湘泉雅集古玩收藏交流网	quancang. com	1539841	2	0	10	1093
291	青年动漫官方网站	playouth. net	5426940	1	3	71	1085

序号	网站名称	域名	Alexa 周排名	百度权重	PR 值	反链数	综合得分
292	百娱动漫	baiyudm. com	898477	0	0	43	1080
293	轻之国度漫画	c. lightnovel. cn	27606	0	0	0	1079
294	虎虎漫画	hhmanhua. net	352007	4	0	32	1075
295	邪恶漫画中文网	xieemanhua. cn	1364221	1	0	71	1067
296	读漫画	dumanhua. com	2103151	4	4	9	1067
297	迪士尼中国官网	disney. cn	25886290	2	6	56	1067
298	吐槽	tucao. cc	1063879	0	4	175	1058
299	新榜动漫排行榜	dongman. xoob. com	122435	0	3	0	1043
300	堕天动漫网	dt3. cc	14259144	3	0	5	1042
301	开心动漫网	kxdm. com	183537	1	0	16	1037
302	星星动漫	xxdm. cc	16358882	0	0	70	1037
303	特特鱼动漫网	hahade. com	1004823	1	4	13	1034
304	特特鱼动漫网	teteyu. com	651967	2	0	14	1023
305	魔域官方网站合作专区	moyu. 766. com	35295	0	4	0	1006
306	妖气漫画网	yaoqi. cc	24564639	1	0	89	997
307	寸土吧	ctb520. com	3236859	0	0	117	988
308	美食的俘虏中文网	ms. xxdm. com	25946996	2	4	18	986
309	天天爱动漫	ttadm. com	3746998	2	0	18	973
310	动漫 530 下载	down. dm530. com	746258	0	0	0	969
311	霹雳中文网	dm010. com	14300577	4	0	9	969
312	阿邦网动漫专栏	dongman. abang. com	476689	0	3	2	968
313	91 动漫网	dm. 91danji. com	23122	1	0	0	961
314	兔兔府漫画网	tutufu. com	2768915	1	3	19	958
315	第七在线游戏网	d7ol. com	1934197	2	5	25	956
316	丁丁动漫网	ddman. net	3170060	1	0	12	951
317	看漫画	seemh. com	37934	3	4	6	949
318	叽叽歪歪吧	ggyy8. cc	8451972	1	0	15	945
319	火影世界官网	huoying. com	23583703	2	5	36	940
320	漫漫看	mmkan. net	26317440	2	4	10	939

序号	网站名称	域名	Alexa 周排名	百度权重	PR 值	反链数	综合得分
321	青空动漫	qk456. com	5837805	3	0	1	936
322	太古遗产	taikoyc. com	4436190	2	4	25	933
323	火影忍者漫画中文网	naruto. 52pk. com	930	0	0	0	924
324	不卡的动漫网	buka5. com	1196986	5	0	1	920
325	基德漫画网	jide123. com	2265053	1	4	40	912
326	海贼王分析站	hzwfxz. com	6824401	4	0	5	902
327	开心动漫网	guoman8. com	5976433	1	4	19	895
328	ZERO 动漫网	zerodm. cn	1105259	1	4	26	891
329	纳米漫画网	nmmanhua. com	4956497	1	0	52	890
330	无限动漫	8comic. com	2202991	1	0	13	880
331	178 漫画网	178mh. com	16888710	2	0	12	871
332	易动漫	1dm. com. cn	12662302	1	4	35	868
333	591 动漫网	dm591. com	6340864	1	0	5	837
334	我爱看动漫网	52kdm. com	3379225	1	4	6	834
335	脸萌官网	bqtalk. com	676800	4	0	8	831
336	神夜动漫网	shenyedm. net	937910	1	3	11	816
337	邪恶微漫画	mh8. com	19971618	0	0	21	815
338	哔哩哔哩动漫网	bilibili. li	19916152	0	0	28	810
339	漫画粉丝	dmfans. net	14720984	1	4	7	797
340	178 动画网	178dm. com	5399435	1	0	12	789
341	漫画吧	manhua8. net	294296	0	4	42	788
342	哦漫画网	jumpcn. com. cn	5420672	1	5	17	787
343	图袋哈哈	tudai. com	5074596	0	4	12	741
344	动漫大道官方网站	bjcomic. net	—	2	4	9	736
345	动漫 11 区	11area. net	750953	1	0	8	736
346	a8z8 连环画	lhh. a8z8. com	2093798	1	3	11	731
347	腐漫画网	mh. fumanhua. com	3913584	3	1	0	731
348	妖气漫画网	dy6099. com	1076023	1	0	11	681
349	布卡漫画	ibuka. cn	—	1	3	39	680

序号	网站名称	域名	Alexa 周排名	百度权重	PR 值	反链数	综合得分
350	盖亚星空	gonline. com	—	0	0	35	679
351	JUJU 二次元	juju. la	1576008	1	0	6	678
352	动漫 520	dongman520. com	3025989	3	1	0	669
353	MM 漫画	mmmanhua. com	2984865	1	0	6	659
354	皮影客	piyingke. com	318206	2	0	2	648
355	可游漫画网	kangdm. com	6921246	0	3	11	648
356	邪恶漫画	yyxj8. com	7693474	0	1	14	637
357	8090 漫画网	manhua. 8090. so	1056229	2	3	1	632
358	动漫屋	dm5. cn	2415361	1	0	0	626
359	怪怪的动漫网	ggddm. com	2083599	0	0	7	615
360	漫画 345	mh345. com	2009555	1	0	1	611
361	邪恶漫画	gaoguai. net	20410162	1	0	5	578
362	工口漫画网	gongkoumanhua. com	4955149	2	0	1	564
363	哈罗动漫	hellodm. com	13773515	1	1	0	559
364	神漫画	shuoman. com	20695226	0	0	6	554
365	173 动漫网	173dm. com	20837268	1	1	1	508
366	YY 动漫网	101 – 102 – 103. com	399854	1	0	0	495
367	新新漫画	comic. xxbh. net	984580	0	5	4	492
368	追追漫画	aizhuizhui. cn	5388723	3	0	0	485
369	海岸线动画工作室	coastline-animation. com	5007009	1	0	1	484
370	好看动漫网	haokandm. com	—	1	0	2	450
371	161 电影网	161dyw. com	8341648	0	1	1	428
372	不知火舞漫画	buzhihuowu. net	4749114	1	0	0	415
373	58 动漫网	d456. cc	—	1	0	8	407
374	动漫酷	dongmanku. com		0	4	12	367
375	飞舞动漫站	feiwu123. com	—	1	0	8	362
376	烤米网	ikaomi. com		0	0	0	253
377	猫团动漫	maotuan. net		0	0	0	104
378	邪恶沟	xieegou. com		1	0	0	77

资料来源：站长之家（http：//top. chinaz. com/hangye/index_yule_dongman. html），最后访问日期：2016 年 12 月 25 日。

二 国内主要漫画 App 规模数据

附表 2 国内主要漫画 App 规模数据（2016 年 12 月）

排名	应用名称	月活跃用户（万人）	日均活跃用户（万人）	相对活跃渗透率（%）	绝对活跃渗透率（%）	启动次数（万次）	启动次数占比（%）	日均启动次数（万次）	人均单日启动次数（次）	使用时长（万小时）	使用时长占比（%）	日均使用时长（万小时）	人均单日使用时长（分钟）
1	快看漫画	1037.06	436.96	27.17	1.15	85576.50	36.80	2760.53	6.33	10008.40	35.33	322.85	44.10
2	腾讯动漫	831.10	194.65	21.77	0.92	33811.50	14.54	1090.69	5.63	4779.39	16.87	154.17	47.62
3	咪咕动漫	307.79	35.07	8.06	0.34	4342.79	1.87	140.09	4.02	527.98	1.86	17.03	29.12
4	布卡漫画	270.66	60.63	7.09	0.30	8126.52	3.49	262.15	4.33	973.53	3.44	31.40	31.15
5	漫画岛	249.09	79.61	6.53	0.28	11590.70	4.98	373.89	4.70	1409.93	4.98	45.48	34.23
6	有妖气漫画	234.54	45.98	6.14	0.26	5691.26	2.45	183.59	4.00	765.73	2.70	24.70	32.24
7	可米酷漫画	160.68	41.81	4.21	0.18	6261.10	2.69	201.97	4.85	710.36	2.51	22.91	32.78
8	爱动漫	150.09	15.64	3.93	0.17	2721.02	1.17	87.78	5.59	388.20	1.37	12.52	48.03
9	暴走漫画	142.23	22.96	3.73	0.16	3462.02	1.49	111.68	4.87	437.40	1.54	14.11	36.98
10	第一弹	140.33	29.18	3.68	0.16	6160.86	2.65	198.74	6.83	560.25	1.98	18.07	37.19
11	漫漫	139.11	71.04	3.64	0.15	7185.53	3.09	231.79	3.25	573.92	2.03	18.51	15.63
12	动漫之家	119.62	27.91	3.13	0.13	5152.69	2.22	166.22	5.95	686.96	2.42	22.16	47.71
13	网易漫画	115.92	42.87	3.04	0.13	7395.09	3.18	238.55	5.55	843.51	2.98	27.21	38.04
14	追追漫画	114.05	25.83	2.99	0.13	4393.19	1.89	141.72	5.50	559.54	1.98	18.05	41.84
15	腐次元	106.99	25.75	2.80	0.12	5336.95	2.30	172.16	6.69	583.05	2.06	18.81	43.84

续表

排名	应用名称	月活跃用户（万人）	日均活跃用户（万人）	相对活跃渗透率（%）	绝对活跃渗透率（%）	启动次数（万次）	启动次数占比（%）	日均启动次数（万次）	人均单日启动次数（次）	使用时长（万小时）	使用时长占比（%）	日均使用时长（万小时）	人均单日使用时长（分钟）
16	漫画人	95.32	21.78	2.50	0.11	3579.73	1.54	115.48	5.31	430.42	1.52	13.88	38.14
17	大角虫漫画	71.54	19.02	1.87	0.08	2098.50	0.90	67.69	3.57	207.45	0.73	6.69	21.10
18	触漫	65.06	7.47	1.70	0.07	1233.00	0.53	39.77	5.31	102.86	0.36	3.32	26.78
19	塔读小说	59.35	13.45	1.55	0.07	3493.51	1.50	112.69	8.40	699.73	2.47	22.57	100.73
20	波萝饭	58.45	13.83	1.53	0.06	2734.86	1.18	88.22	6.41	300.88	1.06	9.71	41.95
21	麦萌漫画	53.52	5.84	1.40	0.06	584.94	0.25	18.87	3.25	48.98	0.17	1.58	16.28
22	漫画控	44.40	3.62	1.16	0.05	229.78	0.10	7.41	2.07	9.53	0.03	0.31	5.01
23	魔屏漫画	43.45	3.68	1.14	0.05	498.39	0.21	16.08	4.38	65.59	0.23	2.12	34.30
24	内涵福利社	41.47	14.00	1.09	0.05	2353.54	1.01	75.92	5.42	323.14	1.14	10.42	44.68
25	webtoon	41.47	8.38	1.09	0.05	1236.72	0.53	39.89	4.76	126.26	0.45	4.07	29.16
26	69书吧	41.25	13.47	1.08	0.05	7465.01	3.21	240.81	17.88	1102.35	3.89	35.56	158.85
27	呱呱漫画	40.38	2.38	1.06	0.04	359.32	0.15	11.59	4.88	37.77	0.13	1.22	30.66
28	轻漫画	39.33	4.01	1.03	0.04	600.98	0.26	19.39	4.84	68.97	0.24	2.22	33.20
29	漫画帮	36.29	4.46	0.95	0.04	230.47	0.10	7.43	1.67	4.62	0.02	0.15	2.01
30	拉风漫画	33.91	9.69	0.89	0.04	1582.14	0.68	51.04	5.26	219.34	0.77	7.08	43.72
31	阿衰全集	33.91	5.11	0.89	0.04	821.03	0.35	26.48	5.20	88.50	0.31	2.85	33.68
32	布米米	31.18	0.78	0.82	0.03	92.81	0.04	2.99	3.85	14.78	0.05	0.48	36.83
33	小人书大本营	28.52	10.86	0.75	0.03	1211.29	0.52	58.56	5.27	170.04	0.60	8.31	45.42
34	人人漫画家	28.51	1.56	0.75	0.03	156.10	0.07	5.04	3.24	15.20	0.05	0.49	18.94
35	有趣岛漫画	26.16	4.26	0.69	0.03	390.94	0.17	12.61	2.92	45.05	0.16	1.45	20.75

续表

排名	应用名称	月活跃用户（万人）	日均活跃用户（万人）	相对活跃渗透率（%）	绝对活跃渗透率（%）	启动次数（万次）	启动次数占比（%）	日均启动次数（万次）	人均单日启动次数（次）	使用时长（万小时）	使用时长占比（%）	日均使用时长（万小时）	人均单日使用时长（分钟）
36	n次元漫画	22.26	2.04	0.58	0.02	153.68	0.07	4.96	2.48	12.15	0.04	0.39	11.77
37	开卷漫画	19.85	2.11	0.52	0.02	123.96	0.05	4.57	2.31	13.75	0.05	0.52	13.58
38	comico漫画	19.47	2.20	0.51	0.02	222.38	0.10	7.17	3.27	23.14	0.08	0.75	20.44
39	免费漫画大全	19.18	0.99	0.50	0.02	166.45	0.07	5.37	5.48	12.29	0.04	0.40	24.42
40	掌薪（com. ldzs. zhangxin）	18.67	7.17	0.49	0.02	769.00	0.33	24.81	3.46	59.93	0.21	1.93	16.23
41	动漫欣赏	18.07	0.68	0.47	0.02	26.47	0.01	0.85	1.24	0.48	0.00	0.02	1.37
42	漫画大全（com. kmh）	16.91	1.55	0.44	0.02	134.11	0.06	4.33	2.81	8.41	0.03	0.27	10.56
43	污托邦	14.44	1.20	0.38	0.02	80.09	0.03	2.58	2.17	3.76	0.01	0.12	6.06
44	番薯日常	13.09	3.62	0.34	0.01	572.00	0.25	18.45	5.10	71.28	0.25	2.30	38.07
45	斗罗大陆漫画全集	11.64	1.20	0.30	0.01	223.12	0.10	7.20	5.95	22.90	0.08	0.74	36.70
46	咪咕漫画	11.27	3.76	0.30	0.01	153.24	0.07	18.82	4.94	22.12	0.08	2.97	47.84
47	提款机	9.68	3.53	0.25	0.01	547.30	0.24	17.65	5.00	61.54	0.22	1.99	33.66
48	耽美漫画	8.49	1.02	0.22	0.01	133.07	0.06	4.29	4.19	10.22	0.04	0.33	19.23
49	耽美漫画精选	7.06	0.80	0.18	0.01	104.65	0.05	3.38	4.26	14.49	0.05	0.47	35.16

续表

排名	应用名称	月活跃用户（万人）	日均活跃用户（万人）	相对活跃渗透率（%）	绝对活跃渗透率（%）	启动次数（万次）	启动次数占比（%）	日均启动次数（万次）	人均单日启动次数（次）	使用时长（万小时）	使用时长占比（%）	日均使用时长（万小时）	人均单日使用时长（分钟）
50	免费漫画	6.73	0.41	0.18	0.01	78.41	0.03	2.53	6.11	7.24	0.03	0.23	34.00
51	手机漫画	6.70	0.72	0.18	0.01	122.59	0.05	3.95	5.42	15.02	0.05	0.48	39.84
52	多多猫app	4.96	1.09	0.13	0.01	199.28	0.09	6.43	5.90	23.17	0.08	0.75	40.95
53	叽歪	4.55	0.71	0.12	0.01	87.53	0.04	2.82	4.03	13.51	0.05	0.44	36.78
54	素描大师 - 我的素描本	4.33	0.37	0.11	0.00	17.48	0.01	1.13	2.98	1.90	0.01	0.11	18.78
55	美蓝漫画	3.64	0.34	0.10	0.00	28.49	0.01	0.92	2.70	2.96	0.01	0.10	16.70
56	汗汗漫画	3.59	0.72	0.09	0.00	5.66	0.00	1.10	1.62	0.50	0.00	0.09	7.98
57	撸卡漫画	2.76	0.76	0.07	0.00	84.75	0.04	3.04	3.76	8.72	0.03	0.31	23.87
58	不画漫画	2.76	0.15	0.07	0.00	14.86	0.01	0.48	3.28	1.50	0.01	0.05	20.15
59	daum-webtoon	2.59	0.69	0.07	0.00	62.04	0.03	2.31	3.28	4.88	0.02	0.18	14.63
60	阿U漫画	2.10	2.10	0.06	0.00	2.88	0.00	3.12	1.43	0.03	0.00	0.03	0.86
61	天天漫画	2.06	0.16	0.05	0.00	14.05	0.01	0.45	2.81	1.51	0.01	0.05	18.21
62	comico台日韩新人漫画创作天天更新	1.92	0.96	0.05	0.00	4.35	0.00	2.24	2.32	0.14	0.00	0.07	4.69

续表

排名	应用名称	月活跃用户（万人）	日均活跃用户（万人）	相对活跃渗透率（%）	绝对活跃渗透率（%）	启动次数（万次）	启动次数占比（%）	日均启动次数（万次）	人均单日启动次数（次）	使用时长（万小时）	使用时长占比（%）	日均使用时长（万小时）	人均单日使用时长（分钟）
63	耽美漫画[第1+2季]	1.87	0.62	0.05	0.00	26.97	0.01	3.89	6.56	2.88	0.01	0.42	40.06
64	BL漫画	1.59	0.21	0.04	0.00	22.05	0.01	0.98	4.68	2.21	0.01	0.11	28.97
65	漫云	1.50	0.17	0.04	0.00	2.76	0.00	0.30	1.82	0.13	0.00	0.01	5.40
66	内涵漫画	1.36	0.14	0.04	0.00	5.22	0.00	0.23	1.57	0.22	0.00	0.01	4.28
67	吹雪漫画之家	1.18	0.54	0.03	0.00	43.16	0.02	1.68	2.97	3.87	0.01	0.15	16.75
68	草狐漫画	0.91	0.23	0.02	0.00	2.42	0.00	0.51	2.22	0.09	0.00	0.02	4.75
69	完美漫画	0.88	0.16	0.02	0.00	28.38	0.01	0.99	6.21	3.36	0.01	0.12	45.49
70	刷刷	0.83	0.42	0.02	0.00	49.01	0.02	1.99	5.10	2.11	0.01	0.09	12.63
71	笨鸟漫画	0.78	0.16	0.02	0.00	21.31	0.01	0.86	5.12	2.74	0.01	0.10	40.48
72	果果漫画	0.72	0.24	0.02	0.00	3.13	0.00	1.05	4.51	0.44	0.00	0.16	38.95
73	我爱小人书	0.58	0.17	0.02	0.00	5.39	0.00	0.45	2.70	1.42	0.01	0.12	41.97
74	漫画HD	0.35	0.07	0.01	0.00	3.09	0.00	0.24	3.88	0.64	0.00	0.05	42.43
75	好漫画	0.31	0.05	0.01	0.00	1.13	0.00	0.10	2.09	0.07	0.00	0.01	9.18
76	阿衰漫画	0.30	0.09	0.01	0.00	1.18	0.00	0.23	2.64	0.06	0.00	0.01	7.38
77	闪兔漫画	0.30	0.03	0.01	0.00	0.87	0.00	0.08	2.69	0.03	0.00	0.00	5.29
78	耽美漫画社	0.29	0.03	0.01	0.00	2.07	0.00	0.11	3.70	0.26	0.00	0.02	27.90

续表

排名	应用名称	月活跃用户（万人）	日均活跃用户（万人）	相对活跃渗透率（%）	绝对活跃渗透率（%）	启动次数（万次）	启动次数占比（%）	日均启动次数（万次）	人均单日启动次数（次）	使用时长（万小时）	使用时长占比（%）	日均使用时长（万小时）	人均单日使用时长（分钟）
79	我叫漫画	0.27	0.09	0.01	0.00	0.47	0.00	0.15	1.74	0.02	0.00	0.01	5.37
80	漫画	0.24	0.06	0.01	0.00	4.10	0.00	0.31	4.84	0.71	0.00	0.05	45.46
81	玛奇动漫	0.20	0.07	0.01	0.00	0.71	0.00	0.23	3.27	0.05	0.00	0.02	15.46
82	安卓漫画	0.16	0.08	0.00	0.00	0.28	0.00	0.13	1.71	0.00	0.00	0.00	1.16
83	眈美漫画广播剧	0.15	0.02	0.00	0.00	0.54	0.00	0.06	2.52	0.02	0.00	0.00	5.71
84	爱漫画－阿衰	0.12	0.03	0.00	0.00	0.44	0.00	0.06	2.12	0.03	0.00	0.00	7.89
85	画漫画	0.11	0.05	0.00	0.00	0.53	0.00	0.13	2.27	0.03	0.00	0.01	8.65
86	内涵密码锁	0.07	0.06	0.00	0.00	5.17	0.00	0.21	3.65	1.12	0.00	0.04	43.85
87	手滑漫画	0.07	0.01	0.00	0.00	0.22	0.00	0.02	2.47	0.02	0.00	0.00	10.88
88	3D漫画姿势工具	0.06	0.01	0.00	0.00	0.22	0.00	0.03	3.61	0.01	0.00	0.00	12.71
89	多纳故事最棒圆圈	0.05	0.05	0.00	0.00	0.11	0.00	0.11	2.07	0.03	0.00	0.03	32.56
90	漫画之家	0.04	0.01	0.00	0.00	0.12	0.00	0.01	2.74	0.01	0.00	0.00	14.10
91	嗨漫画	0.03	0.01	0.00	0.00	0.09	0.00	0.02	2.49	0.00	0.00	0.00	5.68
92	内酷漫画	0.03	0.01	0.00	0.00	0.28	0.00	0.03	4.07	0.03	0.00	0.00	25.28

资料来源：易观千帆（http：//qianfan1.analysys.cn/）。

三 国内主要漫画公众账号规模数据

附表 3 二次元类微信公众账号榜单（2016 年 12 月）

排名	公众号名称	发布次数	发布文章数	总阅读数	平均阅读数	总点赞数	平均点赞数	点赞阅读率	微信传播指数	等价活跃粉丝
1	同道大叔（woshitongdao）	31	248	2422 万 +	97699	26 万 +	1055	1.1%	1423	100 万 +
2	蛙哥漫画（mh4565）	31	175	1592 万 +	90996	34 万 +	1996	2.2%	1408	100 万 +
3	漫言情（manyanq）	31	211	1185 万 +	56168	91809	435	0.8%	1281	100 万 +
4	暴走漫画（ibaoman）	30	33	317 万 +	96211	87291	2645	2.8%	1274	100 万 +
5	贤二机器僧（xianer-jiqiseng）	31	31	265 万 +	85796	39887	1287	1.5%	1212	72 万 +
6	爆漫画（Boomcomcis）	27	113	566 万 +	50152	37942	336	0.7%	1194	100 万 +
7	几米漫画（jimimanhua）	31	164	589 万 +	35943	39442	241	0.7%	1162	73 万 +
8	粥悦悦（yuema2013）	15	22	147 万 +	67024	28358	1289	1.9%	1161	100 万 +
9	她漫画（biaojie365）	27	27	155 万 +	57626	19059	706	1.2%	1119	92 万 +
10	猎奇漫画（lieqimanhua）	30	185	435 万 +	23548	40775	220	0.9%	1109	46 万 +
11	一条漫画（onemanhua）	26	72	317 万 +	44051	11718	163	0.4%	1106	63 万 +
12	公独长老（zhanglao818）	31	156	439 万 +	28175	24523	157	0.6%	1104	60 万 +
13	漫无限（man–wuxian）	17	17	119 万 +	70181	9797	576	0.8%	1098	85 万 +
14	猎奇恐怖漫画站（lqk-bmh）	30	240	501 万 +	20900	31073	130	0.6%	1074	33 万 +
15	冷漫画（ccomics）	31	122	242 万 +	19911	88301	724	3.6%	1069	25 万 +
16	荤舌妖酱（yaoyao048）	31	179	418 万 +	23406	12110	68	0.3%	1058	55 万 +

续表

排名	公众号名称	发布次数	发布文章数	总阅读数	平均阅读数	总点赞数	平均点赞数	点赞阅读率	微信传播指数	等价活跃粉丝
17	游戏动漫君（mr - animator）	11	20	81万+	40910	8520	426	1.0%	1022	80万+
18	郭斯特（ghostimes）	17	17	70万+	41753	9365	551	1.3%	1016	34万+
19	小大夫漫画（zhongshanbajie）	31	37	111万+	30133	8718	236	0.8%	1009	98565
20	牛轰轰（niuhonghong_lzz）	11	20	75万+	37882	7583	379	1.0%	1006	37万+
21	行走的二次元（MAKER - TRAVEL）	6	6	34万+	57316	4375	729	1.3%	1000	50万+
22	毒漫画（dmh100）	27	143	289万+	20229	8150	57	0.3%	991	26万+
23	麦拉风（mylafe - mm）	21	31	96万+	31068	7465	241	0.8%	985	36万+
24	猎奇漫画站（lqmanhua）	26	137	226万+	16521	13085	96	0.6%	983	18万+
25	漫画圈（mhuaquan）	29	231	300万+	12988	13829	60	0.5%	976	33万+
26	海贼王（iMovie007）	30	75	164万+	21991	7770	104	0.5%	970	26万+
27	非人哉（godmeghost）	26	29	60万+	20827	19700	679	3.3%	949	25万+
28	猎奇漫画（lqkbmhz）	15	75	143万+	19081	6792	91	0.5%	942	14万+
29	十点漫画（yaoyao084）	31	186	219万+	11775	9327	50	0.4%	934	23万+
30	遇见漫画（wxs445566）	31	131	194万+	14867	6579	50	0.3%	933	26万+
31	佛学大师智慧语录（LD-dongmanhua）	30	240	146万+	6112	16318	68	1.1%	890	15万+
32	魔性漫画（mx88266）	28	160	162万+	10187	8070	50	0.5%	887	13万+
33	曾小萌（zengxiaomen）	6	27	45万+	17009	4598	170	1.0%	885	36万+
34	连环画（mycomicyy）	24	122	121万+	9976	4548	37	0.4%	864	13万+
35	趣味漫画（baohuaid）	31	76	65万+	8652	25373	334	3.9%	863	11万+

续表

排名	公众号名称	发布次数	发布文章数	总阅读数	平均阅读数	总点赞数	平均点赞数	点赞阅读率	微信传播指数	等价活跃粉丝
36	动漫控（anime－K）	9	18	34万+	18928	1731	96	0.5%	837	36万+
37	嘀东尼（ndn8381940）	10	11	19万+	17804	4330	394	2.2%	836	18万+
38	内涵漫画（meifuzzz）	29	232	165万+	7150	3777	16	0.2%	827	15万+
39	灵异漫画（lymanhua）	8	41	52万+	12774	2637	64	0.5%	825	17万+
40	漫小画（wetiyu）	26	50	66万+	13239	1738	35	0.3%	821	16万+
41	荼阿二中（Joyshipper）	1	1	54757	54757	370	370	0.7%	809	43万+
42	超神学院（wx－xnyx）	25	28	28万+	10120	4110	147	1.5%	804	88095
43	呆小贺（daima2015）	5	5	12万+	24043	1286	257	1.1%	803	22万+
44	吴琼琼爱画画（wuqiongqiong5957）	30	37	44万+	11933	2077	56	0.5%	802	14万+
45	日本动漫网（ribendongmanwang）	31	125	61万+	4956	13450	108	2.2%	801	74980
46	有毒漫画（ydmh233）	31	155	100万+	6516	3506	23	0.4%	797	13万+
47	笔熊家（pencilbearfamily）	3	3	98501	32834	340	113	0.4%	778	16万+
48	咪咕动漫（sjdm10086）	31	98	46万+	4721	2661	27	0.6%	777	8905
49	二次元观察（pupa－123）	30	116	57万+	4976	4019	35	0.7%	767	96510
50	新番速递（xfsd233）	24	89	51万+	5797	3307	37	0.6%	767	11万+
51	大绵羊BOBO（damianyangbobo）	8	8	15万+	19176	266	33	0.2%	754	84630
52	第一动画乐园（CCTV－1leyuan）	31	123	44万+	3585	9720	79	2.2%	747	57620
53	萌漫画与动漫（mmhydm）	3	5	87254	17451	653	131	0.8%	739	30万+
54	秋田六千（qiutianliuqian）	30	30	27万+	9140	1439	48	0.5%	739	64210

续表

排名	公众号名称	发布次数	发布文章数	总阅读数	平均阅读数	总点赞数	平均点赞数	点赞阅读率	微信传播指数	等价活跃粉丝
55	亲子二次元（kbjhjyt）	28	105	43万+	4169	4132	39	0.9%	738	46145
56	咪咕游戏（chinamobile-game）	25	74	39万+	5280	1197	16	0.3%	727	67830
57	二次元研究所（ecyyjs）	14	64	29万+	4549	4222	66	1.5%	718	94615
58	谁家的可可（keke_who）	4	4	46671	11668	1877	469	4.0%	707	90425
59	动漫基地（idongmanjidi）	31	63	29万+	4682	1705	27	0.6%	688	66900
60	深夜污漫（wuliliba）	16	120	38万+	3170	3528	29	0.9%	676	25930
61	动漫迷（LoversDM）	9	45	15万+	3423	1737	39	1.1%	665	18万+
62	动漫速递（sudiniang）	15	15	82484	5499	2295	153	2.8%	661	54815
63	土豆动漫（tudoucartoon）	29	82	17万+	2145	3110	38	1.8%	636	22175
64	游戏动漫基地（yxdmjd）	4	20	83858	4193	522	26	0.6%	616	21万+
65	动漫吧（DMB179）	10	10	52238	5224	596	60	1.1%	609	96000
66	动漫176（dm176com）	31	117	24万+	2115	1349	12	0.6%	604	33960
67	暴走漫画（RageComic）	1	2	26702	13351	76	38	0.3%	601	21万+
68	游戏动漫基地（PlayBase）	3	9	39467	4385	512	57	1.3%	596	94470
69	漫画铺子（mhpuzi）	30	129	23万+	1806	1625	13	0.7%	593	33530
70	吉林动画学院（jldhxy2014）	22	58	89251	1539	1242	21	1.4%	585	15590
71	二兔（ertuweixin）	31	54	12万+	2290	704	13	0.6%	561	25280
72	快看漫画APP（kkmhapp）	31	88	11万+	1271	2757	31	2.5%	561	24735

续表

排名	公众号名称	发布次数	发布文章数	总阅读数	平均阅读数	总点赞数	平均点赞数	点赞阅读率	微信传播指数	等价活跃粉丝
73	艾尔之光国服（elsword 2013）	4	5	33283	6657	145	29	0.4%	558	73455
74	蘑菇头表情（zesenwu）	31	99	15万+	1594	1206	12	0.8%	553	20335
75	狗爷漫画（GoYeah88）	5	5	31554	6311	105	21	0.3%	552	59165
76	ZERO动漫网（ZEROD-MW）	30	124	13万+	1078	2021	16	1.5%	536	10390
77	二次元动漫壁纸一生推（Anime_up）	5	14	25571	1827	1740	124	6.8%	529	28205
78	动画学术趴（babblers）	13	16	38043	2378	467	29	1.2%	522	27475
79	游戏动漫汇（YXdongman）	4	4	17091	4273	252	63	1.5%	521	40910
80	游戏动漫基地（youxidong-mjd）	4	6	19440	3240	162	27	0.8%	498	48515
81	Rilakkuma轻松熊（kum-abc）	20	41	71131	1735	213	5	0.3%	496	12370
82	御座的黄山（hscos0221）	1	1	5053	5053	168	168	3.3%	480	40495
83	动漫子（dongmanzi1234）	8	8	16154	2019	346	43	2.1%	470	22420
84	风云再起动漫娱乐中心（fyzq-nj）	9	13	26301	2023	136	11	0.5%	462	19775
85	小冷恐怖漫画（kongbu-manhua）	1	1	5063	5063	64	64	1.3%	455	50630
86	宅腐基动漫社（zfjdms）	1	1	5222	5222	43	43	0.8%	445	54730
87	简笔画（jianbihua520）	26	34	37647	1107	293	9	0.8%	443	14570

续表

排名	公众号名称	发布次数	发布文章数	总阅读数	平均阅读数	总点赞数	平均点赞数	点赞阅读率	微信传播指数	等价活跃粉丝
88	二次元风暴（ERCYFB）	30	120	65629	547	944	8	1.4%	441	11560
89	动漫绘馆（dm849622470）	12	55	41341	752	516	9	1.3%	440	16185
90	动漫宅说（ACGerTalk）	3	3	6787	2262	193	64	2.8%	429	24840
91	天闻角川（gztwkadokawa）	15	21	22963	1094	251	12	1.1%	429	11650
92	酷漫居小屁孩的成长（co-magic）	15	20	17576	879	113	6	0.6%	395	2330
93	中国动漫金龙奖（china-cacc）	30	35	17339	495	342	10	2.0%	380	24770
94	羊运石动漫（XYSDM－）	31	93	30542	328	772	8	2.5%	379	3130
95	二次元世界（ecysj2015）	31	144	40933	284	778	5	1.9%	374	3000
96	功夫动漫（gongfudong-man）	9	11	8074	734	172	16	2.1%	358	7955
97	OnePiece中文网（onepiece_cn）	31	59	22159	376	291	5	1.3%	356	4030
98	二两兔（tutushop）	3	3	5709	1903	23	8	0.4%	342	20360
99	优酷动漫（youku－comic）	24	71	16646	235	687	10	4.1%	336	2880
100	二次元狂热（acg2dm）	31	123	26978	219	518	4	1.9%	336	4945

注：微信传播指数WCI通过微信公众号推送文章的传播度、覆盖度及账号的成熟度和影响力来反映微信整体热度和公众号的发展走势。

资料来源：清博指数（http：//www.gsdata.cn/）。

四 网络出版服务管理规定

第一章 总 则

第一条 为了规范网络出版服务秩序，促进网络出版服务业健康有序发展，根据《出版管理条例》、《互联网信息服务管理办法》及相关法律法规，制定本规定。

第二条 在中华人民共和国境内从事网络出版服务，适用本规定。

本规定所称网络出版服务，是指通过信息网络向公众提供网络出版物。

本规定所称网络出版物，是指通过信息网络向公众提供的，具有编辑、制作、加工等出版特征的数字化作品，范围主要包括：

（一）文学、艺术、科学等领域内具有知识性、思想性的文字、图片、地图、游戏、动漫、音视频读物等原创数字化作品；

（二）与已出版的图书、报纸、期刊、音像制品、电子出版物等内容相一致的数字化作品；

（三）将上述作品通过选择、编排、汇集等方式形成的网络文献数据库等数字化作品；

（四）国家新闻出版广电总局认定的其他类型的数字化作品。

网络出版服务的具体业务分类另行制定。

第三条 从事网络出版服务，应当遵守宪法和有关法律、法规，坚持为人民服务、为社会主义服务的方向，坚持社会主义先进文化的前进方向，弘扬社会主义核心价值观，传播和积累一切有益于提高民族素质、推动经济发展、促进社会进步的思想道德、科学技术和文化知识，满足人民群众日益增长的精神文化需要。

第四条 国家新闻出版广电总局作为网络出版服务的行业主管部门，负责全国网络出版服务的前置审批和监督管理工作。工业和信息化部作为互联网行业主管部门，依据职责对全国网络出版服务实施相应的监督管理。

地方人民政府各级出版行政主管部门和各省级电信主管部门依据各自职责对本行政区域内网络出版服务及接入服务实施相应的监督管理工作并做好配合工作。

第五条 出版行政主管部门根据已经取得的违法嫌疑证据或者举报，对涉嫌违法从事网络出版服务的行为进行查处时，可以检查与涉嫌违法行为有关的物品和经营场所；对有证据证明是与违法行为有关的物品，可以查封或者扣押。

第六条 国家鼓励图书、音像、电子、报纸、期刊出版单位从事网络出版服务，加快与新媒体的融合发展。

国家鼓励组建网络出版服务行业协会，按照章程，在出版行政主管部门的指导下制定行业自律规范，倡导网络文明，传播健康有益内容，抵制不良有害内容。

第二章 网络出版服务许可

第七条 从事网络出版服务，必须依法经过出版行政主管部门批准，取得《网络出版服务许可证》。

第八条 图书、音像、电子、报纸、期刊出版单位从事网络出版服务，应当具备以下条件：

（一）有确定的从事网络出版业务的网站域名、智能终端应用程序等出版平台；

（二）有确定的网络出版服务范围；

（三）有从事网络出版服务所需的必要的技术设备，相关服务器和存储设备必须存放在中华人民共和国境内。

第九条 其他单位从事网络出版服务，除第八条所列条件外，还应当具备以下条件：

（一）有确定的、不与其他出版单位相重复的，从事网络出版服务主体的名称及章程；

（二）有符合国家规定的法定代表人和主要负责人，法定代表人必须是在境内长久居住的具有完全行为能力的中国公民，法定代表人和主要负责人至少1人应当具有中级以上出版专业技术人员职业资格；

（三）除法定代表人和主要负责人外，有适应网络出版服务范围需要的8名以上具有国家新闻出版广电总局认可的出版及相关专业技术职业资格的专职编辑出版人员，其中具有中级以上职业资格的人员不得少于3名；

（四）有从事网络出版服务所需的内容审校制度；

（五）有固定的工作场所；

（六）法律、行政法规和国家新闻出版广电总局规定的其他条件。

第十条　中外合资经营、中外合作经营和外资经营的单位不得从事网络出版服务。

网络出版服务单位与境内中外合资经营、中外合作经营、外资经营企业或境外组织及个人进行网络出版服务业务的项目合作，应当事前报国家新闻出版广电总局审批。

第十一条　申请从事网络出版服务，应当向所在地省、自治区、直辖市出版行政主管部门提出申请，经审核同意后，报国家新闻出版广电总局审批。国家新闻出版广电总局应当自受理申请之日起60日内，作出批准或者不予批准的决定。不批准的，应当说明理由。

第十二条　从事网络出版服务的申报材料，应该包括下列内容：

（一）《网络出版服务许可证申请表》；

（二）单位章程及资本来源性质证明；

（三）网络出版服务可行性分析报告，包括资金使用、产品规划、技术条件、设备配备、机构设置、人员配备、市场分析、风险评估、版权保护措施等；

（四）法定代表人和主要负责人的简历、住址、身份证明文件；

（五）编辑出版等相关专业技术人员的国家认可的职业资格证明和主要从业经历及培训证明；

（六）工作场所使用证明；

（七）网站域名注册证明、相关服务器存放在中华人民共和国境内的承诺。

本规定第八条所列单位从事网络出版服务的，仅提交前款（一）、（六）、（七）项规定的材料。

第十三条　设立网络出版服务单位的申请者应自收到批准决定之日起30日内办理注册登记手续：

（一）持批准文件到所在地省、自治区、直辖市出版行政主管部门领取并填写《网络出版服务许可登记表》；

（二）省、自治区、直辖市出版行政主管部门对《网络出版服务许可登记表》审核无误后，在10日内向申请者发放《网络出版服务许可证》；

（三）《网络出版服务许可登记表》一式三份，由申请者和省、自治区、直辖市出版行政主管部门各存一份，另一份由省、自治区、直辖市出版行政主管部门在15日内报送国家新闻出版广电总局备案。

第十四条　《网络出版服务许可证》有效期为5年。有效期届满，需继续从事网络出版服务活动的，应于有效期届满60日前按本规定第十一条的程序提出申请。出版行政主管部门应当在该许可有效期届满前作出是否准予延续的决定。批准的，换发《网络出版服务许可证》。

第十五条　网络出版服务经批准后，申请者应持批准文件、《网络出版服务许可证》到所在地省、自治区、直辖市电信主管部门办理相关手续。

第十六条　网络出版服务单位变更《网络出版服务许可证》许可登记事项、资本结构，合并或者分立，设立分支机构的，应依据本规定第十一条办理审批手续，并应持批准文件到所在地省、自治区、直辖市电信主管部门办理相关手续。

第十七条　网络出版服务单位中止网络出版服务的，应当向所在地省、自治区、直辖市出版行政主管部门备案，并说明理由和期限；网络出版服务单位中止网络出版服务不得超过180日。

网络出版服务单位终止网络出版服务的，应当自终止网络出版服务之日起30日内，向所在地省、自治区、直辖市出版行政主管部门办理注销手续后到省、自治区、直辖市电信主管部门办理相关手续。省、自治区、直辖市出版行政主管部门将相关信息报国家新闻出版广电总局备案。

第十八条 网络出版服务单位自登记之日起满180日未开展网络出版服务的，由原登记的出版行政主管部门注销登记，并报国家新闻出版广电总局备案。同时，通报相关省、自治区、直辖市电信主管部门。

因不可抗力或者其他正当理由发生上述所列情形的，网络出版服务单位可以向原登记的出版行政主管部门申请延期。

第十九条 网络出版服务单位应当在其网站首页上标明出版行政主管部门核发的《网络出版服务许可证》编号。

互联网相关服务提供者在为网络出版服务单位提供人工干预搜索排名、广告、推广等服务时，应当查验服务对象的《网络出版服务许可证》及业务范围。

第二十条 网络出版服务单位应当按照批准的业务范围从事网络出版服务，不得超出批准的业务范围从事网络出版服务。

第二十一条 网络出版服务单位不得转借、出租、出卖《网络出版服务许可证》或以任何形式转让网络出版服务许可。

网络出版服务单位允许其他网络信息服务提供者以其名义提供网络出版服务，属于前款所称禁止行为。

第二十二条 网络出版服务单位实行特殊管理股制度，具体办法由国家新闻出版广电总局另行制定。

第三章 网络出版服务管理

第二十三条 网络出版服务单位实行编辑责任制度，保障网络出版物内容合法。

网络出版服务单位实行出版物内容审核责任制度、责任编辑制度、责任校对制度等管理制度，保障网络出版物出版质量。

在网络上出版其他出版单位已在境内合法出版的作品且不改变原出版物内容的，须在网络出版物的相应页面显著标明原出版单位名称以及书号、刊号、网络出版物号或者网址信息。

第二十四条 网络出版物不得含有以下内容：

（一）反对宪法确定的基本原则的；

（二）危害国家统一、主权和领土完整的；

（三）泄露国家秘密、危害国家安全或者损害国家荣誉和利益的；

（四）煽动民族仇恨、民族歧视，破坏民族团结，或者侵害民族风俗、习惯的；

（五）宣扬邪教、迷信的；

（六）散布谣言，扰乱社会秩序，破坏社会稳定的；

（七）宣扬淫秽、色情、赌博、暴力或者教唆犯罪的；

（八）侮辱或者诽谤他人，侵害他人合法权益的；

（九）危害社会公德或者民族优秀文化传统的；

（十）有法律、行政法规和国家规定禁止的其他内容的。

第二十五条　为保护未成年人合法权益，网络出版物不得含有诱发未成年人模仿违反社会公德和违法犯罪行为的内容，不得含有恐怖、残酷等妨害未成年人身心健康的内容，不得含有披露未成年人个人隐私的内容。

第二十六条　网络出版服务单位出版涉及国家安全、社会安定等方面重大选题的内容，应当按照国家新闻出版广电总局有关重大选题备案管理的规定办理备案手续。未经备案的重大选题内容，不得出版。

第二十七条　网络游戏上网出版前，必须向所在地省、自治区、直辖市出版行政主管部门提出申请，经审核同意后，报国家新闻出版广电总局审批。

第二十八条　网络出版物的内容不真实或不公正，致使公民、法人或者其他组织合法权益受到侵害的，相关网络出版服务单位应当停止侵权，公开更正，消除影响，并依法承担其他民事责任。

第二十九条　国家对网络出版物实行标识管理，具体办法由国家新闻出版广电总局另行制定。

第三十条　网络出版物必须符合国家的有关规定和标准要求，保证出版物质量。

网络出版物使用语言文字，必须符合国家法律规定和有关标准规范。

第三十一条 网络出版服务单位应当按照国家有关规定或技术标准，配备应用必要的设备和系统，建立健全各项管理制度，保障信息安全、内容合法，并为出版行政主管部门依法履行监督管理职责提供技术支持。

第三十二条 网络出版服务单位在网络上提供境外出版物，应当取得著作权合法授权。其中，出版境外著作权人授权的网络游戏，须按本规定第二十七条办理审批手续。

第三十三条 网络出版服务单位发现其出版的网络出版物含有本规定第二十四条、第二十五条所列内容的，应当立即删除，保存有关记录，并向所在地县级以上出版行政主管部门报告。

第三十四条 网络出版服务单位应记录所出版作品的内容及其时间、网址或者域名，记录应当保存 60 日，并在国家有关部门依法查询时，予以提供。

第三十五条 网络出版服务单位须遵守国家统计规定，依法向出版行政主管部门报送统计资料。

第四章 监督管理

第三十六条 网络出版服务的监督管理实行属地管理原则。

各地出版行政主管部门应当加强对本行政区域内的网络出版服务单位及其出版活动的日常监督管理，履行下列职责：

（一）对网络出版服务单位进行行业监管，对网络出版服务单位违反本规定的情况进行查处并报告上级出版行政主管部门；

（二）对网络出版服务进行监管，对违反本规定的行为进行查处并报告上级出版行政主管部门；

（三）对网络出版物内容和质量进行监管，定期组织内容审读和质量检查，并将结果向上级出版行政主管部门报告；

（四）对网络出版从业人员进行管理，定期组织岗位、业务培训和考核；

（五）配合上级出版行政主管部门、协调相关部门、指导下级出版行政主管部门开展工作。

第三十七条　出版行政主管部门应当加强监管队伍和机构建设，采取必要的技术手段对网络出版服务进行管理。出版行政主管部门依法履行监督检查等执法职责时，网络出版服务单位应当予以配合，不得拒绝、阻挠。

各省、自治区、直辖市出版行政主管部门应当定期将本行政区域内的网络出版服务监督管理情况向国家新闻出版广电总局提交书面报告。

第三十八条　网络出版服务单位实行年度核验制度，年度核验每年进行一次。省、自治区、直辖市出版行政主管部门负责对本行政区域内的网络出版服务单位实施年度核验并将有关情况报国家新闻出版广电总局备案。年度核验内容包括网络出版服务单位的设立条件、登记项目、出版经营情况、出版质量、遵守法律规范、内部管理情况等。

第三十九条　年度核验按照以下程序进行：

（一）网络出版服务单位提交年度自检报告，内容包括：本年度政策法律执行情况，奖惩情况，网站出版、管理、运营绩效情况，网络出版物目录，对年度核验期内的违法违规行为的整改情况，编辑出版人员培训管理情况等；并填写由国家新闻出版广电总局统一印制的《网络出版服务年度核验登记表》，与年度自检报告一并报所在地省、自治区、直辖市出版行政主管部门；

（二）省、自治区、直辖市出版行政主管部门对本行政区域内的网络出版服务单位的设立条件、登记项目、开展业务及执行法规等情况进行全面审核，并在收到网络出版服务单位的年度自检报告和《网络出版服务年度核验登记表》等年度核验材料的45日内完成全面审核查验工作。对符合年度核验要求的网络出版服务单位予以登记，并在其《网络出版服务许可证》上加盖年度核验章；

（三）省、自治区、直辖市出版行政主管部门应于完成全面审核查验工作的15日内将年度核验情况及有关书面材料报国家新闻出版广电总局备案。

第四十条　有下列情形之一的，暂缓年度核验：

（一）正在停业整顿的；

（二）违反出版法规规章，应予处罚的；

（三）未按要求执行出版行政主管部门相关管理规定的；

（四）内部管理混乱，无正当理由未开展实质性网络出版服务活动的；

（五）存在侵犯著作权等其他违法嫌疑需要进一步核查的。

暂缓年度核验的期限由省、自治区、直辖市出版行政主管部门确定，报国家新闻出版广电总局备案，最长不得超过 180 日。暂缓年度核验期间，须停止网络出版服务。

暂缓核验期满，按本规定重新办理年度核验手续。

第四十一条 已经不具备本规定第八条、第九条规定条件的，责令限期改正；逾期仍未改正的，不予通过年度核验，由国家新闻出版广电总局撤销《网络出版服务许可证》，所在地省、自治区、直辖市出版行政主管部门注销登记，并通知当地电信主管部门依法处理。

第四十二条 省、自治区、直辖市出版行政主管部门可根据实际情况，对本行政区域内的年度核验事项进行调整，相关情况报国家新闻出版广电总局备案。

第四十三条 省、自治区、直辖市出版行政主管部门可以向社会公布年度核验结果。

第四十四条 从事网络出版服务的编辑出版等相关专业技术人员及其负责人应当符合国家关于编辑出版等相关专业技术人员职业资格管理的有关规定。

网络出版服务单位的法定代表人或主要负责人应按照有关规定参加出版行政主管部门组织的岗位培训，并取得国家新闻出版广电总局统一印制的《岗位培训合格证书》。未按规定参加岗位培训或培训后未取得《岗位培训合格证书》的，不得继续担任法定代表人或主要负责人。

第五章 保障与奖励

第四十五条 国家制定有关政策，保障、促进网络出版服务业的发展与繁荣。鼓励宣传科学真理、传播先进文化、倡导科学精神、塑造美好心灵、弘扬社会正气等有助于形成先进网络文化的网络出版服务，推动健康文化、优秀文化产品的数字化、网络化传播。

网络出版服务单位依法从事网络出版服务，任何组织和个人不得干扰、阻止和破坏。

第四十六条　国家支持、鼓励下列优秀的、重点的网络出版物的出版：

（一）对阐述、传播宪法确定的基本原则有重大作用的；

（二）对弘扬社会主义核心价值观，进行爱国主义、集体主义、社会主义和民族团结教育以及弘扬社会公德、职业道德、家庭美德、个人品德有重要意义的；

（三）对弘扬民族优秀文化，促进国际文化交流有重大作用的；

（四）具有自主知识产权和优秀文化内涵的；

（五）对推进文化创新，及时反映国内外新的科学文化成果有重大贡献的；

（六）对促进公共文化服务有重大作用的；

（七）专门以未成年人为对象、内容健康的或者其他有利于未成年人健康成长的；

（八）其他具有重要思想价值、科学价值或者文化艺术价值的。

第四十七条　对为发展、繁荣网络出版服务业作出重要贡献的单位和个人，按照国家有关规定给予奖励。

第四十八条　国家保护网络出版物著作权人的合法权益。网络出版服务单位应当遵守《中华人民共和国著作权法》、《信息网络传播权保护条例》、《计算机软件保护条例》等著作权法律法规。

第四十九条　对非法干扰、阻止和破坏网络出版物出版的行为，出版行政主管部门及其他有关部门，应当及时采取措施，予以制止。

第六章　法律责任

第五十条　网络出版服务单位违反本规定的，出版行政主管部门可以采取下列行政措施：

（一）下达警示通知书；

（二）通报批评、责令改正；

（三）责令公开检讨；

（四）责令删除违法内容。

警示通知书由国家新闻出版广电总局制定统一格式，由出版行政主管部门下达给相关网络出版服务单位。

本条所列的行政措施可以并用。

第五十一条 未经批准，擅自从事网络出版服务，或者擅自上网出版网络游戏（含境外著作权人授权的网络游戏），根据《出版管理条例》第六十一条、《互联网信息服务管理办法》第十九条的规定，由出版行政主管部门、工商行政管理部门依照法定职权予以取缔，并由所在地省级电信主管部门依据有关部门的通知，按照《互联网信息服务管理办法》第十九条的规定给予责令关闭网站等处罚；已经触犯刑法的，依法追究刑事责任；尚不够刑事处罚的，删除全部相关网络出版物，没收违法所得和从事违法出版活动的主要设备、专用工具，违法经营额 1 万元以上的，并处违法经营额 5 倍以上 10 倍以下的罚款；违法经营额不足 1 万元的，可以处 5 万元以下的罚款；侵犯他人合法权益的，依法承担民事责任。

第五十二条 出版、传播含有本规定第二十四条、第二十五条禁止内容的网络出版物的，根据《出版管理条例》第六十二条、《互联网信息服务管理办法》第二十条的规定，由出版行政主管部门责令删除相关内容并限期改正，没收违法所得，违法经营额 1 万元以上的，并处违法经营额 5 倍以上 10 倍以下罚款；违法经营额不足 1 万元的，可以处 5 万元以下罚款；情节严重的，责令限期停业整顿或者由国家新闻出版广电总局吊销《网络出版服务许可证》，由电信主管部门依据出版行政主管部门的通知吊销其电信业务经营许可或者责令关闭网站；构成犯罪的，依法追究刑事责任。

为从事本条第一款行为的网络出版服务单位提供人工干预搜索排名、广告、推广等相关服务的，由出版行政主管部门责令其停止提供相关服务。

第五十三条 违反本规定第二十一条的，根据《出版管理条例》第六十六条的规定，由出版行政主管部门责令停止违法行为，给予警告，没收违法所得，违法经营额 1 万元以上的，并处违法经营额 5 倍以上 10 倍以下的罚款；违法经营额不足 1 万元的，可以处 5 万元以下的罚款；情节严重的，责令限期停业整顿或者由国家新闻出版广电总局吊销《网络出版服务许可证》。

第五十四条 有下列行为之一的，根据《出版管理条例》第六十七条的规定，由出版行政主管部门责令改正，给予警告；情节严重的，责令限期停业整顿或者由国家新闻出版广电总局吊销《网络出版服务许可证》：

（一）网络出版服务单位变更《网络出版服务许可证》登记事项、资本结构，超出批准的服务范围从事网络出版服务，合并或者分立，设立分支机构，未依据本规定办理审批手续的；

（二）网络出版服务单位未按规定出版涉及重大选题出版物的；

（三）网络出版服务单位擅自中止网络出版服务超过 180 日的；

（四）网络出版物质量不符合有关规定和标准的。

第五十五条 违反本规定第三十四条的，根据《互联网信息服务管理办法》第二十一条的规定，由省级电信主管部门责令改正；情节严重的，责令停业整顿或者暂时关闭网站。

第五十六条 网络出版服务单位未依法向出版行政主管部门报送统计资料的，依据《新闻出版统计管理办法》处罚。

第五十七条 网络出版服务单位违反本规定第二章规定，以欺骗或者贿赂等不正当手段取得许可的，由国家新闻出版广电总局撤销其相应许可。

第五十八条 有下列行为之一的，由出版行政主管部门责令改正，予以警告，并处 3 万元以下罚款：

（一）违反本规定第十条，擅自与境内外中外合资经营、中外合作经营和外资经营的企业进行涉及网络出版服务业务的合作的；

（二）违反本规定第十九条，未标明有关许可信息或者未核验有关网站的《网络出版服务许可证》的；

（三）违反本规定第二十三条，未按规定实行编辑责任制度等管理制度的；

（四）违反本规定第三十一条，未按规定或标准配备应用有关系统、设备或未健全有关管理制度的；

（五）未按本规定要求参加年度核验的；

（六）违反本规定第四十四条，网络出版服务单位的法定代表人或主要负责人未取得《岗位培训合格证书》的；

（七）违反出版行政主管部门关于网络出版其他管理规定的。

第五十九条　网络出版服务单位违反本规定被处以吊销许可证行政处罚的，其法定代表人或者主要负责人自许可证被吊销之日起10年内不得担任网络出版服务单位的法定代表人或者主要负责人。

从事网络出版服务的编辑出版等相关专业技术人员及其负责人违反本规定，情节严重的，由原发证机关吊销其资格证书。

第七章　附　则

第六十条　本规定所称出版物内容审核责任制度、责任编辑制度、责任校对制度等管理制度，参照《图书质量保障体系》的有关规定执行。

第六十一条　本规定自2016年3月10日起施行。原国家新闻出版总署、信息产业部2002年6月27日颁布的《互联网出版管理暂行规定》同时废止。

参考文献

图　书

卢斌、郑玉明、牛兴侦：《动漫蓝皮书：中国动漫产业发展报告（2015）》，社会科学文献出版社，2015。

卢斌、牛兴侦、郑玉明：《动漫蓝皮书：中国动漫产业发展报告（2016）》，社会科学文献出版社，2016。

［美］克里斯·安德森：《长尾理论：为什么商业的未来是小众市场》，乔江涛、石晓燕译，中信出版社，2015。

期刊论文

茆钉先：《论网络发展对漫画创作的影响》《齐鲁艺苑》2016 年第 4 期。

郑晓慧、高盟、孟旭：《网络漫画的"后现代"书写与催眠美学》，《北京邮电大学学报》（社会科学版）2016 年第 4 期。

彭冰洁：《网络漫画的新视觉形态研究》，《艺术与设计（理论）》2014

年第 11 期。

周敏：《〈快看漫画〉的社会化网络营销传播发展分析》，《西部广播电视》2015 年第 9 期。

谭天、张冰冰：《知变求新：走进媒介融合 2.0》，《广西师范学院学报》（哲学社会科学版）2016 年第 2 期。

研究报告

刘真雨、牛兴侦等：《2006 年中国网络动漫研究报告》，艾瑞网，http：//www. iresearch. com. cn，2006 年 9 月 29 日。

刘真雨、牛兴侦等：《2007 年中国新媒体动漫研究报告》，艾瑞网，http：//www. iresearch. com. cn，2007 年 6 月 28 日。

丁婉贝、张衡、安一夫、刘跃：《动漫系列报告（一）——进击的漫画平台，促原创国漫 IP 养成》，兴业证券股份有限公司，2015 年 8 月 10 日。

谢晨、王傲野：《动漫行业深度报告：从宅腐萌到合家欢，国漫进军二次元》，华创证券有限责任公司，2015 年 9 月 1 日。

陶冶、胡琛、吴清羽：《粉红当道，宅腐盛行——传媒行业"亚文化"深度研究系列之一》，民生证券股份有限公司，2015 年 11 月 25 日。

艾瑞咨询：《2016 年中国漫画行业报告》，艾瑞网，http：//www. iresearch. com. cn，2016 年 11 月 29 日。

广东奥飞动漫文化股份有限公司：《发行股份及支付现金购买资产并募集配套资金报告书（修订稿)》，2016 年 1 月。

号百控股股份有限公司：《发行股份及支付现金购买资产暨关联交易预案》，2016 年 7 月。

网 站

国家新闻出版广电总局，http：//www. sapprft. gov. cn/。
中国互联网络信息中心，http：//www. cnnic. cn/。
易观千帆，http：//qianfan. analysys. cn/。

百度指数，http://index. baidu. com/。

百度搜索风云榜，http://top. baidu. com/。

百度百科，http://baike. baidu. com/。

维基百科，http://www. wikipedia. org/。

站长之家，http://alexa. chinaz. com/。

票房魔咒，http://www. boxofficemojo. com/。

中国票房网，http://www. cbooo. cn/。

图书在版编目（CIP）数据

中国网络漫画出版发展报告 / 国家新闻出版广电总
局规划发展司著. -- 北京：社会科学文献出版社，
2017.5

ISBN 978 - 7 - 5201 - 0785 - 3

Ⅰ.①中…　Ⅱ.①国…　Ⅲ.①漫画 - 出版业 - 发展 -
研究报告 - 中国　Ⅳ.①G239.2

中国版本图书馆 CIP 数据核字（2017）第 097045 号

中国网络漫画出版发展报告

著　　者 / 国家新闻出版广电总局规划发展司

出 版 人 / 谢寿光
项目统筹 / 梁艳玲
责任编辑 / 王京美　刘　翠　孙连芹

出　　版 / 社会科学文献出版社·期刊运营中心（010）59366556
　　　　　 地址：北京市北三环中路甲 29 号院华龙大厦　邮编：100029
　　　　　 网址：www.ssap.com.cn
发　　行 / 市场营销中心（010）59367081　59367018
印　　装 / 北京季蜂印刷有限公司

规　　格 / 开　本：787mm × 1092mm　1/16
　　　　　 印　张：21　字　数：320 千字
版　　次 / 2017 年 5 月第 1 版　2017 年 5 月第 1 次印刷
书　　号 / ISBN 978 - 7 - 5201 - 0785 - 3
定　　价 / 98.00 元